창의적 문제해결과 의사결정

김상수
김영천

Creative Problem Solving & Decision Making

도서출판
청람

서/문/

창의적 문제해결 능력은 기업 경쟁력의 핵심

기업 경영 활동은 연속적인 문제해결과 의사결정으로 구성되어 있다. 이들 문제들을 어떻게 해결하느냐에 따라서 기업 경쟁력이 결정되기 때문에 창의적 문제해결과 의사결정 능력은 기업 경쟁력의 핵심이다. 기업에서 필요로 하는 창의적 문제해결 능력이란 환경 변화 속에서 발생하는 숨어 있는 문제와 새로운 기회를 찾고, 과학적으로 분석하고, 창의적인 아이디어를 만들어내고, 예상되는 결과와 위험을 정확하게 추정하고, 효율적으로 추진해서 가치를 창출하는 능력을 의미한다. 이처럼 문제를 해결해서 가치를 창출하는 창의적 문제해결과 의사결정 능력을 갖추기 위해서는 전문성, 합리성, 창의성, 능동성이 필요하다.

앞으로 우리가 살고 있는 사회가 어떤 방향으로 어떤 모습으로 변화할지를 정확하게 예측하기는 힘들다. 그러나 분명한 사실 중 하나는 미래 사회는 더욱 빠르게 변화하고, 더욱 복잡해지고, 더욱 융합화되고, 더욱 지능화되고, 더욱 다양화될 것이다. 이 같은 사회 변화에 따라서 기업의 경영 환경도 혁명적 수준으로 급격하게 변화하고 있다. 급격한 경영환경 변화 속에서 기업들이 생존하고 성장하기 위해서 창조적 혁신을 해야 하는데, 창조적 혁신의 핵심 동력은 기업 임직원들의 창의적 문제해결과 의사결정 능력이다.

흔히 창의적 문제해결과 의사결정 능력은 경영자나 일부 관리자들만 갖추어야 할 능력이라고 생각하기 쉬운데, 이는 잘못된 생각이다. 최근에 기업경영 환경이 급변하면서 과거에 경험하지 못한 새로운 문제와 기회가 수없이 등장하고 있기 때문에 기업 모든 임직원(경영진, 관리자, 현장실무자)들이 각 영역에서 이들 문제들을 스스로 찾아내어서 해결해야 한다. 그러므로 모든 기업 임직원들은 복잡한 문제들과 기회들을 합리적으로, 창의적으로 해결할 수 있는 창의적 문제해결과 의사결정 능력을 갖추어야 한다. 다만 경영자와 관리자가 복잡한 문제와 기회들을 더 많이 부딪히고 해결해야 한다는 차이가 있을 뿐이다.

창의적 문제해결 방법론 : Biz-Solver 방법론

기업과 사회에서 창의성 혹은 창의적 문제해결 능력을 갖춘 인재를 원하고 있으나 이에 대한 연구 및 교육 프로그램은 상대적으로 부족하다. 따라서 필자는 지난 수년간 기업에서 필요로 하는 창의적 문제해결과 의사결정 방법론을 연구해 왔다. 기존의 많은 학자들과 컨설팅 회사에서 개발한 창의적 문제해결 방법론을 비교 분석해 본 결과, 각자 나름대로 장점과 단점들을 가지고 있었다. 또한 창의적 문제해결 기법 250여 개 및 500여 개의 사례들을 분석해서 이들 기법 및 사례들의 공통점과 차이점을 분석해 보았다.

그 결과, 기업의 경영자와 관리자들이 경영 활동 과정에서 부딪히는 다양한 문제들과 기회들을 체계적으로 해결할 수 있는 방법론이 필요하다고 보고, 창의적 문제해결 방법론인 Biz-Solver를 개발하였다. Biz-Solver 방법론은 기업의 복잡한 문제를 해결하기 위해서는 문제해결과 의사결정 모든 단계에서 전문성, 합리성, 창의성이 융합되어야 한다고 보고, 문제해결과 의사결정 수행하는 과정을 문제와 기회의 탐색, 문제와 기회의 특성 분석, 문제와 기회의 결정, 창의적 아이디어 개발, 아이디어의 결과 추정, 아이디어의 평가와 선택, 아이디어 실행의 7단계로 분류하였다. 또한 Biz-Solver 방법론에서는 의사결정 이론과 경영학 이론을 융합시켜서 문제해결과 의사결정의 7단계에서 수행해야 하는 주요 활동들을 체크리스트 형태로 제시하였다. 뿐만 아니라 문제해결과 의사결정의 7단계에서 활용할 수 있는 문제해결 기법들을 체계적으로 제공하였다.

Biz-Solver 방법론

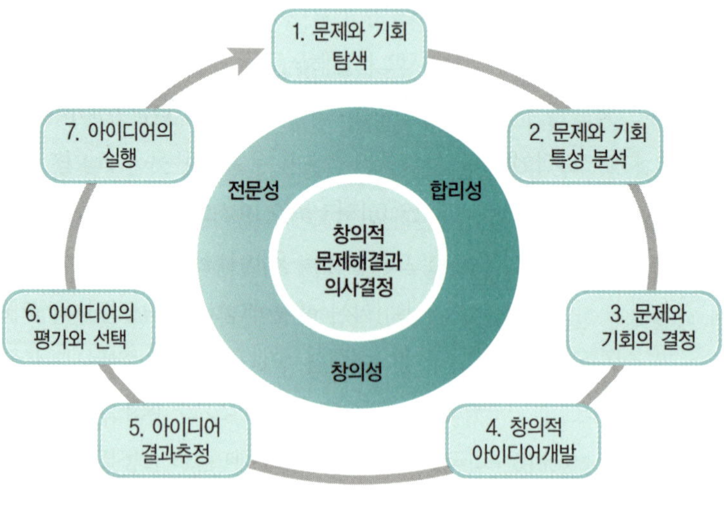

책의 구성

창의적 문제해결 방법론 Biz-Solver에 논리적 기초를 두고, 집필된 본서는 총 2부 10장으로 구성되어 있다.

제1부 "문제해결과 의사결정의 이해"는 3장으로 구성되어 있다. 1장 "문제해결과 의사결정의 특성"에서는 문제해결과 의사결정의 중요성, 문제해결과 의사결정의 유형, 문제해결과 의사결정의 조건, 문제해결과 의사결정의 네 단계로 구성되어 있다. 2장 "기업 문제해결과 의사결정의 특성"에서는 기업의 의사결정 분류 및 전략적 의사결정의 특성에 대해서 논의하고 있다. 3장 "창의적 문제해결과 의사결정 능력의 특성"에서는 창의적 문제해결과 의사결정 능력의 중요성, 창의적 문제해결 능력의 향상 방법, 창의적 문제해결 방법론 : Biz-Solver에 대해서 논의하고 있다.

제2부 "문제해결과 의사결정 7단계 : Biz-Solver 방법론"에서는 문제해결과 의사결정의 7 단계에 맞추어서 7장으로 구성되어 있다. 각 장에서는 문제해결과 의사결정의 각 단계별로 수행해야 하는 주요 활동을 자세하게 설명하고 있다. 또한 각 장에서는 문제해결과 의사결정의 각 단계에서 활용할 수 있는 62개의 문제해결 기법들을 제시하고 있다.

감사의 마음

마지막으로 "창의적 문제해결과 의사결정"이 2006년 2판을 거쳐서, 2011년 새로운 개정판을 만드는데 많은 도움을 주신 분들에게 이 지면을 빌어서 감사의 마음을 전하고 싶다.

제일 먼저, 이 책을 구입해서 읽고 계시는 독자 여러분에게 감사의 말씀을 드리고 싶다. 창의적 문제해결과 의사결정 분야에 대한 독자 여러분들의 관심이 없었다면 이 책은 새로운 개정판을 출간하지 못했을 것이다. 창의적 문제해결과 의사결정 능력은 인간의 삶 속에 절대적으로 필요한 지혜라고 생각한다. 이 책을 통해서 여러분의 창의적 문제해결과 의사결정 능력이 향상되는 데 조그마한 도움이라도 되었으면 하는 것이 저자의 소박한 바람이다.

둘째, 본서에 공동 저자로 참여한 김영천 군에게 고마움을 표하고 싶다. 저자의 제자인 김영천 군은 본서가 새로 발간되는 데 많은 도움을 주었기 때문에 공동 저자로 참여하게 되었다. 김영천 군은 학부시절부터 저자와 인연을 맺고, 지난 3년간 수도승처럼 창의적 문제해결 콘텐츠를 개발하고, 한국 창의적 문제해결센터(www.k-cps.co.kr)에서 책임 연구원으로, 지식 전문가로서 많은 일을 하고 있다. 김영천 군이 본서를 집필하는 과정에서 많은 것을 배우고 성장하였기를 바라며, 세월이 흘러 이 분야의 전문가로 성장하는 데 본서가 성공의 밑거름이 되기를 진심으로 희망한다.

셋째, 지난 12년 동안을 경영 시뮬레이션 게임 영역과 창의적 문제해결 영역에 매달려서 연구하고, 콘텐츠를 개발하고 사는 남편에게 한 마디 불평 없이 끊임없는 힘과 사랑을 준 아내 최명옥에게 감사의 마음을 전하고 싶다. 또한 사회인으로 열심히 노력하고 성장하고 있는 큰 딸 지연, 대학생으로 새로운 세상에서 날고자 날개 짓을 하는 둘째 딸 지은에게도 이 책을 통해서 아빠의 사랑이 전해졌으면 한다.

넷째, 이 책을 통해서 얼마 전에 우리 가족 곁을 떠나신 아버님에게 감사하는 마음과 죄송한 마음을 전해 드리고 싶다. 또한 혼자 남으셔서 슬픔을 이기시고 계시는 어머님에게도 이 책을 통해서 건강하심을 빌고, 감사의 마음을 드리고 싶다.

마지막으로, 16년 전에 "경영학원론"으로 처음 인연을 맺어서 성실함이 무엇인지, 사람의 인연이 무엇인지를 가르쳐 주시고 계시는 김우겸 전무님이 더욱 건강하시길 빌고 싶다. 또한 새로 인연을 맺어서 벌써 두 권의 책을 만들어 주신 도서출판 청람의 이수영 대표님께도 감사의 말씀을 드린다.

2011년 4월

봄의 길목에서

한양대학교 김상수

차/례/

제1부 문제해결과 의사결정의 이해

제2부

문제해결과 의사결정 7단계 : Biz-Solver 방법론

제1장 문제의 탐색단계

제2장 문제의 특성분석단계

제6장 아이디어 선택단계

제7장 아이디어 실행단계

제 1 부

문제해결과 의사결정의 이해

경제주체의 모든 활동은 연속적인 문제해결과 의사결정으로 이루어져 있다. 이러한 문제해결과 의사결정을 개인 또는 기업이 어떻게 수행하느냐에 따라서 경쟁력은 달라지게 된다. 제1부에서는 개인과 기업이 수행하는 문제해결과 의사결정의 특성을 설명하고 창의적 문제해결능력의 개념과 중요성에 대해 논의하고 있다.

제 1 장

문제해결과 의사결정의 특성

1. 문제해결과 의사결정의 중요성
2. 문제해결과 의사결정의 유형
3. 문제해결과 의사결정의 조건
4. 문제해결과 의사결정의 네 단계

사례 1. 기업의 혁신과 의사결정
사례 2. 위대한 기업들은 왜 사라지나
사례 3. 리콜 활동의 득과 실

문제해결과 의사결정을 잘 수행하기 위해서는 문제와 의사결정의 특성을 잘 이해할 필요가 있다. 제1장에서는 문제해결과 의사결정의 중요성, 문제해결과 의사결정이 왜 시작되는지, 시작되기 위해서는 어떤 조건이 필요한지, 문제해결과 의사결정은 어떻게 해야 하는지에 대한 논의를 하고 있다.

사례 1 기업의 혁신과 의사결정

1. 사례 본문

스티브 잡스가 이끄는 애플은 아이폰과 아이패드로 세계 최고의 경쟁력을 가진 기업으로 등극했다. 이 와중에 LG전자와 삼성전자를 비롯한 관련 국내기업은 심각한 위기감을 느끼고 있다. LG전자는 최고경영자(CEO)를 사퇴시켰고 이건희 회장은 내년 삼성전자가 어려워질 것을 걱정했다. 급격한 경쟁력 저하 우려는 마이크로소프트, 노키아, 소니, 도요타, GM에서도 보편적이다.

한 기업의 경쟁력이 급격히 높아지고 난공불락이라 여겨졌던 기업이 갑자기 수세에 몰리거나 쇠퇴하는 이유는 무엇일까? 근본원인은 기술혁신과 범세계적 초경쟁(mega-competition)이 초래한 패러다임과 생산양식 급변 그리고 제품주기 단축에 대한 기업의 대응능력 차이 때문이다. 정보기술(IT) 혁명은 통신, 컴퓨터, 신문, 방송, 영화, 게임은 물론 출판, 자동차, 주택, 금융, 항공 등 각기 다른 영역이던 산업의 상상조차 할 수 없는 융합과 재편을 이끌어 냈다. 이에 따라 기업은 세계적 규모의 패러다임 전환적 기술혁신 경쟁을 전개하고 있다. 경쟁의 최종승자가 누구일지 아무도 모를 정도로 불확실성이 크다. 또한 경이로운 기술혁신과 범세계적 분업 투자 및 무역은 생산양식의 근본적인 변화를 가져왔다. 기업 내 기업 형태인 옥션, 이베이와 애플 앱스토어는 이러한 생산양식 변화의 전형이다. 생산양식 변화는 패러다임 재편과 어우러져 기존 가치사슬을 쇠퇴시킨다. 도태되는 가치사슬에 기반한 기업은 쇠퇴하고 새로운 가치사슬을 장악한 기업은 경쟁자가 넘볼 수 없는 경쟁우위를 확보하여 이윤을 독차지한다. 이러한 변혁이 자주 일어나서 제품주기는 더욱 짧아진다.

이와 같은 경쟁환경에서 기업이 승자가 되려면 패러다임과 생산양식 전환을 주도하는 혁신과 이에 수반되는 위험과 도전을 감수할 신속하고도 단호한 의사결정이 필수다. 회사의 명운이 걸린 프로젝트 추진을 신속하고도 단호하게 결정하고 집행할 추진능력을 가진 리더십은 기업 경쟁력의 핵심이다. 애플, 노키아, 마이크로소프트, 인텔, 삼성전자, LG전자, 현대차 등 세계적 일류기업은 이러한 리더십을 가진 기업이다.

패러다임과 생산양식의 전환적 혁신을 수행할 수 있는 창조적 파괴 능력은 경쟁력의 또 다른 요체다. 과거의 경쟁이 기존 패러다임과 생산양식 내에서 새로운 점을 찾아내는 일이었다면 현재의 경쟁은 패러다임의 전환적 혁신에 기반한다. 그러므로 기업은 경쟁에서 승리하기 위하여 모방이나 점진적인 개선이 아니라 창조적 파괴를 할 수 있는 창의력을 가져야만 한다.

이 두 가지 경쟁력의 요체를 모두 보유한 기업인 애플이 절대적 경쟁력 우위를 확보한 것은 당연한 일이다. 삼성전자, LG전자, 현대차는 세계적 경쟁력을 확보할 수 있었던 신속하고도 단호한 의사결정과 집행이 가능한 오너경영체제라는 장점이 있다. 그러나 창조적 파괴를 통한 패러다임과 생산양식의 전환적 혁신을 단행할 수 있는 창의력을 보유했는지는 알 수 없다. 바로 이 점이 세계적인 경쟁에서 한국 기업이 직면하는 핵심 위협요인이다.

그러므로 글로벌기업의 생존과 경쟁력 확보를 위한 도전은 창조적 파괴를 행할 수 있는 창의성을 가진 개인을 선별하고 이들을 정점으로 조직에서 수행하는 혁신을 신속하고도 단호하게 뒷받침할 수 있는 인프라를 조속히 구축할 것인지에 달려 있다. LG전자의 CEO 교체와 삼성전자에 대한 이건희 회장의 상황인식이 이런 변혁의 시발점이 되기를 기대한다.

출처 : 이주선 한국경제연구원 연구조정실장, 동아일보(2010. 10. 2)

2. 시사점

기업들은 생존과 성장을 위해서 수많은 문제를 해결하고 의사결정을 해야 한다. 특히 모든 것이 급격하게 변화하고 있는 경영환경 속에서 기업들은 과거에 경험하지 못한 수많은 문제들을 해결해야 한다. 이들 문제들을 어떻게 찾아내고, 해결하느냐에 따라서 기업의 경쟁력이 결정된다. 따라서 기업의 CEO를 포함한 전 직원들의 문제해결능력과 의사결정능력은 과거 어느 때 보다 중요해지고 있다. 그러므로 경영환경 변화에 걸맞는 창의적인 문제해결과 의사결정능력을 갖추어야 한다.

1. 문제해결과 의사결정의 중요성

개인, 기업, 정부의 업무활동은 연속적인 문제해결과 의사결정으로 구성되어 있다. 예를 들어서, 개인들은 식사메뉴 선택, 교통수단 선정, 친구와의 갈등해결 등과 같은 일상적 문제에서부터 취업, 건강, 결혼, 자녀, 재테크 등과 같은 복잡한 전략적 문제들까지 수많은 문제들을 해결해야 한다.

기업들도 기업을 경영하기 위해서 고객주문처리, 원자재주문, 생산계획수립, 판매부진, 불량품발생, 고객불만 등과 같은 일상적인 문제들과 함께 신제품개발, 생산시설확장, 해외시장 진출, 정보시스템 구축, 인사시스템 개편 등과 같은 중요한 전략적 문제들을 해결해야 한다.

정부도 국가를 운영하고 국민에게 봉사하기 위해서 민원봉사, 예산수립 및 집행, 인력선발 및 배치, 행정서비스 불만 해소 등과 같은 일상적 문제들과 외교문제, 부동산정책, 교육제도개선, 사회보장제도, 국방시스템, 사회인프라 건설, 행정수도 건설, 북한 핵문제, 방폐장 건설, 연금제도 개선 등과 같은 중요한 전략적 문제들을 해결해야 한다.

이들 문제들을 어떻게 해결하느냐에 따라서 개인, 기업, 정부의 경쟁력이 달라지게 된다.

개인, 기업, 정부에서 해결해야 하는 문제들은 정형화된 일상적인 문제들과 중요하고 복잡한 전략적 문제들로 나누어진다. 일상적인 문제들은 문제의 특성이 상대적으로 간단하고, 해결하는 절차가 정형화되어 있어서 해결하기가 쉽다. 반면에 전략적 문제들은 복잡한 특성을 가지고 있고, 중요하고, 해결하는 절차가 비정형화되어 있기 때문에 해결하기가 쉽지 않다. 이들 전략적 문제들은 개인, 기업, 정부의 경쟁력에 큰 영향을 주는 중요한 문제들이기 때문에 사람들의 문제해결과 의사결정 능력을 필요로 하고 있다. 그러므로 전략적 문제들을 찾아내고, 분석하고, 해결할 수 있는 문제해결 능력을 갖추어야 한다.

일상적 문제와 전략적 문제 유형

	일상적 문제	전략적 문제
개인	식사메뉴, 교통수단, 친구와의 갈등, 경제적 문제	진학, 취업, 결혼, 주택 구입, 재테크, 창업
기업	고객주문처리, 원자재주문, 생산계획 수립, 판매부진, 불량품발생, 고객불만	신제품개발, 생산시설의 확장, 해외시장 진출, 정보시스템 구축, 인사시스템 개편
정부	민원처리, 예산수립 및 집행, 인력선발 및 배치, 민원서비스 불만처리	외교문제, 부동산정책, 교육제도개선, 사회보장제도, 국방시스템, 사회인프라 건설, 행정수도 건설, 북한 핵문제, 방폐장 건설, 연금제도

2. 문제해결과 의사결정의 유형

문제해결과 의사결정을 잘하기 위해서는 해결해야 하는 문제와 의사결정의 특성을 잘 이해해야 한다. 의사가 병의 특성을 잘 이해하고 있어야 병을 잘 치료하는 것과 동일하다. 문제와 의사결정 특성을 잘 이해하기 위해서는 제일 먼저, 문제가 왜 시작되는지를 찾아볼 필요가 있다. 일반적으로 기업에서 문제와 의사결정들은 두 가지 상황에서 시작된다.

기업에서 문제가 시작되는 첫 번째 상황은 의사결정자가 원하는 목표(혹은 기대치)와 실제 성과 간의 차이가 발생해서 시작되는 경우이다. 예를 들어서 매출부진, 반품증가, 생산성 저하, 직원이직률 증가, 정보시스템 오류 등과 같은 문제들이 대표적인 사례들이다. 이처럼 문제해결 목표와 실제성과 간의 차이가 많아서 시작하는 문제들을 문제발견 유형의 문제(problem detection decision making)들이라고 한다. 기업에서 이들 문제 발견 유형의 문제들은 자주 발생하며, 즉시 해결되어야 하며, 해결

결과가 명확하며, 문제가 의사결정자를 찾는 특징을 가지고 있다.

기업에서 문제가 일어나는 또 다른 상황은 목표와 실제성과 사이에 차이가 없어서 문제는 없으나 현재 상황에 만족하지 않고, 보다 더 나은 목표를 달성하기 위한 새로운 기회를 모색하면서 시작되는 경우이다. 이 같은 유형의 의사결정을 기회탐색 유형의 문제(opportunity seeking decision making)들이라고 한다. 예를 들어서 기업에서 신성장 동력 발굴, 신제품 개발, 경영혁신, 고객만족도 개선방안, 상생경영 등과 같은 문제들은 전형적인 기회탐색 유형의 문제들이다. 기업에서 능동적 · 자발적으로 시작하는 개선과 혁신활동들이 대표적인 기회탐색 유형의 문제들이다.

개인, 기업, 정부 등 모든 경제주체들은 문제발견과 기회탐색 유형의 문제들을 모두 해결해야 한다. 특히 정보사회를 지나서 창의사회로 접어들면서 그 어느 때보다 기회탐색 유형의 문제들을 찾아내고, 해결하는 능동적인 마인드가 필요한 시점이다.

문제해결과 의사결정의 유형

	문제발견 유형	기회탐색 유형
정의	의사결정자가 원하는 목표(혹은 기대치)와 실제성과 간의 차이가 발생해서 시작	목표와 실제성과 사이에 차이가 없어서 문제는 없으나 현재 상황에 만족하지 않고, 보다 더 나은 목표를 달성하기 위한 새로운 기회를 모색하면서 시작
사례	판매부진, 반품증가, 생산성저하, 직원 이직률 증가, 정보시스템 오류	신성장동력 발굴, 신기술개발, 경영혁신, 고객만족도 개선방안, 상생경영
특징	즉시 해결되어야 함 수동적으로 해결 해결 결과가 명확함 단기와 중기 해결책이 필요 문제가 의사결정자를 찾음 과거지향적 접근방법	즉시 반응할 필요 없음 능동적으로 해결 해결 결과가 명확하지 않음 중기 및 장기 해결책이 필요 의사결정자가 문제를 찾음 미래지향적 접근방법

사례 2 위대한 기업들은 왜 사라지나

1. 사례 본문

'1906년 세계 최초로 휴대용 타자기 개발, 1957년 전자타자기 개발, 1960년 전자사전 및 개인용 워드프로세서 개발, 1989년 세계 최초로 휴대용 워드프로세서 개발.' 컴퓨터가 대중화되기 이전 '기록의 역사'에서 중요한 족적을 남긴 한 회사가 이룩한 업적이다. 이 회사는 100년간 세계 제일의 타자기 업체로 군림했고 수많은 '세계 최초'라는 타이틀을 갖고 있었다. 하지만 지금 이 회사의 이름을 기억하는 이는 많지 않다. 이 회사의 이름은 스미스 코로나. 국내에는 1995년 미국 델라웨어 법원에 이 회사가 파산보호 신청을 했다는 것이 마지막 뉴스로 전해졌을 뿐이다. 이 회사가 만든 타자기는 지금 국내 인터넷 골동품 시장에서 거래되고 있을 뿐이다. 트렌드헌터의 저자 제레미 구체는 이 회사를 '서서히 끓는 물 속의 개구리'에 비유했다. 죽어가는 줄도 모르고 현재의 성공, 대규모 기존사업에 안주한 결과였다는 얘기다. 스미스코로나 사례는 미국발 금융위기 이후 수많은 '위대한 기업'을 통해 재현되고 있다. KOTRA는 최근 미국 기업들의 쇠락을 통해 무엇을 배워야 할지를 정리, 보고서를 만들었다.

■ **IT 제왕들의 몰락**

US뉴스는 최근 반면교사로 삼을 만한 실패한 기업들의 사례를 꼽았다. 한때 각자의 분야에서 독보적인 1위 자리를 차지했지만 채 10년도 안 되는 세월 동안 몰락의 길을 걸은 기업들이다. 중간 매매상을 배제한 직접판매로 1990년대 IBM, HP를 위협하며 컴퓨터 업계의 기린아로 불렸던 델은 요즘 언론에 등장하는 일조차 기물가물할 정도로 영향력이 사라져 가고 있다. 스마트폰, 태블릿PC의 등장과 대만 등에서 생산된 저가제품으로 경쟁이 심화됐고, 기존 경쟁자들이 서비스 강화로 역공에 나서면서 시장선도자의 지위를 뺏기고 말았다. 모토로라도 유사한 사례다. 세계 최초의 모바일 전화로 2003년까지만 해도 경쟁자가 없을 정도였지만 스마트폰시대에 적응을 못해 올해 안에 휴대폰 사업부를 매각할 계획이다. 썬마이크로시스템즈, 마이크로소프트(MS), 야후는 한때 인터넷 산업의 표준을 이끌 정도로 시대를 풍미했지만 시장의 빠른 변화에 뒤늦게 대응하면서 휘청거리고 있다. 자바 프로그램 언어로 1990년대 최고의 정보기술(IT) 기업으로 군림했던 썬마이크로시스템즈는 고가 서버 수요가 급감하면서 올해초 오라클에 인수됐다.

야후는 검색 엔진 분야에서 구글에 밀리며 1위 자리를 뺏기고 말았다. MS는 PC 운영체제 시장을 독점, 지금도 제왕의 자리에 있긴 하지만 구글에 밀려 지위가 흔들리고 있다. 소니의 추락도 빼놓을 수 없다. 10년 전만 해도 소니의 워크맨은 지금의 아이팟처럼 최고의 인기 아이템이었다. TV, 카메라, 캠코더 등에서 소니를 따라잡을 기업은 없어 보였다. 하지만 소니가 영화, 음악산업으로 영역을 넓히면서 균열이 생기기 시작했다. 정작 본업인 전자제품 분야에서 경쟁력을 상실하기 시작한 것이다. 경쟁업체들이 하드웨어에서 소프트웨어 중심으로 전환하고 혁신적인 디자인과 기능을 갖춘 삼성, LG전자의 공세에 최고 혁신 기업이라는 옛 명성을 잃고 말았다.

■ **100년 1등 기업도 망한다**

기업 세계에서 흥망성쇠는 100년 된 기업이라도 비켜가지 않는다. 이스트만 코닥은 거의 1세기 동안 경쟁자가 없을 정도로 성공가도를 달렸다. 하지만 디지털 사진기의 등장 이후 매출이 감소하기 시작했다. 만회를 위해 약국, 체인점 등에서 디지털 이미지를 인화할 수 있도록 장비사업을 벌이기도 했으나 변화된 소비 행태를 되돌리기엔 역부족이었다. 코닥의 주가는 1997년 기록한 최고치에 비해 반토막이 났다. 비디오대여점 체인점으로 미국 전역을 휩쓸었던 블록버스터도 비슷한 사례다. 과거 VHS에서 DVD로 전환되는 환경 속에서도 살아남았으나 디지털 영상으로 진화하는 새로운 트렌드를 따라잡지 못해 경쟁력을 상실하고, 지금은 생존 자체가 불투명해졌다. 블록버스터의 최대 실수는 경쟁자인 넷플

릭스가 우편 대여 형태의 새로운 비즈니스 모델을 선보였을 때 즉각 대응하지 않았다는 점이다. 게다가 레드박스라는 회사가 1달러에 영화를 빌려주는 자판기 사업을 시작하면서 블록버스터의 불행은 걷잡을 수 없이 번졌다. 시어스는 보험, 금융, 부동산, 인터넷 등 무리한 사업확장으로 월마트, 타깃, 아마존닷컴 등과의 경쟁에서 밀리고 말았다.

세계를 호령했던 이들 기업이 몰락하는 이유는 무엇일까? 「The Other Side of Innovation(혁신의 또 다른 면)」의 저자인 비제이 고빈다라얀은 기업들이 낡은 장비와 시스템에 대한 대규모 투자로 새롭게 성장할 수 있는 기회를 상실해 경쟁력을 잃어버린다고 분석했다. 1980년대 전기자동차를 가장 먼저 개발하고도 저유가시대의 달콤한 맛에 길들어 대형 엔진 개발에 '올인'했던 GM이 대표적인 사례다.

출처 : 한국경제(2010. 10. 6)

2. 시사점

위대한 기업들이 사라지는 이유는 여러 가지가 있을 수 있다. 그 중에서 가장 큰 이유 중 하나는 끊임없는 환경변화 속에서 새로운 기회를 찾지 못하고 현재 상태에 안주하면서 변화를 꺼리기 때문이다. 발생하는 문제만 해결하는 방식으로는 미래를 대비할 수 없기 때문에 새로운 기회를 찾아내고, 이를 창의적으로 해결할 수 있는 능력을 갖추어야 한다.

3. 문제해결과 의사결정의 조건

기업에서 문제해결과 의사결정이 시작되기 위해서는 몇 가지 조건들이 필요하다. 문제와 의사결정에 관한 정보, 의사결정자의 스타일, 기업의 조직문화, 문제소유권 유무 등에 따라서 문제해결과 의사결정이 시작되기도 하고 시작되지 않기도 하다.

가. 문제와 의사결정에 관한 정보

문제해결과 의사결정이 시작되기 위해서는 문제를 찾아낼 수 있는 목표와 성과에 관련한 정보가 있어야 한다. 예를 들어서 판매량에 관한 성과치와 목표치에 관한 정보가 있어야만 판매부진이라는 문제를 인지하게 된다. 이처럼 문제와 의사결정에 관한 정보가 없으면 문제를 인지할 수 없기 때문에 문제해결과 의사결정이 시작될 수 없다. 그러므로 문제해결과 의사결정을 수행하기 위해서는 문제에 관련한 지표들을 찾아내고, 이들 지표들에 관한 정보가 실시간으로 제공되어야 한다.

최근에 많은 기업에서 균형성과지표(Balanced Score Card)시스템을 도입해서 핵심성과지표(Key Performance Indicator)를 중심으로 기업 내부 및 외부의 변화를 모니터링하고, 해결해야 할 문제와 기회를 찾고 있다. 이처럼 문제를 찾고 의사결정을 하기 위해서는 문제에 관련한 목표와 평가지표를 객관적으로 설정해야 하고, 이들 지표들에 관한 정보를 실시간으로 의사결정자에게 제공할 수 있는 시스템이 필요하다.

나. 의사결정자의 스타일

동일한 사안이나 상황이라도 이를 받아들이는 의사결정자의 스타일 때문에 문제해결과 의사결정이 달라질 수 있다. 예를 들어서 목표판매량이 100만개이고, 실제판매량이 95만개일 때, 5만개의 차이를 어떻게 받아들이느냐에 따라서 의사결정이 시작될 수도 있고 안될 수도 있다. 특히 의사결정자의 스타일은 기회탐색 유형의 의사결정에 큰 영향을 준다. 혁신적이고 진취적인 의사결정자는 끊임없이 개선하고 변화하려는 노력을 하는 반면에, 현실에 만족하는 사람은 목표를 달성하면 더 이상의 새로운 고민을 하지 않으려고 할 것이다.

Ackoff는 어떤 문제가 발생했을 때 반응하는 의사결정자의 유형을 다섯 종류로 나누었다.

■ 활동하지 않는 의사결정자(inactive problem solver)

이 유형의 의사결정자는 어떤 문제가 발생했을 때 그 문제를 해결하기보다는 문제를 무시하고 피하려는 의사결정자이다. 이러한 유형의 의사결정자는 현안을 수행하는 데만 관심이 많고, 문제해결에는 관심이 없고, 동기부여도 전혀 없는 특징을 보인다. 이런 사람이 속한 회사는 현재 업무를 수행하는 데 매우 바쁘고, 직원들의 문제해결능력을 높이는 데 관심이 없고, 외부 환경에서 발생한 문제에 관심이 없고, 문제는 생존의 적이라고 생각한다.

■ 수동적으로 대응하는 의사결정자(reactive problem solver)

이 유형의 의사결정자는 문제에 대해서 위협을 느끼고 해결을 하려고는 하나 과거의 해결방식을 이용해서 문제를 해결하려는 수동적인 의사결정자이다. 이러한 유형의 의사결정자는 현재상태가 흔들리는 것을 싫어하고, 문제를 해결하기 위해서 약간의 변화만 취하려고 하는 특징을 보인다. 이런 사람이 속한 회사의 의사결정자들은 제한된 문제해결능력을 가지고 있고, 경영자도 그 정도면 충분하다고 생각한다. 활동하지 않는 의사결정자(inactive problem solver)보다 문제에 대해서 많은 시간을 사용하나 절대적인 시간은 적고, 이들 의사결정자 역시 문제를 적으로 여긴다.

■ 매우 활동적인 의사결정자(hyperactive problem solver)

이 유형의 의사결정자는 기업과 조직에서 문제를 끊임없이 찾아다니면서 현 상태에 도전을 하고 새로운 변화를 추구하면서 문제를 해결하려는 특징을 보인다. 이들 유형의 의사결정자들은 위기상황에서 뛰어난 능력을 보이며, 문제를 적으로 여긴다.

■ 미리 대비하는 의사결정자(proactive problem solver)

이 유형의 의사결정자는 앞으로 발생할 수 있는 문제를 예측하고, 그에 대한 대응방안을 만들려는 의사결정자이다. 이 유형의 의사결정자는 미래 상황을 예측해서 그에 따른 문제와 기회를 찾아내어 다양한 대안을 만들고, 사전에 대비하려는 경향을 보인다. 이들 역시 앞의 의사결정자들처럼 문제를 적으로 여긴다.

■ 상호작용하는 의사결정자(interactive problem solver)

이들 의사결정자는 미래 문제를 예측해서 풀어내기보다는 미래에 문제가 발생하지 않도록 현재 문제를 해결하려는 의사결정자이다. 앞의 네 종류의 의사결정자와는 달리 문제를 단순한 적이 아닌 기회와 적으로 동시에 보는 시각을 가지고 있으며, 목표

의사결정자의 유형

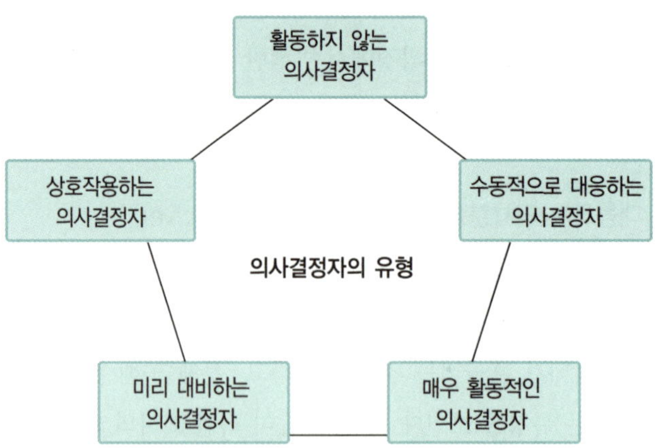

를 달성하는 과정에서 발생할 수 있는 일상적인 업무 과정의 일환으로서 문제를 받아들이는 의사결정자이다. 이 방식은 참여적이고 전체적인 관점에서 접근하기 때문에 매우 유연한 문제해결 방식을 가지고 있다.

다. 기업의 조직문화

기업의 조직문화에 따라서 문제해결과 의사결정의 시작이 달라질 수 있다. 예를 들어서 현실에 안주하고, 변화를 싫어하는 조직문화 속에서는 어떤 문제가 발생하면 능동적으로 해결하려 하지 않을 것이다. 더욱이 기회탐색 유형과 같은 문제를 해결하려고 하면 조직 내부에서 많은 저항에 부딪힐 가능성이 많다. 반면에 새로운 것을 받아들이고 변화를 취하고자 하는 기업의 조직문화 속에서는 문제가 발생하면 능동적으로 해결하게 되고, 기회탐색과 같은 의사결정을 하게 될 가능성이 많다. 그러므로 기업구성원들이 능동적으로 문제와 기회를 찾아서 해결할 수 있는 진취적인 문화와 환경을 조성해야 한다.

라. 문제의 소유권 유무

의사결정자가 문제를 해결할 수 있는 방법과 자원을 가지고 있느냐 하는 소유권(ownership)의 여부에 따라서 문제해결과 의사결정의 시작이 달라진다. 문제의 소유권이란 문제를 해결할 수 있는 수단을 가지고 있느냐의 여부이다. 예를 들어서 중동에서 전쟁이 나서 유가가 폭등할 때 대부분의 기업은 유가를 낮출 수 있는 수단과 해결방안을 가지고 있지 않다. 이때 기업은 유가폭등 문제를 해결할 수 있는 수단을 가지고 있지 않기 때문에 유가폭등은 기업의 문제가 아니다. 오히려 기업은 유가폭등에 어떻게 대응할 것인지를 고민해야 한다.

이처럼 문제를 해결할 수 있는 방법과 자원을 가지고 있지 않은 경우에는 의사결정이 시작될 수 없다. 그런데 문제의 소유권이 없는데 고민을 하고 의사결정을 시작해서 낭패를 보는 경우가 참으로 많다. 성현들 말씀인 기우에 해당하는 경우이다. 그러므로 어떤 문제가 발생했을 때 문제의 소유권을 분석해서 의사결정자가 해결할 수 있는 문제인지를 분석하는 과정이 필요하다.

사례 3 리콜 활동의 득과 실

1. 사례 본문

리콜을 하는 것이 이득일까, 피하는 것이 이득일까? 제품 결함이 발견되면 기업들은 먼저 주판알을 튕겨 본다. 리콜을 하면 비용이 많이 들고 기업 이미지가 나빠지고 제품에 대한 소비자들의 불신이 커진다는 게 1차적인 인식이다. 자발적인 리콜을 꺼리는 이유다. 그러나 전문가들은 재빨리 결함을 인정하고 리콜을 적극적으로 추진하는 게 장기적으로는 '남는 장사'라고 입을 모은다.

1982년 존슨 앤드 존슨의 타이레놀 독극물 사건이 대표적이다. 당시 미국 시카고에서 타이레놀에 청산가리를 넣은 범죄가 발생해 8명이 숨졌다. 미 식품의약국(FDA)은 시카고 지역의 타이레놀을 모두 수거하라고 권고했다. 그러자 존슨 앤드 존슨은 한 술 더 떠 미국 전역의 타이레놀 3,100만 병을 회수하는 과감한 결단을 내렸다. 2억 4,000만 달러의 막대한 손해를 감수한 것이다. 하지만 현재 타이레놀은 미국에서 동종 의약품 중 가장 높은 시장 점유율을 유지하면서 연간 15억 달러의 매출을 올리는 효자 상품이 됐다.

99%의 회수율을 올린 LG전자의 전기압력밥솥 리콜도 모범사례로 꼽힌다. LG전자는 뚜껑 결함으로 밥솥이 폭발하는 사고가 잇따르자 2003년부터 대대적인 리콜에 나섰다. 업계 최초로 리콜 제품을 신고하면 5만 원을 지급하는 보상금까지 내걸었다. 이후 LG전자는 밥솥 사업에서 철수하고 20여억 원에 가까운 손해를 봤다. 대처가 늦었다는 비판은 받았지만 적극적인 홍보로 리콜에 대한 부정적인 인식을 깨고 기업이미지를 안전우선주의로 굳혔다는 평가를 받았다.

반대로 리콜을 가벼이 생각했다가 시장에서 영원히 퇴출된 기업도 있다. 결함을 알면서도 숨기거나 늑장 대응해 부도를 맞거나 신인도를 회복하지 못한 경우다. 당장 대규모 리콜 사태로 몸살을 앓고 있는 일본 도요타도 결함을 은폐했다는 의혹을 받고 있다. 미쓰비시도 2000년 자동차 결함 리콜 정보를 20여 년간 회사 내부에서 조직적으로 숨긴 사실이 공개돼 도산 위기에까지 내몰렸다. 2000년 파이어스톤의 타이어는 주행 중 펑크가 나면서 88명의 목숨을 앗아갔다. 그러나 이 회사는 미국 이외 지역의 리콜을 거부해 전 세계 소비자들의 비난 세례를 받았다. 궁지에 몰린 파이어스톤은 전 세계 타이어 650만개에 대한 리콜을 하고 결국 파산했다. 미국 시장점유율 2위의 타이어 기업이 리콜을 피하려다 돈은 돈대로 들이고(3억 5,000만 달러) 욕은 욕대로 먹은 것이다.

그럼에도 불구하고 기업에게 리콜은 매우 어려운 결정이다. 지난해 리콜을 경험한 대기업 홍보담당자는 "좋은 사례로 언급되든 나쁜 사례로 언급되든 제조업체로서는 리콜이라는 단어 자체가 판매에 영향이 있기 때문에 부담스럽다"고 말했다. 특히 저가의 제품을 소규모로 생산하는 중소 영세업체들은 비용부담뿐 아니라 언론을 통해 한 번 낙인찍히면 회생하기 어려워 리콜을 꺼리는 경향이 뚜렷하다. 리콜 제품에 대한 국내 소비자들의 인식이 아직까지 부정적인 것도 기업들이 주저하는 이유다. 이종영 중앙대 법학과 교수는 "미국, 유럽 등 선진국은 리콜을 하면 할수록 소비자의 신뢰도가 높아진다고 생각하고 있다"면서 "그러나 우리나라 소비자들은 완전하지 못한 제품을 불신하기 때문에 기업들도 리콜을 하면 할수록 이미지가 손상된다고 여긴다"고 말했다. 제품에 문제가 생기면 그 제품을 생산한 기업이 가장 적절하게 신속한 조치를 취할 수 있다. 제품의 결함을 잘 파악하고 있는 기업은 시간과 비용을 최소한으로 아끼면서 대응방안을 내놓을 수 있다. 반면 정부가 결함정보를 수집하고 원인을 분석, 입증하고 대응하기까지는 시간이 오래 걸려 피해가 확산될 수 있고 비용 낭비도 크다.

최고경영자(CEO)의 결단도 중요하다. 지난해 10월 초 지펠냉장고 폭발사고로 3주 뒤 전 세계 해당 모델 40여 만대에 대해 리콜조치를 내린 삼성전자의 경우 경영진의 판단이 결정적인 역할을 했다. 전 세계가 하나의 시장으로 묶이게 된 것도 리콜에 선제대응해야 하는 이유다. 김용원 국토해양부 자동차

정책과 사무관은 "자동차도 세계적인 판매망을 갖고 있기 때문에 소비자가 문제가 있다며 갖고 오는 것만 수리해 주면 소비자를 기만하는 것으로 비쳐질 수 있다"고 했다. 이종인 한국소비자원 책임연구원은 "국내 기업의 리콜은 이제 국가 내부의 문제가 아니라 전 세계 시장의 문제이므로 선제적으로 대응해 기업의 신인도도 지키면서 피해를 최소화해야 한다"고 말했다.

출처 : 서울경제(2010. 2. 5)

2. 시사점

이 사례는 기업에서 문제가 발생했을 때, 조기에 해결하는 일이 얼마나 중요한지를 보여주고 있다. 리콜은 긍정적 효과와 부정적 효과를 다 가지고 있다. 리콜을 조기에 추진한 기업은 문제를 해결하고, 고객신뢰를 회복할 수 있다. 그러므로 모든 문제해결과 의사결정에서 가장 중요한 덕목 중 하나는 문제를 조기에 정확하게 찾아서 해결하는 능력이다.

4. 문제해결과 의사결정의 네 단계

그러면 이처럼 중요한 문제들을 어떻게 해야 하는가? 문제해결과 의사결정 분야의 새로운 장을 연 Herbert Simon은 모든 문제해결과 의사결정은 네 단계 과정을 거쳐서 수행되어야 한다고 주장하였다. Simon의 의사결정 모델을 기반으로 다양한 종류의 문제해결과 의사결정 모델들이 개발되었다.

Simon의 의사결정 모델

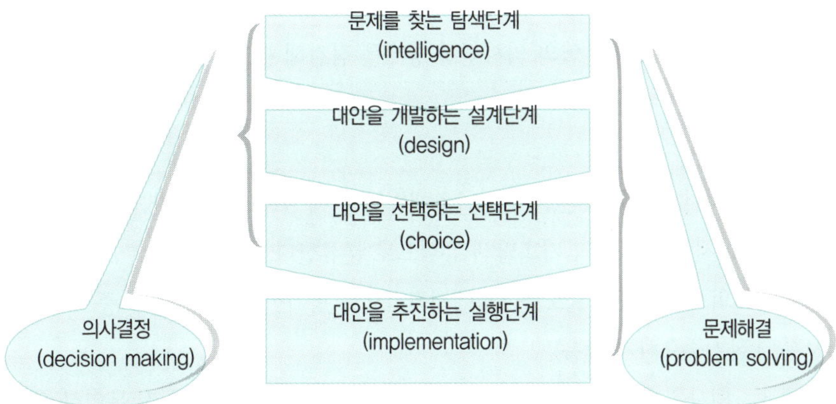

- 탐색(intelligence)단계 : 해결해야 할 문제를 찾아내고 분석하는 단계
- 설계(design)단계 : 분석한 문제를 해결하기 위한 대안을 개발하는 단계
- 선택(choice)단계 : 개발된 대안 중에서 최적의 대안을 선택하는 단계
- 실행(implementation)단계 : 선택한 대안을 실행하는 단계

일반적으로 문제해결(problem solving)과 의사결정(decision making)이라는 용어가 함께 사용되고 있다. 문제해결(problem solving)이란 문제를 해결하는 모든 행동으로서 탐색단계, 설계단계, 선택단계, 실행단계를 모두 포함하고 있다. 반면에 의사결정(decision making)이란 문제를 해결하거나 목표를 달성하기 위해서 선택가능한 대안들 중 최적의 대안을 선택하는 행동으로서, 탐색단계, 설계단계, 선택단계의 세 활동으로 볼 수 있다. 이처럼 학문적으로 정의하면 의사결정은 문제해결의 한 부분이지만 문제해결과 의사결정을 굳이 구분할 필요는 없다. 그 이유는 의사결정을 하기 위해서는 문제탐색, 대안개발, 대안선택의 모든 과정이 이루어져야 하기 때문이다. 그러므로 문제해결과 의사결정은 동일한 의미로서 이해하고 사용해도 될 것이다.

체험 1. 개인의 의사결정 유형 분류

1. 개념

의사결정의 유형 분류는 의사결정자가 어떠한 유형의 의사결정을 주로 수행하고 있는지를 분석하는 데 목적을 두고 있다. 이 체험은 개인별로 진행하고, 분류 결과를 동료의 결과와 비교함으로써 본인의 의사결정 형태를 점검해 볼 수 있다.

2. 체험단계

▶ 단계 1 : 의사결정자는 본인이 지난 6개월 동안에 수행한 중요한 '의사결정 10개'를 찾아서 문제발견과 기회탐색 유형으로 분류한다.

▶ 단계 2 : 의사결정의 중요도를 1점에서 5점으로 평가한다(5점 : 매우 중요, 3점 : 보통, 1점 : 중요하지 않음).

▶ 단계 3 : 의사결정자는 본인의 '의사결정 유형 분류표'를 분석하고, 동일한 상황

에 있는 동료의 '의사결정 유형 분류표'와 비교해 본다.

의사결정 유형분류표

	문제발견 유형	중요도	기회탐색 유형	중요도
1				
2				
3				
4				
5				

3. 논의

① 의사결정자는 본인이 어떤 유형의 의사결정을 많이 하고 있는지를 분석해 본다. 문제발견 유형이 많으면 발생한 문제를 해결하는 수동적 상황에, 기회탐색 유형이 많으면 개선이나 혁신과 같은 긍정적 상황에 있을 가능성이 많다.

② 본인의 의사결정 유형과 동료의 의사결정 유형을 비교해 본다. 동료의 의사결정 유형과 비교해서 문제발견 유형의 의사결정을 많이 하고 있으면 동료에 비해서 상대적으로 수동적인 상황에 있을 가능성이 많고, 기회탐색 유형의 의사결정이 많으면 긍정적인 상황에 있을 가능성이 많다.

③ 시간의 흐름에 따라서 의사결정 유형이 어떻게 변화하고 있는지를 분석해 본다. 만약에 시간이 지남에 따라서 기회탐색 유형이 많아지면 보다 긍정적인 상황으로 변해가고 있고, 반대로 문제발견 유형이 많아지면 부정적인 상황으로 변해가고 있다고 추정할 수 있다.

출처 : www.bizsolver.co.kr

제2장

기업 문제해결과 의사결정의 특성

1. 기업의 문제해결과 의사결정 분류
2. 기업의 전략적 의사결정 특징

사례 4. 구글의 CEO 교체
사례 5. 조직보다 의사결정 구조를 바꿔라
사례 6. 더 중요해진 CEO의 전략적 판단

제2장에서는 기업에서 수행해야 하는 의사결정의 유형을 분석하는 방법과 전략적 의사결정의 특징에 대해서 논의하고 있다.

사례 4 구글의 CEO 교체

1. 사례 본문

구글의 공동 창업자 래리 페이지가 공룡이 된 정보기술(IT) 기업의 대대적 혁신을 이끌기 위해 새 최고경영자(CEO)로 나섰다. 2001년 전문경영인인 에릭 슈미트에게 구글 호(號)의 키를 내준 지 10년 만이다. 승부근성으로 똘똘 뭉친 젊은 IT 천재는 소셜 미디어 시장의 '아이콘'으로 떠오른 페이스북의 창립자 마크 주커버그와의 일전을 벼르고 있다.

■ **4월부터 경영… 슈미트는 회장에**

구글은 20일(현지시간) 페이지의 CEO 선임 소식을 성명을 통해 전격적으로 발표했다. 현 CEO인 슈미트는 "구글의 경영구조를 단순화하고 의사결정 속도를 끌어올리기 위해 래리, 세르게이 브린(공동창업자)과 대화를 나눴다"면서 "지금이 구글이 변화하기 위한 최적기"라며 최고경영자 교체 배경을 설명했다. 그는 또 "(페이지에게는) 더 이상 어른(슈미트)의 감독이 필요 없다. 리더가 되기 위한 모든 준비는 끝났다"는 메시지를 자신의 트위터에 남겼다. 페이지는 오는 4월 4일부터 경영을 책임지며, 10년간 구글을 이끈 슈미트는 회장으로 선임돼 경영일선에서 물러날 예정이다. 또 다른 창업주인 브린은 새 상품 개발 등 전략 프로젝트 작업을 주도하게 된다. 구글의 이번 결정은 과거보다 미래에 주목한 결과라는 평가다. 구글은 지난해 4분기에 순이익 25억 4,000만 달러(약 2조 8,490만 원 · 주당 7.81달러)를 기록, 전년 같은 기간(19억 7,000만 달러)보다 29% 증가했다고 이날 밝혔다. 또 4분기 매출액은 63억 7,000만 달러(약 7조 1,471억 원)였는데 애널리스트들의 기대치를 뛰어넘는 수준이다.

■ **경영구조 단순화 · 재빠른 의사결정**

하지만 IT시장 판도를 보면 미래를 낙관하기 어렵다. 특히 소셜네트워크서비스(SNS) 분야에서 고전하면서 '가장 많은 누리꾼이 찾는 사이트'라는 영예를 페이스북에 내줘야만 했다. 또 자사의 안드로이드 운영체계를 기반으로 한 스마트폰이 시장에서 선전하고 있지만 여전히 '아이폰'을 앞세운 애플과 힘겨운 싸움을 벌이는 중이다. 금융그룹 UBS의 애널리스트 브라이언 피츠는 "페이지의 CEO 선임은 페이스북과의 경쟁을 위해 문제에 대처할 수 있는 능률적인 기술자를 제자리에 앉힌 것"이라고 풀이했다. 구글은 "정상에 섰어도 혁신을 게을리하면 언제든 거품이 빠질 수 있다"는 IT업계의 격언을 성실히 따른 셈이다. 다섯 살 때 장난감 대신 컴퓨터를 가지고 놀고, 25살 때 "세상의 모든 정보를 가장 쉽게 찾아낸다"는 기치로 실리콘밸리의 허름한 차고에서 구글을 창업했던 페이지는 마흔을 두 해 앞두고 권한과 책임을 한껏 짊어진 채 흥미로운 모험을 시작하게 됐다.

출처 : 서울신문(2011. 1. 22)

2. 시사점

이 사례는 신속한 의사결정이 기업경영에서 얼마나 중요한 일인지를 보여주고 있다. 최근 경영환경 변화의 가장 큰 특징 중 하나는 모든 경영환경이 매우 빠르게 변화하고 있다는 점이다. 이 같은 경영환경 변화에 대처하기 위해서는 신속하게 문제를 해결하고 의사결정하는 능력이 필요하다. 환경 변화에 대해서 얼마나 빠르고, 선제적으로 대응하느냐가 기업 경쟁력의 중요한 성공요인이다.

1. 기업 문제해결과 의사결정 분류

기업에서 최고경영자부터 중간관리자, 실무자들의 업무를 분석해 보면 연속적인 문제해결과 의사결정 활동으로 구성되어 있다. 이들 문제해결과 의사결정들은 일상적으로 반복되는 문제들과 중요한 전략적 문제들로 나누어진다. 이들이 수많은 문제를 해결하고 의사결정을 한다는 공통점은 있으나, 해결해야 하는 문제와 의사결정의 유형은 조금씩 다르다.

기업에서 문제해결과 의사결정을 잘하기 위해서는 의사결정 문제의 특성을 잘 이해할 필요가 있다. 마치 훌륭한 의사가 되기 위해서는 환자의 병을 잘 이해해야 하는 것과 동일하다. 문제의 특성을 잘 이해하기 위해서는 먼저 해결 대상인 문제와 의사결정을 잘 분류할 필요가 있다. 분류된 의사결정 문제들은 유사한 특징을 가지고 있고, 유사한 문제들은 유사한 해결방법을 필요로 하기 때문에 문제를 해결하기 쉽다. 마치 병원에서 병에 따라서 환자를 분류하면 분류된 환자들은 비슷한 증세를 보이기 때문에 환자의 증세를 파악하기 쉽고, 치료 방법을 찾기 쉬운 것과 같다.

앞에서 언급한 것처럼 의사결정 문제는 일상적 문제와 전략적 문제, 문제발견 유형과 기회탐색 유형으로 분류된다. 그런데 이 같은 분류 방법으로는 기업의 복잡한 의사결정 문제를 체계적으로 분류하기가 어렵기 때문에 보다 체계적으로 분류할 수 있는 방법이 필요하다. 위의 두 가지 방법 이외에 아래와 같은 세 가지 방법으로도 의사결정 문제를 분류할 필요가 있다.

- 경영기능에 따른 분류
- 경영활동수준에 따른 분류
- 의사결정 구조도에 따른 분류

1) 경영기능에 따른 분류

기업의 의사결정을 분류하는 첫 번째 방법은 경영기능별로 분류하는 것이다. 기업은 업무를 효율적으로 수행하기 위해서 유사한 업무를 수행하는 조직 단위를 묶어서 하나의 기능과 조직을 구성하게 된다. 그러므로 한 기능에서 수행하는 업무는 매우 유사하고 비슷한 특징을 보인다. 기업의 경영기능은 생산, 마케팅, 인사/조직, 회계/재무, 정보시스템, 기술개발, 전략수립 등으로 구성되어 있다.

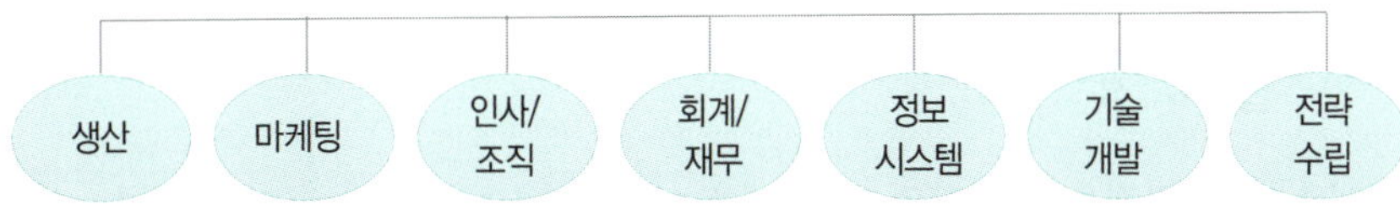

가. 생산 의사결정

생산 의사결정은 원자재구매, 자재관리, 생산계획, 품질관리, 생산성향상 등과 같이 제품과 서비스 생산에 관련된 의사결정이다.

나. 마케팅 의사결정

마케팅 의사결정은 제품, 가격, 판촉, 유통에 관련한 제품과 서비스 판매에 관련된 의사결정이다.

다. 인사/조직 의사결정

인사/조직 의사결정은 직원채용, 배치, 성과관리, 평가, 교육, 조직구조, 보상시스템과 같이 사람과 조직에 관한 의사결정이다.

라. 회계/재무 의사결정

회계/재무 의사결정은 자금조달, 자금운용, 자금관리, 투자, 배당, 주가관리처럼 자금에 관련된 의사결정이다.

마. 정보시스템 의사결정

정보시스템 의사결정은 정보수집, 관리, 분석, 공유, 저장하는 데 관련된 정보와 정보기술에 관련된 의사결정이다.

바. 기술개발 의사결정

기술개발 의사결정은 제품 개선, 신제품 개발, 신기술 개발처럼 연구 개발에 관련된 의사결정이다.

사. 전략수립 의사결정

전략수립 의사결정은 신규사업, 수요예측, 장기전략수립과 같은 기업의 중 · 장기 전략에 관련된 의사결정이다.

경영기능에 따른 의사결정의 분류

	생산	마케팅	회계/재무	인사/조직
1	원자재주문	주문처리	송장발행	근무실적관리
2	재고관리	판매실적관리	원가분석	업무성과평가
3	생산시설관리	영업사원관리	자금관리	직원채용
4	단기생산계획	마케팅예산 수립	단예산수립	교육과정설계
5	생산성향상 방안	단기수요예측	재무분석	승진/연봉결정
6	생산시설교체	가격결정	자금조달 계획	인사관리시스템개선
7	생산시설확충	판매촉진	배당결정	보상시스템설계
8	장기생산계획	장기수요예측	주가관리	임원진의 채용
9	신기술도입	신제품개발	장기투자결정	조직의 재설계
10	공장건설	신규사업결정	인수/합병결정	다운사이징

2) 경영활동 수준에 따른 분류

기업 의사결정을 분류하는 또 다른 방법은 경영활동 수준에 따라서 분류하는 것이다. 기업의 경영활동 수준에 따라서 현업의 실무자, 중간관리자, 최고경영자들이 수행하는 업무와 의사결정의 특성은 다르다. 기업의 경영활동 수준은 운영통제, 관리통제, 전략계획으로 나눌 수 있다.

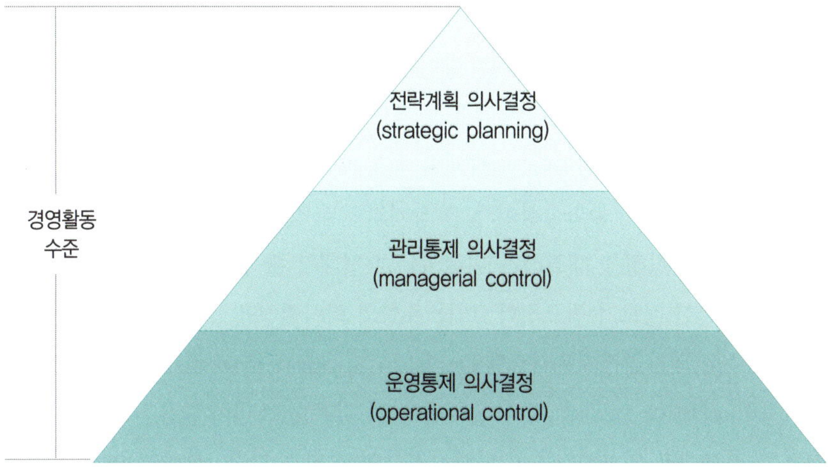

가. 운영통제 의사결정(operational control)

운영통제 의사결정은 일상적이고 반복적인 주문처리, 판매관리, 생산계획수립, 재고관리와 같은 기본적 운영활동과 통제업무 유형의 의사결정으로서 주로 현업 실무자와 하위 관리자가 수행한다. 운영통제 유형의 의사결정에 필요한 정보는 주로 기업 내부 활동에서 만들어지고, 계량적인 문제해결 기법이 많이 활용되며, 상대적으로 정형화되어서 정보화하기가 쉽다. 기업에서는 기본적인 거래처리시스템(Transaction Processing Systems)과 ERP(Enterprise Resource Planning)와 같은 정보시스템을 이용해서 의사결정을 하게 된다.

나. 관리통제 의사결정(managerial control)

관리통제 의사결정은 판매관리, 단기수요예측, 생산설비 구입, 예산 수립, 인력관리 방안 등의 기본적인 관리활동의 의사결정으로서 주로 중간관리자가 수행하는 의사결정이다. 관리통제의 유형의 의사결정에 필요한 정보는 기업내부 활동과 외부 환경에서 만들어지고, TPS와 ERP에 기초를 둔 경영정보시스템(Management Information Systems)을 기반으로 의사결정을 하게 된다.

다. 전략계획 의사결정(strategic planning)

전략계획 의사결정은 신제품개발, 장기수요예측, 신기술도입, 공장건설 등과 같이 장기적 계획이나 전략을 수립하는 유형의 의사결정으로서 주로 임원급이나 최고 경영층에서 수행하는 의사결정이다. 전략계획 유형에 속하는 의사결정은 중요하고, 복잡하고, 미래지향적이고, 불확실성이 높은 장기적인 특징을 가지고 있다. 그러므로 전략계획 유형의 의사결정을 해결하기 위해서는 기업내부 활동에 관한 정보와 함께 기업외부 환경에 관한 정보가 필요하다. 이들 유형의 의사결정을 지원할 수 있는 정보시스템으로서 주로 의사결정지원시스템(Decision Support Systems)이나 최고경영자정보시스템(Executive Information Systems)과 같은 시스템이 활용되고 있다. 그러나 대부분의 전략계획 의사결정들은 의사결정자의 경험과 판단, 직관에 의존할 수 밖에 없다.

경영기능과 활동수준에 따른 의사결정의 분류

		생산	마케팅	회계/재무	인사/조직
운영통제	1	원자재주문	주문처리	송장 발행	근무실적관리
	2	재고관리	판매실적관리	원가분석	업무성과평가
	3	생산시설관리	영업사원관리	자금관리	직원 채용
	4	단기생산계획	마케팅예산수립	단기예산수립	교육과정설계
관리통제	5	생산성향상방안	단기수요예측	재무분석	승진/연봉결정
	6	생산시설교체	가격결정	자금조달계획	인사관리시스템 개선
	7	생산시설확충	판매촉진	배당결정	보상시스템 설계
전략계획	8	장기생산계획	장기수요예측	주가관리	임원진의 채용
	9	신기술도입	신제품개발	장기투자결정	조직의 재설계
	10	공장건설	신규사업결정	인수/합병결정	다운사이징

3) 의사결정 구조도에 따른 분류

구조화 정도

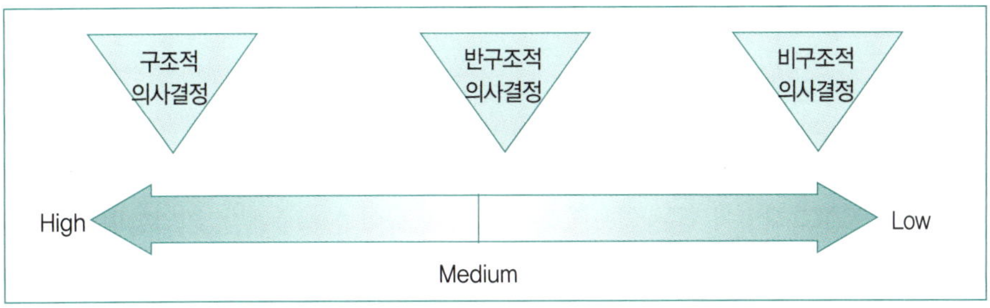

구조화정도

기업 의사결정을 분류하는 세 번째 방법은 의사결정의 구조도(structuredness)에 따라서 분류하는 것이다. 의사결정의 구조도는 의사결정이 얼마나 체계화되어 있느냐의 개념인데, 문제탐색, 개발, 선택의 세 단계 중 몇 단계가 컴퓨터 프로그램화할 수 있느냐로 구분한다. 의사결정은 구조도의 정도에 따라서 구조적 의사결정, 반구조적 의사결정, 비구조적 의사결정으로 나누어질 수 있다. 의사결정의 구조도에 따라서 의사결정을 지원하는 정보시스템의 유형이 달라지기 때문에 의사결정을 구조도로 분류하는 것은 정보화 관점에서 매우 중요하다.

가. 구조적 의사결정(structured decision)

구조적 의사결정은 반복적(repetitive) · 일상적(routine)으로 발생하는 구조화된 의사결정으로 탐색, 설계, 선택의 세 단계가 모두 컴퓨터 프로그래밍이 가능한 의사결정이다. 예를 들어서 은행예금인출, 주문처리, 송장발행, 원자재주문 등과 같은 의사결정이 대표적인 구조적 의사결정이다. 운영관리와 통제관리 수준의 구조적 의사결정은 컴퓨터 프로그래밍이 가능하고, 대부분의 기업에서 ERP나 경영정보시스템으로 정보화가 되어 있다. 구조적 의사결정은 주로 알고리즘(algorithm) 방법으로 해결한다.

나. 반구조적 의사결정(semi-structured decision)

반구조적 의사결정은 구조적 의사결정과 비구조적 의사결정의 중간 형태의 의사결정으로 문제진단, 설계, 선택의 세 단계 중에서 일부분이 컴퓨터 프로그래밍이 가능한 의사결정이다. 예를 들어서 단기생산계획, 성과평가, 원가분석과 같은 의사결정은 부분적으로 컴퓨터 프로그래밍이 가능한 반구조적인 의사결정으로서 알고리즘과 휴리스틱(heuristic)방법으로 해결한다.

다. 비구조적 의사결정(unstructured decision)

비구조적 의사결정은 자주 발생하지 않고, 희귀하고, 복잡하고, 중요한 의사결정으로 컴퓨터 프로그래밍이 힘든 의사결정이다. 예를 들어 신제품개발, 기업합병과 인수, 공장건설 등과 같은 의사결정은 대표적인 비구조적인 의사결정이다. 반구조적이고 비구조적인 의사결정을 지원하기 위해서 개발된 시스템을 의사결정지원시스템이나 전문가시스템이라고 한다. 비구조적 의사결정은 휴리스틱 방법과 창의적 문제해결 방법으로 해결해야 한다.

경영기능, 활동수준, 구조도에 따른 의사결정의 분류

		구조적 의사결정	반구조적 의사결정	비구조적 의사결정
운영통제	1	원자재주문	업무성과평가	직원채용
	2	주문처리	원가분석	교육과정설계
	3	송장발행	생산시설관리	마케팅예산수립
	4	근무실적관리	단기생산계획	단기예산수립
관리통제	5	재무준석	가격결정	보상시스템설계
	6	단기수요예측	자금조달계획	인사관리시스템개선
	7	장기생산계획	생산시설교체	판매촉진
전략계획	8	장기생산계획수립	신기술도입	공장건설
	9	주가관리	장기투자계획	인수/합병
	10	임원진채용	신제품개발	신규사업결정

사례 5 조직보다 의사결정구조를 바꿔라

1. 사례 본문

요즘과 같은 경기침체기가 오면 많은 기업은 효율성과 실적을 높이기 위해 종종 조직구조를 바꾸려 한다. 하지만 어떤 조직구조로 바꾸어야 하는지에 대한 답이 하나로만 정해져 있지 않다. 예를 들어 맥도널드와 코카콜라는 지역중심의 조직, '캔 스프'로 유명한 캠벨은 상품중심의 조직, P&G는 매트릭스 조직을 각각 채택하고 있다.

조직성과 개선을 위해 미국기업들이 매년 투자하는 금액만 수십억 달러에 이르는 반면, 실제 '고성과(高成果)조직'은 얼마 되지 않는다. 베인&컴퍼니가 최근 전 세계 주요 기업을 대상으로 조사한 바에 따르면 전체 기업 중 23% 정도만이 탁월한 성과 달성에 필요한 조직을 갖추고 있는 것으로 나타났다.

고성과를 창출하는 훌륭한 조직과 그렇지 못한 조직을 가르는 핵심요소는 무엇인가? 해답은 '의사결정중심의 조직'을 구축했는가에 달려 있다. 고성과조직은 저(低)성과조직에 비해 의사결정을 '제대로' 하고, '빨리' 하며 '훨씬 효율적으로' 실행하는 조직이다. 고성과조직은 저성과조직에 비해 이 세 가지 요소에서 모두 두 배가량 높은 수치를 보이고 있다. 중요한 것은 이 세 요소 간에 승수효과가 있다는 점이다. 즉, 빨리 의사결정하는 조직은 제대로 의사결정할 확률이 4배 이상 높고, 제대로 의사 결정을 하는 조직, 즉 의사결정의 품질(quality)이 높은 조직은 실행을 8배 이상 효율적으로 하는 것으로 나타났다. 그 결과 고성과조직은 저성과조직에 비해 매출성장률은 50%, 수익성은 2배, 주주수익률은 70% 높은 성과를 보고 있다. 이는 그 직원의 높은 충성도로도 이어진다. 직원들이 친구 · 친지에게 자기 회사를 추천할 의향에 대해 조사한 결과, 고성과조직은 평균 48%를 보인 반면, 저성과조직은 -27%를 나타냈다. 직원이 다른 사람에게 적극적으로 자기 회사를 추천하는 회사와 반대로 직원이 험담을 늘어놓으며 입사를 만류하기까지 하는 회사의 차이는 어마어마하다. '의사결정중심'의 조직 구조를 갖추느냐 여부가 재무성과뿐만 아니라 임직원의 충성도에까지 영향을 주는 것이다.

■ **'기능'이 아닌, '의사결정'에 필요한 역할을 명확히 정하라**

기업의 조직구조가 어떻든 간에 중요한 것은 의사결정과정에서 역할이 모호하지 않고 분명해야 한다는 점이다. 중요한 결정을 내리고 실행하는 책임이 누구에게 있는지 모른다면 조직 내의 '스트레스 수준'은 계속해서 높아지게 된다. 그런데 현실을 보면 의사결정 사안 자체가 잘 정의되어 있지 않을 뿐 아니라, 결정을 누가 내릴지 역할 소재가 분명히 지정되어 있지 않거나 여러 사람에게 분산돼 책임이 불분명한 경우가 허다하다. 조직의 효율성을 높이려는 기업들은 '중요한 의사결정 사안에 대해 누가 결정권을 갖고 있는가'를 자문해 보면서, 현재 의사결정상 각 부서, 담당자의 역할을 파악하고 그 개선책을 모색해 보면 상당한 효과를 볼 수가 있다.

최근 많은 국내기업들은 조직구조 개선방안을 활발히 모색하고 있다. 수 십년 동안 기업을 성장시킨 기존 사업을 대체할 수 있는 신성장동력을 찾는 것이 기업의 최우선 과제로 떠오르면서, 이를 발굴해 추진할 수 있는 인재와 조직을 확보하는 것이 커다란 숙제로 떠오른 것이다. 진정한 고성과조직을 구현하기 위해서는, 기업가치를 높이는 데 필요한 핵심 의사결정 사항이 무엇인가 파악하고, 의사 결정이 '제대로 빨리' 내려지고, 실행될 수 있도록 전체 조직을 정렬하는 노력이 필요하다.

출처 : 조선일보 위클리비즈(2010. 3. 12)

2. 시사점

대부분의 기업업무 구조는 마케팅, 생산, 재무, 회계, 인사, IT, 기술개발 등의 기능중심으로 구성되어 있다. 그러나 경영환경 변화로 예상하지 못한 수많은 일들이 발생하고 있다. 이들 일들은 과거에 접하지 못한 새로운 유형의 문제들이 많기 때문에 새로운 해결방식이 필요하다. 따라서 새로운 문제들과 기회들을 누가 언제 어떻게 찾아서 해결해야 하는지에 대한 의사결정 구조의 논의가 필요한 시점이다.

2. 기업의 전략적 의사결정 특징

앞에서 분류한 것처럼 기업에서는 일상적 문제들과 전략적 문제들을 해결해야 한다. 예를 들어서 원자재주문, 재고관리, 주문처리, 자금관리, 임금관리 등과 같은 일상적이고 정형화된 문제들은 대부분 매뉴얼화되어 있거나, 컴퓨터로 프로그램화되고 정보화되어 있다. 반면에 신제품개발, 신기술개발, 시장개척, 임원선발, 수요예측, 인사관리시스템, 정보시스템 구축 등과 같은 전략적 문제들은 중요하면서 비정형화된 의사결정으로서 관리자나 경영자의 의사결정을 필요로 하는 유형이다.

그런데, 전략적 의사결정문제들은 정확하게 정의하기가 어렵다. 무엇이 중요한지, 무엇이 어려운지를 정확하게 정의하기가 어렵고, 동일한 문제라고 해도 사람에 따라서 덜 중요할 수도 있고, 더 중요할 수도 있다. 즉, 동일한 문제라고 해도 의사결정자에 따라서 전략적 의사결정이 될 수 있고, 일상적인 의사결정이 될 수 있기 때문이다. 다만 의사결정의 성공 여부가 의사결정자에 많은 영향을 줄 수 있는 중요하고, 복잡한 의사결정을 전략적 의사결정으로 정의하면 될 것 같다. 예를 들어서 다음과 같은 의사결정을 전략적 의사결정으로 보는 데는 큰 이견이 없을 것이다.

- 마케팅의사결정 : 수요예측, 신제품개발, 가격결정, 판매촉진방안, 유통망구축, 신시장진출
- 생산의사결정 : 생산성향상, 생산시설 교체 및 확충, 장기생산계획, 신기술도입, 공장건설
- 재무의사결정 : 자금조달, 장기투자, 주가관리, 배당
- 인사/조직 의사결정 : 인사관리시스템, 성과관리방안, 조직구조개편, 임원채용, 경영혁신, 다운사이징
- 정보기술의사결정 : 정보시스템 인프라 구축, 정보시스템 관리, e-portal 시스템

구축, KMS 구축

- 기술개발의사결정 : 제품기능개선, 신기술개발, 연구평가시스템 구축

이들 전략적 의사결정들은 몇 가지 공통적인 특징을 가지고 있다.

- 전략적 의사결정은 매우 중요한 의사결정으로서, 잘못 결정하면 많은 비용을 지불해야 하고, 나아가서는 경쟁력을 크게 잃을 수도 있다. 예를 들어서 신제품 개발을 잘못하거나, 정보시스템을 잘못 개발하면 지불해야 하는 대가는 엄청나다. 반면에 이 같은 의사결정을 잘 수행했을 때 얻을 수 있는 이익은 매우 크다.
- 전략적 의사결정은 자주 발생하지 않고, 희귀하고, 해결하는 절차가 정해져 있지 않은 비정형적 의사결정(ill-structured decision)이다. 예를 들어서 신기술개발, 공장확장 등과 같은 문제들은 자주 발생하지 않고, 비정형적인 의사결정으로서, 정형화된 방법이 아닌 휴리스틱 방법이나 창의적인 문제해결 방법으로 문제를 해결해야 한다.
- 전략적 의사결정은 문제에 관한 정보가 부족하고, 불확실성이 높은 의사결정이다. 예를 들어 새로운 경영혁신, 신임 임원진의 능력 등과 같은 문제에 대한 정보가 부족하고, 대안을 선택했을 때 일어날 수 있는 결과에 대한 불확실성이 매우 크다.
- 전략적 의사결정은 의사결정자 자신뿐만 아니라 여러 이해당사자들이 관련되어 있는 그룹 의사결정(group decision making)이다. 신기술개발, 공급사슬망 구축 등과 같은 문제들에 관련된 이해당사자들은 많고, 이들의 관점, 이해, 니즈는 매우 다르다. 이해당사자들의 이해를 조정해서 이들의 컨센서스를 얻어 내지 못하면 전략적 의사결정은 실패할 가능성이 높다
- 전략적 의사결정은 외부환경과 직 · 간접적으로 서로 영향을 주고 변화하는 동태적인 의사결정이다. 예를 들어서 인수합병 및 사업조정 등과 같은 의사결정은 외부환경 주체들과 아주 긴밀히 연결되어 있고, 이들 외부환경 주체와의 조율이 잘못되면 의사결정은 실패할 가능성이 매우 크다.
- 전략적 의사결정은 생산, 마케팅, 재무, 회계, 인사, 조직, 정보기술, 기술개발의 모든 경영 기능에서 발생한다. 동시에 전략적 의사결정은 최고경영자서부터 하위 관리자까지 모든 계층에서 발생할 수 있는데 주로 관리통제와 전략수립 수준에서

자주 발생한다.

• 전략적 의사결정을 해결하는 데 도움을 줄 수 있는 기법이나 방법론은 상대적으로 제한적이고, 의사결정자의 합리성은 제한될 수밖에 없다. 동시에 전략적 의사결정을 수행하는 데 필요한 능력을 향상시킬 수 있는 교육 콘텐츠와 교육 과정이 부족하기 때문에 훈련을 받기가 어렵다.

이처럼 전략적 의사결정은 중요한 의사결정이고, 해결하는 과정이 복잡하고, 불확실성이 높고, 많은 이해당사자들이 관여되어 있고, 환경과 상호작용하고 있고, 모든 기능에서 발생하고, 해결방법이 제한적이다. 이 같은 중요한 전략적 문제들을 해결하는 주체는 기업구성원들이다. 그러므로 기업구성원들은 이들 문제들을 조기에 찾아내서 정확하게 분석하고 창의적인 해결방안을 찾아내어서 효율적인 방법으로 해결할 수 있는 능력을 갖추어야 한다.

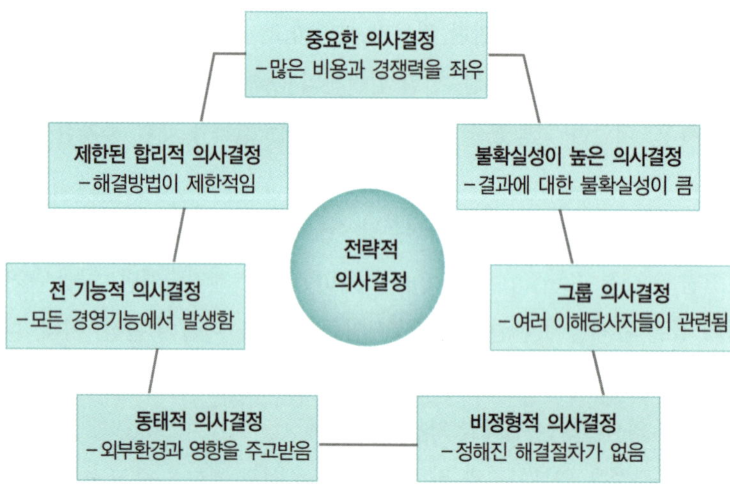

사례 6 더 중요해진 CEO의 전략적 판단

1. 사례 본문

우리는 글로벌 신용위기에서 국내 제조업체들의 향상된 경쟁력을 확인했다. 소니, 도요타, 미탈 등 세계의 선두업체들이 수요 부진과 불안정한 재무구조 등으로 어려움을 겪는 동안 국내 업체들은 오히려 공격적인 마케팅과 제품경쟁력을 바탕으로 시장점유율을 높이고 놀라운 실적을 달성했다. 약세를 보였던 원화 환율 효과 덕이 컸다고 이야기할 수도 있겠다.

하지만 그보다 과거 1998년 외환위기, 그 이후 기술 거품, 신용카드 문제 등을 통해 향상시킨 각 기업의 경쟁력이 어려운 시절에 빛을 발했다고 생각된다. 과거보다 튼튼해지고 더 커진 한국 기업의 성장의 뒤에는 CEO들의 전략적인 의사결정도 매우 중요한 역할을 했다고 본다. 세계화로 기업이 사업을 영위하는 지역, 접하게 되는 고객, 상품 등 경영환경이 점점 더 광범위해졌다. 또한 유·무선 인터넷환경의 발전 등은 정보의 교류 속도를 점점 더 빠르게 하고 있으며 이는 변화의 속도와 폭을 더 빠르고 크게 만들어간다. 이런 환경에서는 한 국가, 지역의 1등으로 안주해서는 장기적으로 성장하기 힘들다. 세계 시장이 하나의 시장이 돼 전 세계에 있는 모든 기업과 경쟁하는 시대가 된 것이다. 따라서 남들보다 큰 성장, 안정적인 지위, 확고한 제품경쟁력을 갖추기 위해서는 미래를 예측하고 기회가 있는 곳에 기업의 재원을 적극적으로 활용하는 등 CEO의 전략적 마인드가 매우 중요하다.

높은 수익을 내고 있는 상황에 안주하며 미래의 성장기회를 놓쳐 경쟁순위에서 뒤처지는 기업도 생겨나고, 재무구조에 비해 지나치게 많은 빚을 낸 기업이 어려움을 겪는 모습도 볼 수 있다. 단기적으로는 큰 변화를 못 느낄 수도 있지만 지난 수십 년 동안 미국 기업의 순위 변화를 보면 성장에 대한 전략과 이의 성공 여부가 기업의 위상을 어떻게 변화시키는지 극명하게 볼 수 있다.

지난 시간을 돌아보면 한국도 이런 흐름에서 예외는 아니다. 성장을 이끌어내지 못하고 시대 변화에 부적응한 기업도 있었고, 그와 달리 CEO의 전략적인 의사결정으로 사업의 급격한 확장 및 경쟁력 확보를 이끌어낸 기업도 있었다. 가령 LG화학은 모두가 중동의 위협으로 어려워질 것이라는 석유화학 분야에서 미래에 가장 각광받을 수 있는 성장성을 확보한 기업으로 발전했다. 제품의 고부가화를 계속해 오며 기존 사업에서도 경쟁업체 대비 높은 이익을 시현하고 있다. 어려운 시기에도 미래 시장 성장성을 보고 지속적으로 투자해온 2차전지사업의 경우 이제는 세계 유수의 자동차회사가 같이하지 않을 수 없는 사업으로 변신했다.

한국은 아직 경제에서 수출이 차지하는 비중이 여타 국가에 비해 높은 편이다. 그러므로 내수시장이 성장할 수 있는 여지도 많다. 소득이 높아지는 중국 관광객들, 환율효과로 부쩍 늘어난 일본 여행객들도 내수시장의 고객으로 새롭게 자리 잡고 있다. 또한 브랜드인지도와 높은 품질을 기반으로 내수기업도 외국에서 성장을 꾀하고 있으며 국내 화장품회사 및 일부 음식료회사도 좋은 성과를 보이고 있다.

변화하는 소비 트렌드 속에서도 내수 기업들은 새로운 성장 기회를 모색할 수 있다. 성장이 정체된 것 같던 일본 내수시장에서도, 패스트 리테일링(Fast Retailing)은 유니클로라는 브랜드로 소비자의 새로운 소비 트렌드를 잘 읽고 대처해 성장했다. 기업 발전을 위해서는 현재 위치에 안주하지 말고, 향후 성장성 있는 산업에 적극적으로 투자해야 한다. 변화를 먼저 감지하고 예측할 수 있는 CEO의 안목 또한 필요하다.

올해 국내 기업들의 성과에서 나타나듯이 우리나라에도 뛰어난 CEO를 보유한 기업이 많다. 제조업체 CEO의 안목을 높이고 멀리 내다볼 수 있는 인재를 양성하는 것은 한국 기업과 한국 경제를 위해서도 중요한 일이다.

우리나라에서 전략적 마인드를 갖춘 CEO 인재가 더 많이 양성되기를 바라며, 그들에게 많은 격려와 찬사를 보내줄 수 있는 문화도 기대해본다.

출처 : 매경이코노미 제1537호(2009. 12. 30)

2. 시사점

기업에서 CEO의 전략적 의사결정능력은 갈수록 더 중요해지고 있다. CEO의 판단력과 통찰력, 때론 과감한 의사결정능력과 추진능력을 가진 기업들과 그렇지 못한 기업들의 차이는 매우 크다. 21세기 초경쟁의 시대에서 CEO의 전략적 의사결정능력은 기업의 핵심 경쟁력이 되어가고 있다.

체험 2. 기업 의사결정의 분류

1. 개념

- 기업 의사결정 분류 체험은 기업에서 어떠한 종류의 의사결정들이 수행되고 있는지를 이해하고, 분류된 의사결정의 공통점과 차이점을 이해하는 데 목적을 두고 있다.
- 이 체험은 팀으로 진행하면 다양한 종류의 의사결정을 찾아낼 수 있고, 타 부서의 의사결정을 이해할 수 있을 것이다.

2. 체험단계

▶ 단계 1 : 지난 6개월 동안에 기업이 수행한 주요 의사결정을 문제발견 유형과 기회탐색 유형으로 분류한다.

▶ 단계 2 : 의사결정의 중요도를 1점에서 5점으로 평가한다.

▶ 단계 3 : 각 팀의 분석 결과를 모든 팀이 함께 공유한다.

	문제발견 유형						기회탐색 유형					
	의사결정	중요도					의사결정	중요도				
1		1	2	3	4	5		1	2	3	4	5
2		1	2	3	4	5		1	2	3	4	5
3		1	2	3	4	5		1	2	3	4	5
4		1	2	3	4	5		1	2	3	4	5
5		1	2	3	4	5		1	2	3	4	5

3. 논의

① 기업에서 어떤 유형의 의사결정을 많이 하고 있는지를 분석해 본다. 문제발견 유형이 많으면 발생한 문제를 해결하는 수동적 상황에, 기회탐색 유형이 많으면 개선이나 혁신과 같은 긍정적 상황에 있을 가능성이 많다.

② 시간의 흐름에 따라서 의사결정 유형이 어떻게 변화하고 있는지를 분석해 본다. 만약에 시간이 지남에 따라서 기회탐색 유형이 많아지면 보다 긍정적인 상황으로 변해가고 있고, 반대로 문제발견 유형이 많아지면 부정적인 상황으로 변해가고 있다고 추정할 수 있다.

출처 : www.bizsolver.co.kr

제3장

창의적 문제해결과 의사결정능력의 특성

1. 창의적 문제해결과 의사결정능력의 중요성
2. 창의적 문제해결능력 향상 방법
3. 창의적 문제해결 방법론 : Biz-Solver

사례 7. 기업이 원하는 인재상
사례 8. 직원 아이디어가 회사의 경쟁력
사례 9. 대기업, 직원 창조력 키우기 한창

기업에서 발생하는 다양한 문제들을 해결하기 위해서는 창의적 문제해결능력이 필요하다. 창의적 문제해결능력이란 주어진 문제를 단순히 합리적으로 해결하는 수준을 넘어서 능동적으로 문제와 기회를 찾아내고 창의적인 방법으로 해결하는 능력을 의미한다.
제3장에서는 창의적 문제해결능력의 개념과 저자가 개발한 창의적 문제해결 방법론인 Biz-Solver에 대해서 논의하고 있다.

사례 7 기업이 원하는 인재상

1. 사례 본문

기술과 기업경영의 변화에 따라 인재육성의 패러다임이 변화하는 것처럼, 시대흐름에 따라 요구되는 인재의 특성과 조건도 변화하고 있다. 인재는 기업경영의 중심이자 출발점이라고 할 수 있기 때문이다. 전국경제인연합회의 '기업이 원하는 인재상 조사' 보고서에 따르면 지난 2008년 주요 기업의 인재상은 △도전·창조성 △전문성 △글로벌화 △협력·윤리 등으로 조사됐다.

도전·창조성은 창의력과 책임감을 가지고 진취적으로 도전하는 인재를, 전문성은 전문지식을 갖고 끊임없이 탐구하며 자기개발에도 노력하는 인재를, 글로벌화는 글로벌시대 적합한 마인드와 외국어 능력의 소유자를, 협력·윤리는 직업의식·윤리의식을 갖고 업무에 충실한 협력적인 인재를 뜻한다. 그러나 5년 전인 2003년에 실시한 같은 조사에서는 개인역량, 글로벌능력(Global Capability), 조직역량(대인관계 등), 태도 및 가치관의 순서로 나타났다. 전경련 관계자는 "2008년에는 2003년에 비해 '창의력과 도전정신'에 대한 요구가 증가했다"고 설명했다. 아울러 사회변화에 따른 인재수요도 스페셜리스트에서 제너럴리스트로, 그리고 멀티플레이어로 변화하고 있다. 실제로 한국 산업발전 초기에는 자동차, 철강 등 한정된 분야에서 고도의 전문성을 발휘하는 스페셜리스트가 기업의 가장 중요한 인재상이었다. 이들을 중심으로 제품개발 등에 나서면서 기업발전을 이룰 수 있었다. 이후 전문성만을 갖고는 경쟁에서 뒤처지면서 특정 분야에 대한 지식을 모든 영역에 연결시킬 수 있는 제너럴리스트가 떠올랐다. 과거 단순히 제품의 기능만이 중시됐던 것이 디자인과 같은 공감각적 영역이 추가되면서 디자인에 대한 지식을 수요자의 요구에 맞게 접목시키는 것이 강조됐다.

최근엔 분야 간 융합 및 지식의 통합이 강조되면서 스페셜리스트이면서 제너럴리스트인 '멀티플레이어'가 기업의 인재상으로 요구되고 있다. 한 가지 분야에서만 능력을 발휘하기보다는 전문성을 지니면서 동시에 다른 분야에서도 탁월한 능력을 발휘해야 한다는 것이다. 권정은 한국정보화진흥원 선임연구원은 "사회의 많은 복합변수들과 매순간 변화하는 환경은 인간으로 하여금 수많은 능력을 요구한다"면서 "자신이 갖고 있는 능력은 물론 주위 사람과 정보 등 주변환경에서 얻을 수 있는 능력을 최대로 활용하는 것이 중요하다"고 설명했다.

물론 전문가들이 전망하는 미래 인재의 특징은 저마다 다를 수 있다. 미래학자인 다니엘 핑크는 인재의 조건으로 △디자인 △스토리 △조화 △공감 △놀이 △의미라고 했으며 공병호경영연구소의 공병호 소장은 △문제해결능력 △창의적 발상능력 △기회포착능력 △학습능력 △동기부여능력 △자기혁신능력 △위기관리능력 △대인관계능력 △세일즈능력 △외국어구사능력 등으로 규정했다. 하지만 이들을 분석해 보면 △창의성 △셀프리더십 △대인관계 △비판적 사고 등으로 요약될 수 있다.

권 연구원은 "내부역량을 강화해 창의성을 제고하는 동시에 스스로를 통제·관리할 수 있는 셀프리더십을 겸비해야 한다"면서 "아울러 외적 역량을 강화해 대인관계를 확장하는 동시에 냉철한 비판적 사고를 갖고 객관적인 관계를 유지할 수 있는 인재상이 요구되고 있다"고 말했다.

출처 : 이투데이(2011. 1. 3)

2. 시사점

최근에 기업들이 원하는 인재상 중 공통적인 특징은 창의성이다. 창의성이란 단순하게 새로운 아이디어가 아니라 새로운 해결방안을 만들어내는 능력이다. 그런데, 새로운 해결방안을 만들어내는 것은 생각보다 쉽지 않다. 새로운 해결방안은 숨어 있는 문제와 새로운 기회를 찾아내는 능력, 문제와 기회를 분석하는 능력, 문제와 기회를 결정하는 능력, 창의적 아이디어를 개발하는 능력, 아이디어의 결과를 예측하는 능력, 아이디어를 선택하는 능력, 아이디어를 실행하는 능력에 의해서 결정된다. 그러므로 새로운 해결방안을 만들어내는 창의성은 단순한 아이디어의 문제가 아니라 전문성과 합리성을 기반으로 만들어지는 문제해결능력이다.

1. 창의적 문제해결능력의 중요성

기업의 최고경영자부터 관리자까지 구성원 하나하나가 수행하는 모든 문제해결과 의사결정은 기업의 경영성과에 직접적으로 영향을 준다. 그러므로 기업구성원의 문제해결과 의사결정능력을 강화시켜서 기업경쟁력을 높일 수 있는 방안을 찾아야 한다.

특히 경영환경 변화로 기업구성원의 문제해결과 의사결정능력은 더욱 중요해 질 것이다. 우리가 살고 있는 사회는 정보사회를 넘어서 창조사회에 접어들면서 기업경영환경도 빠르게 변화하고 있다. 예를 들어서 고객 니즈가 빠르게 변화하고, 기술이 빠르게 융합되고 있고, 경쟁의 무대가 넓어지고, 산업 간 경쟁이 심화되고, 제품의 라이프사이클이 짧아지고 있다. 이처럼 경영환경 변화 속에서 생존하고 성장하기 위해서 기업들은 신기술과 신제품 개발, 신시장 개척, 생산 프로세스의 개선, 새로운 마케팅 기법의 도입, 판매채널의 다양화, 조직구조의 개편, 인사시스템의 변화, 정보기술의 도입, 경영기능의 통합, 기업 간 협력체제 구축 등과 같은 수많은 변화와 혁신을 추진해야 한다.

이 같은 변화와 혁신 과정에서 문제해결과 의사결정 관점으로 볼 때 다음과 같은 많은 변화가 일어나고 있다.

- 과거에 경험하지 못한 새로운 문제와 의사결정들이 많아지고 있다.
- 문제와 의사결정의 중요성이 더욱 커지고 있다.
- 문제와 의사결정의 구조가 더욱 복잡해지고 있다.
- 문제와 의사결정의 위험성과 불확실성이 더욱 커지고 있다.
- 문제와 의사결정에 관한 이해당사자들이 많아지고 있다.
- 문제와 의사결정의 중요성이 더욱 커지고 있다.
- 문제와 의사결정을 하는 데 창의성이 더욱 강조되고 있다.

- 문제와 의사결정 간의 상호작용이 더욱 많아지고 있다.
- 직원 모두가 권한위임으로 인한 문제해결과 의사결정을 해야 한다.
- …

이 같은 경영환경 변화에 대응하기 위해서는 과거의 수동적인 형태의 문제해결과 의사결정능력으로는 한계가 있다. 지금까지의 문제해결과 의사결정이론은 주로 주어진 문제를 합리적으로 해결하는 기법과 방법에 초점을 두고 있다. 그러나 최근의 기업 경영 환경은 주어진 문제를 합리적으로 해결하는 차원을 넘어서 보다 빨리, 보다 정확하게, 보다 창의적으로 문제를 해결할 수 있는 종합적인 문제해결능력을 필요로 하고 있다. 다시 말해서 기존의 문제해결능력에 창의성이 추가된 창의적 문제해결능력(creative problem solving and decision making)이 필요하다. 창의적 문제해결능력은 문제해결과 의사결정의 네 단계인 문제진단, 대안개발, 대안선택, 대안실행의 네 단계에 합리성과 창의성이 융합된 능력이다.

창의적 문제해결과 의사결정능력은 주어진 문제를 해결하기 위해서 합리적인 대안을 개발하고 선택하는 과거의 문제해결과 의사결정능력에 비해서 한 단계 업그레이드된 능력인 것이다. 창의적이고 능동적인 문제해결과 의사결정능력을 갖춘 인재들이

창의적 문제해결과 의사결정 개념 체계도

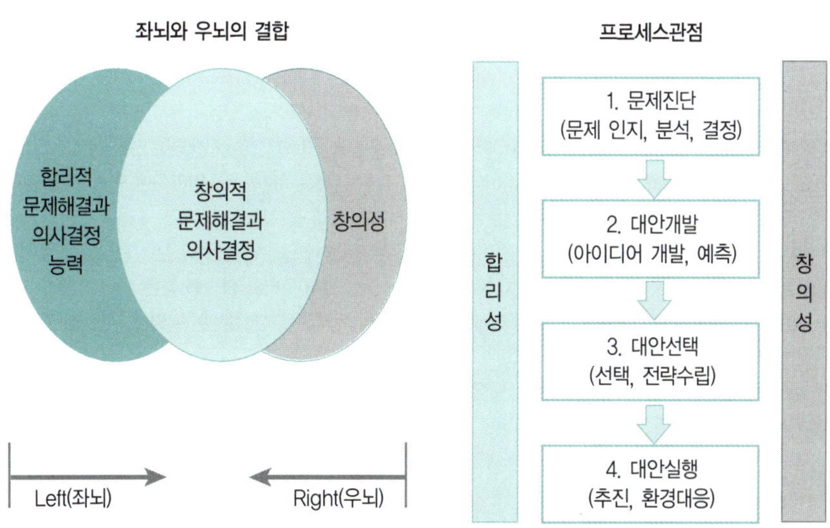

많은 기업들의 경쟁력은 그만큼 높아지게 될 것이다.

창의적 문제해결과 의사결정 능력은 다음과 같은 능력들로 구성되어 있다.

- 새로운 변화 속에서 숨어 있는 문제와 새로운 기회를 조기에 찾아내는 능력
- 문제와 기회를 창의적인 관점으로 찾아내는 능력
- 문제와 기회를 과학적으로 분석하는 능력
- 창의적인 아이디어를 체계적으로 개발하는 능력
- 아이디어의 결과를 정확하게 예측하는 능력
- 아이디어의 불확실성에 대비하는 능력
- 최적의 아이디어를 선택하는 능력
- 아이디어를 효율적으로 추진할 수 있는 전략을 수립하는 능력
- 이해당사자들의 니즈를 조정하는 능력
- …

사례 8 직원 아이디어가 회사의 경쟁력

1. 사례 본문

현대중공업이 직원들의 아이디어로 원가절감효과를 톡톡히 보고 있다. 현대중공업이 최근 발표한 '2009년도 제안활동 우수자'에 따르면, 전체 직원의 70%에 가까운 약 1만 6,000명의 직원들이 제안활동에 참가해 14만 5,000여 건의 아이디어를 냈다. 한 사람당 9건의 아이디어를 쏟아낸 것이다. 이 중 12만 4,700건이 채택됐고, 현대중공업은 이를 통해 2009년 총 459억 원에 이르는 원가절감효과를 거두었다고 밝혔다.

제안활동이란, 낭비요소를 줄이고 공정을 단순화하기 위해 직원들이 스스로 문제를 찾아 개선하자는 취지에서 지난 1980년에 시작된 것으로, 지금까지 30년 넘게 지속적으로 시행되어 오고 있다. 특히 2009년 '제안왕'에 선정된 김금만 기원은 지난 2008년에도 1위를 차지한 바 있어 2년 연속 제안왕에 오르게 되었는데, 이는 현대중공업이 제안활동제도를 시행한 이래 첫 기록이다.

김 기원이 많은 아이디어를 낼 수 있었던 데는 평소 몸에 밴 메모 습관과 주의 깊은 관찰력, 특유의 성실성이 있었기 때문이다. 김 기원이 낸 아이디어 중 14건은 현재 특허도 출원해 놓은 상태다.

현대중공업 관계자는 "현대중공업이 오늘날 세계 최고의 기업으로 성장할 수 있었던 데는 지난 30년간 직원들이 낸 아이디어도 큰 몫을 했다"며, "직원들의 창의적인 아이디어를 통한 원가절감은 회사가 경기불황을 극복하는 데 많은 도움이 될 것"이라고 말했다. 현대중공업은 직원들의 활발한 제안활동을 위해 채택된 제안에 대해서는 등급에 따라 포상금을 지급하고, 가장 많은 제안을 한 '제안왕'에게는 대표이사 표창, 인사고과 반영 등 각종 혜택을 제공하고 있다.

출처 : 재경일보(2010. 1. 12)

2. 시사점

최고경영자에서부터 현장의 직원들까지 기업구성원 모두가 능동적인 자세와 창의적인 문제해결 능력을 갖추는 것은 매우 중요하다. 기업구성원들이 각자의 영역에서 스스로 숨어 있는 문제와 새로운 기회를 찾아내고, 이를 해결해서 가치를 창출하는 능력은 기업에게 실질적인 이익을 가져다주는 중요한 경쟁력이기 때문이다.

2. 창의적 문제해결능력의 향상 방법

창의적 문제해결과 의사결정능력이 경제주체의 핵심경쟁력이라면 창의적 문제해결과 의사결정능력의 특성을 정확히 이해할 필요가 있다.

첫째, 창의적 문제해결과 의사결정능력은 일을 하는 실용능력이다. 기업의 업무는 연속적인 문제해결과 의사결정으로 구성되어 있기 때문에 업무를 수행하는 것은 문제해결과 의사결정을 하는 것과 같다. 따라서 기업에서 일을 잘하는 사람들은 문제해결과 의사결정능력이 뛰어난 사람들이다. 바꾸어 말하면 문제해결과 의사결정능력이 뛰어난 사람이 기업에서 일을 잘할 가능성이 많다고 볼 수 있다.

둘째, 창의적 문제해결과 의사결정능력은 기업구성원 모두가 갖추어야 할 능력이다. 흔히 문제해결과 의사결정능력은 일부 경영자나 관리자들, 혹은 일부 부서의 직원들만 갖추어야 할 능력이라고 생각하기 쉽다. 그러나 기업의 모든 계층과 부서에서 문제해결과 의사결정을 수행해야 하기 때문에 기업의 모든 구성원들이 업무 특성에 맞는 문제해결과 의사결정능력을 갖추어야 한다. 단지 업무특성과 상황에 따라서 문제해결과 의사결정의 능력이 다를 뿐이다.

셋째, 창의적 문제해결과 의사결정능력은 문제해결과 의사결정의 모든 프로세스의 수행능력에 의해서 결정된다. 문제해결과 의사결정과정에서 좋은 성과를 얻기 위해서는 문제와 기회를 찾아내고, 이를 정확하게 분석하고, 해결 여부를 결정하고, 창의적인 대안을 개발하고, 대안의 결과를 추정하고, 최적의 대안을 선택하고, 대안을 효율적으로 추진해야 한다. 만약에 이들 단계들 중에서 한 단계라도 잘못 수행되면 좋은 결과를 얻기가 힘들다. 그러므로 창의적 문제해결과 의사결정능력은 문제해결 모든 단계의 수행 능력의 합에 의해서 결정된다. 그런데 문제해결과 의사결정의 모든 단계를 체계적으로 수행할 수 있는 능력을 갖춘 인재는 그리 많지 않다. “그 사람은 문제를 잘 분석하는데 창의성이 떨어져” “그 사람은 아이디어가 많은데 결단력이 없어” “그 사람은 분석은 잘하는데 추진력이 없어” 등의 이야기가 나오는 것은 문제해결과 의사결정능력의 한두 단계의 능력이 부족함을 보여 주는 사례이다.

넷째, 창의적 문제해결과 의사결정능력은 해당 분야의 전문지식과 합쳐져야 힘을 발휘한다. 종목에 관계없이 운동선수들은 기초체력과 승부근성과 같은 기본적인 운동능력이 필요하다. 여기에 각 종목이 요구하는 수준의 테크닉과 기술을 갖추어야 한다. 둘 중의 하나가 부족하면 훌륭한 운동선수가 될 수 없을 것이다. 마찬가지로 문제해결과 의사결정능력은 기초체력과 승부근성 같은 기본능력에 해당하고, 분야별 전문지식은 종목별 기술능력에 해당한다. 만약에 전문지식은 많은 반면에 문제해결과 의사결정능력이 높지 않거나, 문제해결과 의사결정능력은 높은데 전문지식이 부족하면 실제로 업무에서 충분히 힘을 발휘하지 못하게 된다. 따라서 문제해결 및 의사결정능력과 전문지식은 서로 합쳐져야 효과를 크게 발휘하며 상승작용을 하게 된다.

다섯째, 창의적 문제해결과 의사결정능력을 향상시키기 위해서는 평생교육이 필요하다. 문제해결과 의사결정능력은 현업의 문제를 해결하는 실용적인 능력이기 때문에 업무와 연계되지 않은 한두 차례의 이론중심의 교육은 문제해결과 의사결정능력을 높이는 데 큰 도움을 주지 못한다. 따라서 문제해결과 의사결정 교육은 현업의 업무와 관련해서 의사결정자가 항상 편리하게 학습할 수 있도록 제공되어야 한다. 또한 문제해결과 의사결정능력을 높이기 위해서는 사례분석, 토의, 시뮬레이션게임 등의 체험교육이 필요하고, 업무에 지식을 적용해 보고 그 결과를 다른 사람과 공유하는 과정이 절대적으로 필요하다.

여섯째, 창의적 문제해결과 의사결정 교육 효과는 아이디어 제안의 수와 업무수행결과로 평가해야 한다. 문제해결과 의사결정의 교육 효과는 여러 단계를 거쳐서 나타나기 때문에 객관적으로 평가하기가 쉽지 않다. 따라서 문제해결과 의사결정 교육의 효과는 업무에 얼마나 적용되었는지, 어떤 결과를 얻었는지, 새로운 아이디어나 제안이 얼마나 제시되고 있는지의 관점에서 평가해야 한다. 만약에 문제해결과 의사결정능력을 평가하고자 할 때는 사례분석, 토의, 시뮬레이션게임 같은 체험교육 과정을 통해서 주관적으로 평가해야 한다고 본다. 최근에 기업에서 인재를 선발할 때 어려운 문제를 내고, 이를 풀어가는 과정을 보면서 문제해결능력을 평가하고 있다. 이때 문제해결능력을 100% 객관화하는 것은 불가능하지만 어느 후보가 상대적으로 우수한지를 평가할 수 있기 때문이다.

그렇다면 창의적 문제해결과 의사결정교육은 어떻게 해야 하는가? 창의적 문제해결과 의사결정능력을 향상하기 위한 교육은 세 단계로 나누어져야 한다.

■ 1단계 : 이론과 프로세스 학습단계

창의적 문제해결과 의사결정을 잘하기 위해서는, 제일 먼저 문제해결과 의사결정의 특성을 이해하고 체계적인 프로세스를 갖추어야 한다. 훌륭한 의사가 되기 위해서는 병의 특성과 병을 치료하는 프로세스를 잘 알아야 하는 것과 동일하다. 문제해결과 의사결정에 관한 이론과 프로세스 학습단계에서는 문제해결과 의사결정의 개념 및 분류방법, 의사결정 프로세스와 주요 활동, 의사결정의 오류와 원칙 등을 학습해야 한다.

■ 2단계 : 기법과 사례 학습단계

창의적 문제해결과 의사결정의 이론과 프로세스를 학습한 다음에는 문제해결과 의사결정에 관한 기법을 학습해야 한다. 문제해결과 의사결정기법은 철학, 심리학, 경제학, 경영학, 컴퓨터, 산업공학, 통계학, 정치학, 행정학 등 여러 분야에서 개발되어 왔다. 그러나 각 학문 분야에서 각자의 관점으로 기법들이 개발되다보니 의사결정자들은 어떤 기법들이 있는지, 어떤 기법들을 사용해야 하는지를 알 수가 없다. 따라서 문제해결 프로세스에 맞추어서 각 단계에서 필요한 문제해결과 의사결정기법을 학습하면 문제해결기법들의 활용능력을 크게 향상시킬 수 있다.

또한 문제해결과 의사결정기법 학습과 병행해서 문제해결과 의사결정 사례를 학습하면 문제해결과 의사결정능력을 크게 향상시킬 수 있다. 문제해결과 의사결정사례는 혼자보다 팀으로 학습하는 것이 바람직하다. 팀으로 함께 학습하면 팀원의 창의적인 생각을 이해하고, 공유하는 과정에서 문제해결과 의사결정능력이 크게 높아질 수 있기 때문이다.

■ 3단계 : 업무적용과 지식공유단계

문제해결과 의사결정기법과 사례를 학습한 다음에는 학습한 지식을 현업에 적용시키고 지식을 공유하는 과정이 필요하다. 문제해결과 의사결정능력은 실용적인 능력이기 때문에 문제를 해결하는 데 도움을 주지 못하는 교육은 의미가 없다. 그런데 교육생들이 학습한 지식을 현업에 적용시킬 만한 훈련도구나 체험도구가 많지 않고, 설사 있다고 해도 교육생이 접근하기 힘든 실정이다. 따라서 교육생이 직접 사용할 수 있는 다양한 형태의 체험도구를 개발해서 교육생들이 각자의 업무에 적용시켜 보게 해야 한다. 이 과정을 통해서 지식의 학습효과가 높아지고, 실제 업무생산성이 높아지게 될 것이다.

최종적으로 문제해결과 의사결정에 관한 지식과 경험을 공유하는 과정이 필요하다. 디지털시대에 가장 중요한 특징 중 하나는 사람들의 생각이 매우 다양해지고 있으나, 생각과 지식을 공유할 수 있는 기회는 상대적으로 적다는 것이다. 만약에 학습한 지식, 사례, 기법을 기반으로 지식을 공유한다면 학습효과가 더욱 높아지게 될 것이다. 공모전, 경진대회나 KMS를 통해서 best practice나 worst practice를 공유하고, 좋은 제안을 포상해 주고 공유하면 창의적 문제해결능력이 크게 향상될 수 있을 것이다.

사례 9 대기업, 직원 창조력 키우기 한창

1. 사례 본문

서울 강남구 역삼동 소재의 포스코센터 동관 4층에는 직원들의 창의력 향상과 창의문화 조성을 위한 놀이공간 '포레카(POREKA)'가 있다. 이곳은 휴식 · 재충전을 위한 리프레시 존(Refresh Zone)과 놀이를 위한 펀 존(Fun Zone), 창의적 영감을 얻고 업무에 적용시킬 수 있는 창조공간인 '플로 존(Flow Zone)'으로 구성돼 있다. 최근 신설된 공간인 '플로 존'은 조직창의성 증진을 위해 대표적 사고발상법을 중심으로 인테리어를 구성했다. 아이디어 발산을 위한 브레인스토밍 룸(BrainStorming Room), 아이디어 수렴을 위한 케이제이 룸(KJ Room), 아이디어 통합을 위한 트리즈 룸(TRIZ Room), 아이디어 실행을 위한 트랜스포메이션 룸(Transformation Room), 업무몰입을 위한 개인공간인 1/2 사무실, 업무 협의와 상담을 위한 창의카페인 크리에이티브 카페(Creative Cafe) 등 총 6개 공간으로 이루어졌다. 이와 함께 포스코는 최근 포스코패밀리 정보공유 포털사이트인 'poscoway.net'에서 e-포레카를 운영하기 시작했다. 직원들은 인터넷상에서도 포레카를 접할 수 있게 된 것이다.

무한한 상상력과 창조력이 기업 성패를 좌우하는 '창조력 경쟁'의 시대가 도래하면서 각 기업들은 창조경영, 창조적 인재 육성에 힘을 쏟고 있다. 빠른 시대변화에 적응해야 하는 IT기업뿐만 아니라 장치산업 범주에 속하는 기업들도 창조경영에 적극 나서고 있다.

SK텔레콤은 3D 촬영 전문업체 페뷸러스와 함께 오는 27일 2AM의 3차원(3D) 영상 콘서트 제작에 나선다. 이번 3D 영상 콘서트는 SK텔레콤의 신사업 중 하나인 '라이브 인 3D'의 두 번째 작품으로 다음달 선보일 예정이다. 라이브 인 3D'는 콘서트, 뮤지컬 등 공연 콘텐츠를 3D전용 카메라 장비로 촬영

해 극장의 대형 스크린을 통해 상영하는 서비스로 사내 사업 아이디어 제안 프로그램인 T두드림(Do Dream)의 첫 사업화 프로그램이다. T두드림은 SK텔레콤 구성원들의 자발적·의욕적인 참여를 통해 신성장 사업을 발굴하는 프로그램으로 지난해 9월부터 시행되고 있다. 단순 사업 제안에 그치지 않고 제안자가 직접 팀장이 돼 실제 사업을 추진한다는 점이 가장 큰 장점이다. T두드림에 접수된 아이디어는 총 3단계로 나뉘어 평가된다. 1단계는 1페이지 양식의 아이디어, 2단계는 실행가능성 및 사업전망 등이 고려된 약식 사업계획서, 3단계는 투자계획 등이 포함된 종합 사업계획서다. 지난 8월 현재 총 2,300여 건의 제안이 접수됐으며 '라이브 인 3D'는 최초로 3단계를 통과한 사업 아이템으로 이름을 올렸다.

석유화학 업체인 삼성토탈도 직원들의 창의력 향상을 위해 노력하고 있다. 지난해부터 열리고 있는 사내 직원들을 대상으로 한 프레젠테이션(PT) 대회가 대표적이다. 지난 21일과 22일엔 각각 사원·대리급, 과장급을 대상으로 2010년 하반기 본선 대회가 열렸다. 대회에 참가한 직원들은 저마다 주어진 12분 동안 자유로운 주제의 PT를 통해 창의력을 뽐냈다. 부장급 이상으로 구성된 심사위원단의 날카로운 심사도 진행됐다. 22일 과장급 본선대회가 끝난 후 한 임원은 심사평을 통해 "사원·대리급 프레젠테이션 대회 때는 축제분위기 였는데 과장들은 벌써 생각이 고착화 된 게 아닌가 싶다"며 창의력 향상에 더 노력할 것을 주문하기도 했다. 삼성토탈 관계자는 "장치산업의 특성상 창조성이 많이 필요하지 않은 면이 있다"며 "PT대회에 적극적으로 참여하는 것과 같이 스스로 창조적인 환경을 만들어 노력한다면 개인과 조직 모두에게 도움이 될 것"이라고 말했다.

출처 : 이투데이(2010. 10. 26)

2. 시사점

기업구성원들의 창의성과 창의적 문제해결능력은 기업경쟁력의 핵심이다. 예측할 수 없을 정도로 빠르고 다양하게 변화하는 경영환경에 능동적이고 창의적으로 대응하기 위해서는 기업구성원들의 창의적 문제해결능력이 필수적이다. 따라서 기업들은 기업 임직원들의 창의적 문제해결능력이 중요한 자산이라는 점을 인식하고 이를 향상하기 위한 노력을 해야 한다.

3. 창의적 문제해결 방법론 : Biz-Solver

기업에서 수행하는 전략적 문제와 의사결정은 중요하고, 복잡하고, 동적이고, 불확실하고, 비정형적이고, 그룹 의사결정의 특징을 보인다. 이들 문제들을 해결할 때 가장 어려운 점 중의 하나는 어떤 절차에 의해서 문제해결과 의사결정을 해야 하는가이다. 만약에 문제해결과 의사결정을 체계적으로 수행할 수 있는 방법론이 개발된다면 많은 이점을 얻을 수 있을 것이다. 따라서 많은 학자들과 컨설팅회사에서 전략적 의사결정을 지원하기 위한 다양한 문제해결 및 의사결정방법론을 제시하고 있다. 이들 방법론들은 대부분 Simon의 의사결정 모델에 기반을 두고 있으며, 각자 장 · 단점을 가지고 있다.

필자는 기업의 복잡한 전략적 의사결정 문제를 해결하는 데 필요한 창의적 문제해결 방법론을 개발하였고, 이를 Biz-Solver 방법론이라고 명하였다.

Biz-Solver 방법론은 다음과 같은 특징을 가지고 있다.

첫째, Biz-Solver 방법론에서는 문제해결 프로세스를 문제와 기회의 탐색, 문제와 기회의 특성 분석, 문제와 기회의 결정, 창의적 아이디어 개발, 아이디어 결과 추정, 아이디어 선택, 아이디어 실행의 7단계로 분류하였다. 문제해결과 의사결정을 합리적으로 수행하기 위해서는 Biz-Solver의 7단계를 모두 수행해야 한다.

둘째, Biz-Solver의 7단계에서 수행해야 할 주요 활동들을 체크리스트 형태로 제시하고 있다. 예를 들어 문제와 기회를 발굴하기 위해서는 어떤 활동들을 해야 하는지를 체계적으로 제시하고 있기 때문에 문제해결과 의사결정과정에서 범할 수 있는 혼란과 오류를 크게 줄일 수 있다.

셋째, Biz-Solver의 7단계 활동을 수행하는 데 필요한 300여 개의 문제해결기법들을 제시하고 있다. 이 같은 기법들을 활용하면 보다 체계적이고 효과적으로 문제해결과 의사결정을 수행할 수 있다.

Biz-Solver 방법론

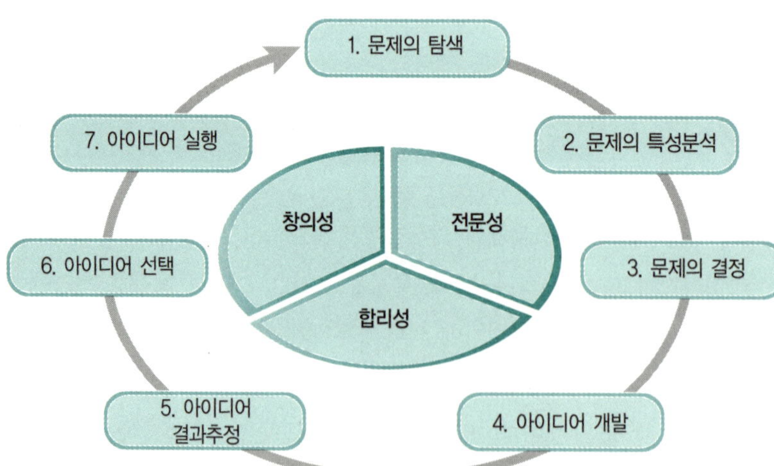

넷째, Biz-Solver 방법론은 기업 현실에 맞도록 개발하였기 때문에 현업의 의사결정 상황에 적용하기가 쉽다는 장점을 가지고 있다. 의사결정의 특성과 상황에 따라서 일부 단계는 생략될 수도 있다.

체험 3. 창의적 마인드 향상

1. 개념

창의적 마인드 향상 체험은 본인이 가지고 있는 좋은 특성과 성취한 성과들을 기억하게 함으로써 긍정적인 생각과 태도를 갖게 하는 방법이다. 긍정적인 생각이나 태도는 문제해결과 의사결정과정에서 창의적인 아이디어를 만들고 긍정적인 결과를 만들게 된다.

2. 체험단계

▶ 단계 1 : 자신이 가진 장점을 성격, 특성, 능력의 측면에서 찾아 나열한다.

▶ 단계 2 : 장점을 통해서 자신이 직장과 가정에서 성취한 성과를 나열한다.

▶ 단계 3 : 장점과 성과를 추가해가며 자아 확신과 긍정적 태도를 함양한다.

	자신의 장점(Strengths)		성과(Outcomes)
1		→	
2		→	
3		→	
4		→	
5		→	

3. 논의

일반적으로 우리는 부정적인 생각을 많이 가지고 있다. 부정적 생각은 문제해결과 의사결정을 부정적으로, 수동적으로 수행하게 할 가능성이 많다. 그러므로 문제해결과 의사결정에서 가장 중요한 것은 긍정적 생각과 태도를 가져야 한다는 것이다. 이 같은 체험도구를 통해서 긍정적 마인드를 가질 필요가 있다.

출처 : www.bizsolver.co.kr

제2부

문제해결과 의사결정 7단계 : Biz-Solver 방법론

문제해결과 의사결정은 체계적인 프로세스를 기반으로 수행해야 한다. 제2부에서는 창의적 문제해결 방법론 Biz-Solver를 기반으로 7단계의 문제해결 프로세스를 소개하고 있다.

제 1 장

문제의 탐색단계

1. 문제를 탐색하는 방법
2. 문제탐색기법의 이해

기법 1. 자아확신기법
기법 2. 파레토기법
기법 3. KPI 분석기법
기법 4. 7S 모형기법
기법 5. STEP 모형기법
기법 6. 경쟁세력모형기법
기법 7. STP 분석기법
기법 8. 고객의 3불 분석기법
기법 9. 360도 레이더스크린기법
기법 10. 이해관계자 분석기법
기법 11. 벤치마킹 분석기법

사례 10. 도요타의 대량 리콜사태
사례 11. 고령화사회에서 기회찾기
사례 12. 나이키와 구글의 경쟁상대
사례 13. 삼성전자의 40년 성공신화

모든 문제해결과 의사결정은 숨어 있는 문제와 새로운 기회를 찾는 일로부터 시작된다. 지금까지 문제해결 방법론은 문제가 발생해서 문제의 원인을 찾고 분석하는 것으로부터 시작하였다. 그러나 문제해결과 의사결정은 문제를 찾아내는 일로부터 시작해야 한다. 누가 얼마나 빨리 숨어 있는 문제를 찾느냐에서부터 문제해결과 의사결정은 달라질 수밖에 없다.

특히 최근 기업경영에서 숨어 있는 문제와 새로운 기회를 찾아내지 못한다면 혁신과 성장의 기회를 놓치게 된다. 예를 들어 회사 내부의 숨어 있는 문제들을 찾지 못해서 개선과 혁신의 기회를 놓치게 될 것이다. 또한 고객 니즈의 변화를 사전에 알아차리지 못해서 매출이 감소하는 경우가 발생할 수도 있다. 혹은 외부환경 변화가 가져다주는 새로운 기회를 찾지 못해서 성장하지 못하는 경우도 발생할 수 있다. 이처럼 문제해결과 의사결정은 문제를 찾는 일로부터 시작해야 한다.

문제의 탐색단계에서는 숨어 있는 문제와 새로운 기회를 찾아야 한다. 문제란 목표와 실제성과 간에 차이가 많아서 발생하는 것으로써, 예를 들면 매출감소, 품질불량, 생산성하락 등과 같은 문제들이다. 기업에서는 이러한 다양한 문제들을 해결하지 않을 경우 심각한 상황을 초래할 수 있기 때문에 조기에 찾아서 해결해야 한다. 또한 기업에서는 문제뿐만 아니라 새로운 기회들을 찾아서 해결해야 한다. 기회란 당장에 해결하지 않아도 단기적으로 큰 문제가 없으나 기업의 혁신과 성장에 영향을 주는 중요한 이슈들로서, 신제품개발, 신성장동력 발굴, 생산성향상 방안, 고객서비스 개선방안 등이 대표적인 기회탐색 유형의 문제들이다. 그러므로 기업에서는 숨어 있는 문제뿐만 아니라 새로운 기회를 찾아서 해결하는 일이 매우 중요하다.

이처럼 숨어 있는 문제와 새로운 기회를 정확하게 찾아내는 능력은 기업과 개인의 핵심경쟁력이다. 특히 최근에는 기업경영 환경이 급격하게 변화하고 있기 때문에 기업구성원 모두가 각 분야에서 숨어 있는 문제와 새로운 기회를 능동적이고 창의적으로 찾아내야 한다.

제1장에서는 문제해결과 의사결정의 첫 번째 단계인 문제의 탐색에 관한 내용을 설명하고 있다.

사례 10 도요타의 대량 리콜사태

1. 사례 본문

미국의 3대 자동차 메이커인 GM, 포드, 크라이슬러를 제치고 1990년대부터 20년 이상 세계 자동차시장을 지배한 회사들은 도요타, 혼다, 닛산과 같은 일본의 자동차회사들이다. 그 중에서도 도요타자동차는 일본 자동차산업의 선두주자이다. 도요타는 TPS(Toyota Production Systems)이라는 독특한 생산시스템을 기반으로 세계 자동차산업의 선두주자로 빠르게 성장해 왔다. 이렇게 모든 기업들의 부러움을 받던 도요타가 2009년 후반서부터 큰 위기에 부딪히게 된다.

미국 ABC방송은 2009년 8월 렉서스 E350을 타고 가다 사고를 당한 일가족이 응급 신고전화 911에 남긴 급박한 목소리를 2009년 가을에 방송하였다. 캘리포니아 고속도로 순찰대 소속 마크 세일러씨는 캘리포니아 샌디에이고 부근 고속도로에서 부인, 딸, 처남과 2009년형 렉서스를 시속 약 50마일(80Km)로 몰고 가던 중 속력이 120마일(약 190Km)로 치솟으면서 사고를 당했다. ABC방송이 공개한 911 음성파일에 따르면, 당시 뒷좌석에 타고 있던 세일러 씨 처남은 "가속 패달이 제멋대로다. 브레이크가 듣지 않는다. 우리는 곤경에 처해 있다"고 소리쳤다. 결국 4명의 가족은 모두 숨졌다.

사상 초유의 도요타 리콜사태는 바로 이 사건에서 시작됐다. 미국 현지에서는 도요타 가속 페달 결함관련 사고가 지금까지 2,000여 건, 사망자는 20명이라고 전하고 있다. 그런데 도요타자동차의 리콜사태의 심각성은 자동차 그 자체가 아니라, 리콜이 확대돼 나가는 과정에 있다는 게 업계 및 전문가들 분석이다. 도요타자동차는 처음에는 결함가능성에 대해 부인으로 일관하다가 조사당국과 언론에 의해 구체적 결함이 알려진 뒤에야 떠밀려 조치를 취한 인상을 줬기 때문이다.

2009년 8월 렉서스 사망사고 이후, 미국 도로교통안전국(NHTSA)은 조사 과정에서 가속페달 문제로 인한 차량 폭주 가능성을 처음 제기했다. 도요타자동차는 처음에 렉서스 사고는 차량 결함과 관계없다고 주장했지만, 이후 운전석 바닥에 깔린 매트가 움직이면서 가속패달을 눌러 사고가 발생할 수 있다는 조사가 나왔다. 2009년 9월 30일 도요타자동차는 "매트에 문제가 있었다"며 380만 대 렉서스, 도요타차량의 리콜을 발표했다. 그러나 이후 NHTSA와 미국언론들은 "매트만의 문제가 아니라 가속페달 자체의 구조적 결함 때문일 수 있다"는 의혹을 제기했다. 도요타는 가속페달 결함 가능성을 일축했지만, 결국 2010년 1월 21일 230만 대의 차량을 가속페달의 복원력 문제로 리콜했다.

출처 : 이코노믹리뷰, 2010년 2월 3호

2. 시사점

이 사례는 문제를 조기에 찾아내는 일이 얼마나 중요한 지 보여주고 있다. 도요타는 사고가 발생하자 이를 원인을 알 수 없는 수많은 급발진 사례 중 하나라고 생각하고 사건을 무시하는 태도를 취했다. 그러나 사건이 커지자 사고의 원인이 매트 때문이라고 발표하면서 사건을 축소하려고 했다. 그런데, 자동차 사고의 원인이 매트가 아니라는 증거가 발생하자 다시 가속페달의 문제라고 인정하고 대대적인 리콜을 실시하면서 신뢰가 추락하게 되었다. 이처럼 도요타자동차가 문제를 조기에 인정하지 않고 부인하고 축소하면서 사건은 더욱 커지고 돌이킬 수 없는 사태를 불러오고야 말았다. 만약에 도요타자동차가 사고를 정확하게 자동차 결함이라고 인정하고 리콜을 하였으면 이 같은 사태는 발생하지 않았을 것이다. 이처럼 문제탐색능력은 기업경쟁력의 중요한 요소이다.

1. 문제를 탐색하는 방법

가. 능동적인 마인드와 문제의식을 가져라

기업에서 숨어 있는 문제와 새로운 기회를 찾기 위해서는 기업구성원들의 능동적인 마인드와 문제의식이 절대적으로 필요하다. 숨어 있는 문제와 새로운 기회를 찾아서 해결하는 주체는 기업구성원들이다. 능동적인 마인드와 문제의식이 없는 사람은 문제와 기회를 찾으려고 하지 않을 뿐만 아니라 설사 문제와 기회를 찾았다 하더라도 무시하거나 혹은 해결하려고 노력하지 않을 것이기 때문이다. 그러므로 능동적인 마인드와 문제의식 없이는 문제와 기회를 찾기가 힘들다.

최근에 기업의 CEO들이 강조하는 메시지의 공통적인 특징 중 하나는 능동적인 마인드와 문제의식을 강조하고 있다는 것이다. 그 이유는 능동적 마인드와 문제의식 없이는 급격히 변화하는 경영환경 변화에 살아남기가 힘들기 때문이다. 모든 변화의 출발은 능동적 마인드와 문제의식으로부터 시작하며, 이는 바로 변화와 혁신을 위한 문제와 기회를 찾는 일로부터 시작한다. 그러므로 변화와 혁신을 위한 문제와 기회를 찾기 위해서는 능동적 마인드와 문제의식을 가져야 한다.

능동적인 마인드를 높이는 방법으로 자아확신기법, 틱톡기법, 창의확신기법 등이 있다.

나. 정보를 수집하라

문제해결과 의사결정을 수행하기 위한 문제를 찾기 위해서는 정보가 필요하다. 정보가 없으면 문제와 기회를 인식할 수도 없고, 문제의 특성을 정확하게 분석할 수도 없다. 따라서 문제해결과 의사결정을 잘 수행하기 위해서는 문제와 기회에 관한 정보를 체계적으로 수집해야 한다.

기업에서 문제해결과 의사결정을 하기 위한 정보수집활동은 일상적 정보수집활동, 기본적 정보수집활동, 심층적 정보수집활동으로 나누어진다. 일상적 정보수집활동이란, 기업에서 일상적인 업무를 수행하는 과정상에 정보를 수집하는 활동으로서 비행기가 레이더를 이용해서 비행에 필요한 정보를 일상적으로 수집하는 활동과 동일하다. 이 정보수집활동은 문제가 될 수 있는 이슈를 찾는 활동과 병행에서 이루어진다.

기본적 정보수집활동이란, 문제의 가능성이 있는 이슈가 발견되면 그에 대한 기본적인 정보를 일차적으로 수집하는 활동으로서 카메라로 마치 관심 있는 사물을 찍는 것과 같은 정보수집활동이다. 심층적 정보수집활동이란, 문제가 될 수 있는 이슈에 대해서 심층적으로 정보를 수집하는 활동으로서 마치 현미경으로 자세하게, 망원경으로 넓게 정보를 수집하는 활동과 같다.

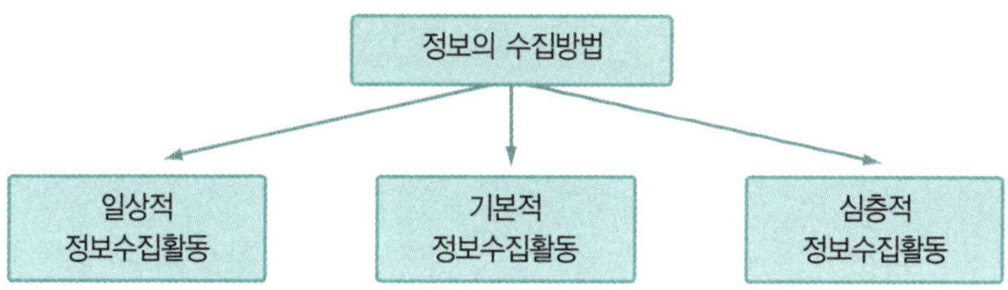

문제와 기회를 찾는 데 필요한 정보는 내부보고서, 내부정보시스템, 직원, 고객, 경쟁사, 협력사, 신문, 서적, 잡지, 미디어, 인터넷, 세미나와 모임, 외부연구보고서, 시장조사 및 컨설팅보고서 등에서 찾을 수 있다.

다. 내부환경을 분석하라

숨어 있는 문제와 새로운 기회를 체계적으로 찾아내기 위해서는 기업 내부환경을 분석해야 한다. 기업에 영향을 미치는 수많은 문제와 기회들은 기업 내부의 활동에서 발생하기 때문에 내부환경을 분석하는 일은 매우 중요하다.

문제와 기회를 찾기 위해서는 기업내부의 가치사슬인 마케팅, 생산, 인사조직, 재무/회계, IT, 기술개발, 물류, 전략 등 모든 경영기능들을 분석해야 하고, 동시에 이들 기능 간의 연결고리를 분석해야 한다. 현재 많은 기업들이 경영의 효율성을 높이기 위해서 많은 정보시스템을 운영하고 있는데, 이들 정보시스템에서 제공하는 정보들이 문제와 기회를 찾는 과정에 효과적으로 제공되고 있는지를 분석해 볼 필요가 있다.

기업내부환경을 분석하는 방법으로는 KPI 분석기법, BSC기법, 6-Sigma, 가치사슬분석기법, 재무성과분석기법, 핵심역량분석기법, 조직성과모델분석기법, 7S모형기법 등 많은 기법들이 있다.

라. 외부환경 변화를 모니터링하라

숨어 있는 문제와 새로운 기회를 찾기 위해서는 기업 외부환경을 끊임없이 모니터링해야 한다. 기업은 외부환경의 변화에 적응하면서 생존하는 유기체이기 때문에 외부환경의 변화가 가져다주는 기회와 위협을 체계적으로 찾아내야만 한다. 특히 최근에는 기업의 외부환경이 예상할 수 없을 정도로 빠르게 변화하고 있기 때문에 기업을 둘러싼 다양한 외부환경의 변화를 실시간으로 분석하는 일은 매우 중요하다. 최근에는 이러한 외부환경 분석의 중요성을 인식하고 외부환경을 체계적으로 모니터링하고 분석하기 위한 정보시스템인 Competitive Intelligence Systems 등이 등장하고 있다.

외부환경 변화는 경제, 정치와 법률, 기술, 사회와 문화, 환경 등과 같은 거시환경 변화와 고객, 경쟁사, 협력사, 대체재, 보완재와 같은 산업 경쟁 세력들의 변화를 주기적으로 모니터링하고 분석해야 한다.

외부환경을 분석하는 방법으로는 STEP 모형기법, 산업동향분석기법, PLC 분석기법, 경쟁세력모형 분석기법, 가치시스템분석기법, 산업변화의 궤도분석기법, 콘텐츠 분석기법, 미래 제품과 서비스분석기법 등 많은 기법들이 있다.

사례 11 고령화사회에서 기회찾기

1. 사례 본문

한화증권은 28일 "일본 보험업은 고령화사회 시기에 마지막 성장기회가 왔다"며 "한국도 고령화 사회 후반기에 진입하면서 추가적인 성장기회를 가질 것"이라는 분석을 내놨다. 박석현 애널리스트는 "일본은 고령화사회 진입 초기 '세대가입 포화'로 성장둔화를 겪게 되지만, 후반기에는 인구부양비가 감소하면서 보험가입 여력이 확대되는 국면이 왔다"며 "세대별 보장에서 개인별 보장으로 보장을 확대시키는 상품개발을 통해 추가적인 성장기회를 확보하게 됐다"고 진단했다.

일본의 경우 고령화시기 후기인 1983년부터 인구부양비가 하락하면서 보험가입여력이 증가했다. 보험회사들은 이에 대한 대응으로 의료비관련 특약을 충실하게 만든 종신보험을 출시했고 사망보장금액을 고액화하면서 추가적인 성장기회를 가졌던 것이다. 한국도 고령화사회 후반기에 진입하면서 인구부양비가 감소하기 시작한 상황 등에 비춰 의료비관련 특약을 중심으로 추가적인 성장기회를 가질 것이라는 전망이다. 한국의 경우도 지난 2006년부터 인구부양비가 하락 국면으로 진입하고 있으므로 보험가입여력의 확대를 기대할 수 있으며 이를 적절하게 이용할 경우 추가적인 성장기회를 가질 것이라는 판단이다.

박 애널리스트는 "이미 한국의 생명보험회사와 손해보험사들도 '실손보험'이라는 의료비관련 특약

상품 및 CI보험 등의 의료비관련 특약 판매의 판매가 호조를 보이고 있다"며 "지난해 실손보험에서 대규모의 신계약 유입이 일어난 점은 고령화시기 인구부양비 하락에 따른 추가적인 성장기회가 이미 시작되고 있음을 확인해 준다"고 분석했다. 그는 "이 같은 성장기회는 보유계약을 충분히 확보한 회사만이 잡을 수 있을 것"이라며 "한국의 경우 고령화의 속도가 빠르고 공적 의료보험의 보장수준도 약하기 때문에 압축성장이 가능할 것"이라고 내다봤다.

■ **"의료비관련 특약 · 고액 종신보험 성장 주도할 것"**

한화증권은 이같은 '고령화사회 추가 성장시기'에는 인구부양비의 하락을 이용해 의료비관련 특약 판매를 강화하고 있고 사망보장금액을 고액화하고 있는 회사가 가장 수혜가 클 것이라고 내다봤다. 일본의 경우 추가적인 성장시기와 보험시장의 개방이 맞물리면서 신규진입한 보험회사들이 저축성보험의 판매에 집중하면서 초저금리 시기에 파산하는 위기를 겪은 바 있다. 박 애널리스트는 "물론 한국은 고령사회 진입 전에 보험시장이 개방되면서 이미 구조조정과정을 거쳤기 때문에 저축성보험의 판매에 집중하면서 무리한 외형성장을 꾀하는 회사는 없을 것"이라면서도 "의료비 특약이 부과된 종신보험과 사망보장금액이 고액화된 종신보험의 판매가 상대적으로 저축성보험에 비해 무척 어려운 점을 감안하면 상품 포트폴리오의 급격한 변화는 쉽지 않을 것"이라고 예상했다.

■ **대한생명, 삼성화재, 현대해상, 메리츠화재 등… "기회 잘 활용"**

박 애널리스트는 "신계약 중 의료비관련 특약이 차지하는 비중을 구할 수 있다면 향후 성장성과 안정성을 더욱 쉽게 판단할 수 있으나 한국은 보험계약의 집계가 주계약 위주라 쉽지 않다"고 설명했다. 그러나 차선책으로 위험보험료가 일시납보험료를 뺀 수입보험료(변액보험 포함)에서 차지하는 비중을 가지고 분석한 결과, 대한생명이 2006년부터 인구부양비가 낮아지는 시점에서 이 비중이 가장 많이 오르고 있어 의료비관련 특약을 이용한 사망보험의 판매에서 가장 성장기회를 잘 포착하고 있는 것으로 판단했다.

출처 : 아시아경제(2010. 10. 28)

2. 시사점

이 사례는 외부환경의 변화가 가져다주는 새로운 기회를 포착하고 활용하는 것이 얼마나 중요한지 보여주는 사례이다. 고령화사회가 국가의 복지부담을 높이고 생산성을 떨어뜨리는 문제로 여겨지고 있지만 한편으로는 기업에게 실버산업의 성장이라는 새로운 기회를 가져다주고 있다. 이처럼 환경의 변화를 감지하고 새로운 변화가 가져다주는 문제와 기회를 잘 활용하는 것은 기업경쟁력의 핵심이다.

마. 고객니즈를 분석하라

숨어 있는 문제와 새로운 기회를 찾기 위해서는 고객을 입체적으로 분석해야 한다. 고객은 기업에게 이윤을 가져다주는 실질적 존재이기 때문에 기업 경영활동의 핵심은 고객가치의 충족이 되어야 한다. 고객가치를 충족시켜 주는 기업과 충족시키지 못하는 기업의 성과는 확연하게 달라질 것이다. 고객의 유형에 따라 고객의 니즈는 매우 다양하고 예상할 수 없을 정도로 빠르게 변화하기 때문에 고객 분석을 통해서 숨어있는 문제와 새로운 기회를 찾는 일은 매우 중요하다.

고객을 분석할 때는 먼저, 고객이 누구인지를 명확하게 정의하고 고객을 다양한 기준으로 세분화하여 고객의 니즈, 가치시스템, 불편함, 불일치, 불만족 등의 관점에서 체계적으로 분석해야 한다.

고객을 분석하는 방법으로는 STP분석기법, 고객의 3不분석기법, 불평과 제안기법, 고객세분화분석기법, 고객이익 기여도분석기법, 고객가치분석기법, 고객생애가치분석기법, 고객충성도분석기법, RFM분석기법 등 많은 기법들이 있다.

바. 경쟁사의 동향을 분석하라

기업에 문제와 기회를 가져다주는 또 다른 주체는 경쟁사이기 때문에 경쟁사를 체계적으로 분석해야 한다. 경쟁사는 동일한 산업 내에서 한정된 고객을 대상으로 치열하게 경쟁을 하고 있기 때문에 경쟁사의 전략에 의해서 위협을 받기도 하고, 새로운 기회를 얻기도 한다. 그러므로 경쟁사를 분석해서 문제와 기회를 찾아내고 이에 대한 대응방안을 수립하는 것은 매우 중요하다.

경쟁사를 분석할 때는 자사와 관련된 경쟁사를 포괄적이고 입체적으로 찾아내야 한다. 우선, 동일산업 내에서 경쟁하고 있는 직접적인 경쟁사들을 찾아서 그들의 전략, 제품과 서비스, 핵심역량 등을 심층적으로 분석하고, 경쟁강도, 경쟁유형 등을 파악해야 한다. 그런 다음에, 자사가 속한 산업에 영향을 주는 타 산업과 타 산업에 속한 경쟁사들을 찾아서 잠재적인 문제와 기회를 찾아내야 한다.

경쟁사를 분석하는 방법으로는 360도 레이더스크린기법, 전략집단분석기법, 경쟁사 빙산모델기법, 경영진 프로파일링기법, 벤치마킹기법 등이 있다.

사례 12 나이키와 구글의 경쟁상대

1. 사례 본문

몇 년 전 「나이키의 경쟁상대는 닌텐도다」라는 책이 세인들의 관심을 끌었다. 세계 최고의 스포츠 브랜드인 나이키가 왜 같은 업종에 속한 아디다스, 퓨마, 리복 등이 아닌 전혀 상관없을 것 같은 게임기 업체 닌텐도를 경쟁자로 여기고 있는 것일까?

의외로 답은 간단하다. 나이키의 주 고객은 바로 청소년들인데 만약 이들이 닌텐도 게임에 정신이 팔려 게임에만 몰두하게 되면 집밖으로 운동을 즐기러 나가는 시간이 줄어들게 될 것이기 때문이다. 결국 운동화를 신을 시간이 줄어들면 그만큼 나이키는 매출에 지장을 받을 수밖에 없다. 단순한 신발업체 간의 경쟁이 아닌 스포츠업체와 게임업체가 서로 경쟁하고 있는 것이다.

그렇다면 세계 최고의 할인 유통점인 월마트의 경쟁상대는 누구일까? 월마트는 세계 최고의 검색 업체인 구글을 예의주시하고 있다. 왜냐하면 구글이 만든 쇼핑폰이 상품 바코드에 갖다 대기만 하면 위치정보, 검색 기능을 통해 인근에서 가장 싸게 판매하는 매장을 안내해 줄 수 있기 때문이다. 즉, 구글에서 월마트보다 저렴한 가격에 파는 곳을 검색하면 월마트가 지금까지 이어온 "Every Day Low Price"라는 이미지가 무너질 수 있다는 것이기 때문이다.

출처 : 장재윤, 「나이키의 경쟁상태는 닌텐도다」

2. 시사점

이 사례는 기업경영에서 경쟁사를 분석하는 일이 얼마나 중요한지를 보여주는 사례이다. 모든 것이 융합되는 경영환경 속에서 기업들은 동일 업종 안에서 치열하게 경쟁하던 시대에서 전혀 예상하지 못한 다른 산업의 경쟁사들과 경쟁을 해야 하는 시대로 접어들었다. 그러므로 각 기업들은 생산 판매하는 제품과 서비스를 활용하는 고객들의 니즈와 행동을 끊임없이 연구하고, 잠재적인 경쟁사들을 분석함으로써 새로운 기회와 위협을 찾아내야 한다.

사. 이해관계자를 분석하라

문제와 기회를 찾아내기 위해서는 기업에 관련한 이해관계자를 분석해야 한다. 기업은 경영활동 전반에 직·간접적으로 영향을 주는 직원, 주주, 협력사, 경쟁사, 대체산업, 보완산업, 시민단체, 정부 등 다양한 이해관계자들을 가지고 있다. 이들 이해관계자들은 기업경영에 많은 영향을 주기 때문에 이들의 이해관계자를 분석해서 조정하는 일이 매우 중요하다.

이해관계자를 분석하기 위해서는 기업과 연관된 이해관계자들을 입체적으로 찾아내야 하고, 그들의 이해관계 정도를 체계적으로 분석하여 문제와 기회를 찾아야 한다.

이해관계자를 분석하는 방법에는 이해관계자분석기법, 불평과 제안기법, 역할플레이기법 등이 있다.

아. 벤치마킹을 하라

기업의 혁신과 성장을 줄 수 있는 새로운 아이디어는 벤치마킹을 통해서 얻을 수 있다. 벤치마킹이란 동종업종 및 이종업종의 성공사례나 실패사례를 분석해서 문제를 해결하는 방법이다.

벤치마킹을 하기 위해서는 자사에 필요한 성공사례들의 성공요인들을 도출해보고 이를 자사에 맞게 적용하거나, 혹은 실패사례를 분석해서 실패사례가 주는 교훈을 찾아내어 동일한 실수를 범하지 않도록 해야 한다.

벤치마킹을 하는 방법으로서 벤치마킹기법, 베스트프랙티스기법, COP활동, Camelot기법 등이 있다.

사례 13 삼성전자의 40년 성공신화

1. 사례 본문

대한민국의 대표 브랜드이자 국내 전자산업의 눈부신 발전을 상징하는 아이콘은 바로 '삼성전자'다. "한국은 몰라도 삼성은 안다"라는 우스갯말까지 있을 정도로, 삼성전자는 글로벌 무대에서 수많은 경쟁자를 추월해가며 '메이드 인 코리아'의 위상을 한껏 드높여 왔고 이제는 '1등 기업'으로 시장을 주도하고 있다. 지난 1969년 불과 36명의 직원으로 시작했던 삼성전자는 40년 만에 국내에 9개 사업장과 직원 8만 3,588명을 거느린 거대기업으로 성장했다. 첫 해 4,000만 원이었던 매출은 올해는 130조 원 이상이 예상되고 있다. 무려 300만 배가 넘는 규모성장을 현실화시킨 것이다.

처음 수출을 시작한 1972년의 경우 매출 18억 4,000만 원, 영업이익 1억 4,000만 원이었다. 현재와 비교해 볼 때, 매출은 6만 4,000배(작년기준), 영업이익은 7만 1,000배(올 예상치 10조 원 기준)가 늘었다.

■ 반도체 신화가 휴대폰, TV의 신화로…

삼성전자가 국내 경제활동에 차지하는 비율은 상당하다. 지난해 기준으로 삼성전자의 매출은 국내 GDP의 7.1%를 차지하고 있으며, 수출만 놓고 봐도 11%를 차지한다. 삼성전자가 첫 흑자를 기록한 것은 1974년이다. 흑백TV를 파나마를 시작으로 첫 수출한지 3년만이다. 이때 매출은 134억 원이었고, 순이익은 6억 원대에 머물렀다. 이후 1984년에는 매출 1조 5,000억 원을 기록, 그 규모가 조 단위로 올라선다. 이후 1994년 매출 10조 원을 돌파하면서, 국가수출액 비중 10%를 돌파하게 된다. 2008년에는 500억 달러 수출을 기록하며, 연결기준으로 매출액 100조 원대(121억 원)를 넘어서는 역사를 쓰게 된다. 올 삼성전자는 무려 130조 원의 매출과 10조 원의 영업이익을 기대하고 있다. 이 같은 행보 가운데, 글로벌 1등 상품도 하나둘 씩 생겨나며, 삼성전자는 '기술한국'의 위상을 전 세계 시장에 알리게 된다.

시작은 바로 반도체였다. D램은 1992년 1등 상품으로 올라섰으며, S램은 1995년, 플래시메모리는 2003년 세계를 제패하게 된다. 1974년 무너져가던 한국 반도체를 인수해 반도체사업을 시작한 것이 시작이다. 당시만 해도 세계적 반도체기업들이 인원을 감축하고 생산시설을 축소하는 등 반도체사업 전망이 어두웠던 시기였다. 미래를 위한 성장동력으로 반도체를 선택하기에는 위험이 따랐지만, 그 결과는 달콤했다.

삼성전자는 1983년 "우리는 왜 반도체사업을 해야 하는가"라는 동경선언을 통해 반도체사업을 본격화한다. 이때 내놓은 것이 바로 64Kb D램이다. 이후 1987년 3라인 투자를 통해 반도체 투자의 승부수를 던지고, 그 다음해 '스택' 방식과 '트렌치' 방식 중 복층으로 용량을 늘리는 스택방식을 선택하는 모험 끝에 1994년 256Mb D램을 개발하고 메모리 시장에서 일본과 미국을 압도하게 된 결정적 계기를 마련한다. 메모리뿐 아니라, 1977년 흑백TV용 트랜지스터, 1981년 컬러TV용 IC 개발에 성공해 반도체 기술의 기초를 구축한 삼성전자는 1983년부터 VLSI급 반도체개발 추진 등 반도체사업을 본격화했다. 이후는 완제품으로 무게중심이 옮겨졌다. 현재 전 세계 시장을 몇 년째 장악하고 있는 TV의 경우, 그간 최고 대접을 받았던 일본 업체들을 누르고 2006년 정상에 올라섰으며, 같은 해 모니터도 세계 '넘버1'의 위치를 차지했다.

■ **달라진 브랜드 위상, 브랜드 가치 무려 '175.2억달러'**

삼성전자의 브랜드 이미지 상승은 바로 완제품의 성과에 있다. 겉으로 드러나지 않는 부품의 경우 브랜드 인지도에 큰 영향을 주지 않는다. 삼성전자의 경우 부품부터 완제품까지 아우르는 종합전자업체인 만큼, 전 세계인에게 '삼성'이라는 단어의 각인은 무엇보다 절실했다. 지난 2003년과 2004년은 그래서 의미가 크다. 삼성전자 휴대폰의 글로벌 점유율 확대가 본격적으로 일어난 해였기 때문. 이른바 '움직이는 광고판'이라고 불리는 휴대폰에 새겨진 'SAMSUNG'이라는 단어는 파급력이 컸고, 그 인지도는 타 제품으로 영향력을 발휘하기 시작했다. 초대형 IT전시회인 독일 세빗과 미국 CES의 2003~2005년 행사에서 삼성전자는 최대 규모급 전시부스를 뽐내며, 다양한 각종 제품과 기술을 과시하는 행보를 선택한다. 이는 휴대폰의 성공을 당시 최고의 '뜨는 아이템'인 평판TV로 전이시키는 계기가 됐다. 얼마 전 독일 현지에서 만난 한 바이어는 "독일 현지에서 삼성 휴대폰은 가장 갖고 싶어 하는 제품이고, 가격도 제일 비싸다"며 "휴대폰이 성공하자 미디어막이나 자툼 등 전자매장들은 삼성TV를 일본제품인 샤프나 소니TV 대신 매장 한 가운데 배치하고 있다"고 설명했다. 과거 삼성전자가 대규모의 광고비를 투입해 미국 JFK공항 카트에 삼성 로고를 부착하자, 많은 현지인들이 삼성을 카트 브랜드로 착각했다는 웃지 못할 일화는 이제 옛말이 됐다.

삼성전자의 브랜드 가치는 브랜드 컨설팅 그룹인 인터브랜드의 자료에 따르면, 10년 전인 1999년만 해도 순위에 들지 못했으나 2000년 43위로 첫 등장한 후 올해는 19위로 올라섰다. 브랜드 가치는 무려 175억 2,000만 달러에 달한다.

출처 : 경제투데이(2009. 10. 30)

2. 시사점

창립 40년 만에 세계 최고수준의 기업으로 성장한 삼성전자의 성공 뒤에는 치열한 경영환경 속에서 생존하고 성장하기 위한 수많은 도전과 실패가 숨어 있다. 이 같은 수많은 도전과 실패는 모두 문제해결과 의사결정 과정들이다. 모든 문제해결과 의사결정은 숨어 있는 문제와 새로운 기회를 어떻게 찾느냐 하는 문제탐색능력으로부터 달라지게 된다. 그러므로 급변하는 경영환경 속에서는 환경변화가 가져다주는 기회와 위협을 얼마나 정확하게 찾아내느냐 하는 능력이 매우 중요하다. 여기서부터 기업의 경쟁력이 달라진다고 보여 진다.

2. 문제의 탐색기법의 이해

문제해결과 의사결정의 1단계인 문제를 찾아내는 단계에서 활용할 수 있는 기법들을 설명하고 있다.

번호	기법	개요와 핵심 용어
1	자아확신기법	• 본인이 가지고 있는 좋은 특성과 성취한 성과들을 기억하게 함으로써 긍정적인 생각과 태도를 갖게 하는 방법 • 긍정적 태도, 창의적 마인드, 문제와 기회의 탐색, 창의적 구성원
2	파레토기법	• 수집된 자료를 특성별로 분석해서 문제를 이해하는 기법 • 8:2법칙, 객관적 자료, 분류, 문제진단
3	KPI 분석기법	• 개인, 부서, 사업부 차원에서 관리해야 할 핵심성과지표를 찾아내고, 목표와 실제치를 비교해서 숨어 있는 문제와 새로운 기회를 찾아내는 기법 • 내부환경, 핵심성과지표, 문제와 기회탐색
4	7S 모형기법	• 전략, 공유된 가치, 관리능력, 조직구조, 제도, 인적자원과 직원, 리더십 등의 요소들을 평가하여 기업의 경쟁력을 평가하는 기법 • 문제와 기회의 탐색, 내부환경분석, 7S
5	STEP 모형기법	• 사회/문화 환경, 기술환경, 경제환경, 정치 및 법적 환경의 네 가지 영역에서 가져다주는 문제와 기회를 탐색하는 방법 • 외부환경, 거시환경분석, 산업환경분석
6	경쟁세력모형기법	• 경쟁세력의 변화와 영향을 분석해서 산업구조의 특성과 매력도를 분석하고, 이를 기반으로 하는 경쟁전략을 수립하는 기법 • 경쟁세력, Five Forces, 기회와 위협
7	STP 분석기법	• 목표시장을 여러 세부시장으로 세분화해서 세분화된 시장의 매력도를 분석하고, 표적시장을 선정한 다음에 자사 제품의 위치를 결정하는 기법 • 목표시장, 시장세분화, targeting, segmentation
8	고객의 3불 분석기법	• 고객이 가진 3不(불편함, 불균형, 불일치)를 찾아내어 새로운 문제와 기회를 찾아내고 고객이 가진 니즈를 분석하는 기법 • 고객분석, 불편함, 불균형, 불일치, 고객니즈
9	360도 레이더스크린 기법	• 기존의 경쟁사뿐만 아니라 잠재적 경쟁사를 입체적으로 찾아낸 다음에, 경쟁사들이 가져다주는 문제와 기회를 찾는 기법 • 경쟁사분석, 360도 레이더스크린, 잠재적 경쟁사

10	이해관계자 분석 기법	• 이해관계자들의 니즈, 이해관계, 자원, 관심사 등을 분석해서 문제와 기회를 찾는 기법 • 이해관계자 분석, 이해관계자 니즈
11	벤치마킹 분석 기법	• 동종 업계나 타 업계에서 상위권에 있는 기업의 경영성과나 경영지표를 자사와 비교해서 문제와 기회를 찾아내고, 해결방안을 수립하는 기법 • 벤치마킹분석, 자사 비교

기법 1. 자아확신기법

가. 개념

자아확신기법(Self Affirmation)은 본인이 가지고 있는 좋은 특성과 성취한 성과들을 기억하게 함으로써 긍정적인 생각과 태도를 갖게 하는 방법이다. 문제해결과 의사결정을 할 때 긍정적인 생각이나 태도는 창의적인 아이디어를 만들고 긍정적인 결과를 만들게 된다. 자아확신기법은 문제해결과 의사결정을 할 때 과거의 실패를 잊어버리고 좋은 점들만을 기억함으로써 자신감을 갖고 긍정적 태도를 갖게 하는 데 효과적인 방법이다.

예) • 신제품개발
• 협상전략
• 경영혁신

나. 적용단계

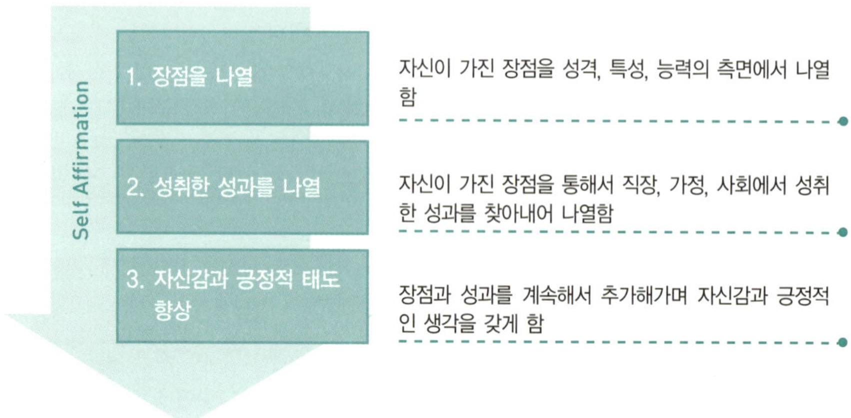

다. 활용사례

전자회사에서 근무하는 정대호 팀장은 새로운 프로젝트의 팀장으로 임명되었다. 그런데 이 프로젝트는 과거에 해보지 않았던 새로운 형태의 프로젝트이기 때문에 많은 어려움과 불확실성이 예상되고 있다. 제일 먼저 정 팀장은 자아확신기법을 활용해서 긍정적인 마인드를 향상해 보기로 했다.

1. 먼저 자신이 가지고 있는 장점들을 성격이나 능력, 특성 등의 측면에서 나열해 보았다.
2. “주어진 업무는 완벽하게 수행한다”, “발표와 설득 능력이 뛰어나다”, “혁신적인 아이디어가 많다”라는 장점들을 도출해 낼 수 있었다.
3. 이 장점들과 관계된 성과들로는 일정 내에 프로젝트를 마무리 한 것, 고객사를 설득해서 중요한 계약을 성사시킨 것, 최근 제안한 아이디어가 채택된 것 등이 있었다.
4. 이러한 장점과 성과들을 찾아보면서 자신감과 긍정적인 마인드를 가질 수 있었다.

	장점		성과
1	주어진 업무는 완벽하게 수행한다	→	사업부의 중요한 프로젝트를 일정 내에 잘 마무리했다
2	발표와 설득 능력이 뛰어나다	→	고객사를 잘 설득해서 중요한 계약을 성사시켰다
3	혁신적인 아이디어가 많다	→	최근에 제안한 아이디어가 채택되어서 보상을 받았다
4		→	
5		→	

기법 2. 파레토기법

가. 개념

파레토기법(Pareto analysis)은 문제가 될 수 있는 이슈의 자료와 정보를 수집하고, 이를 유형별로 그룹핑해서 중요한 문제를 찾아내는 기법이다. 이 기법은 중요한 것의 80%가 상위 20%에 속한다는 이론으로서, 은행 순이익의 80%가 20%의 상위 고객에 의해서 창출된다든지 등과 같은 사회의 여러 현상을 설명하는 데 널리 이용되는 기법이다.

이 기법은 중요한 문제를 먼저 해결하자는 기본적인 상식에 기초를 두고 있으며, 문제에 관한 객관적 자료가 충분할 때 유용하며, 객관적 자료가 부족한 문제를 분석하는 데 적합하지 않다.

예) • 서비스 자료에서 고객 불만의 원인 분석
• 판매실적 자료에서 고객의 패턴 분석
• 직원 서베이 자료를 기반으로 생산성 향상 방안

나. 적용단계

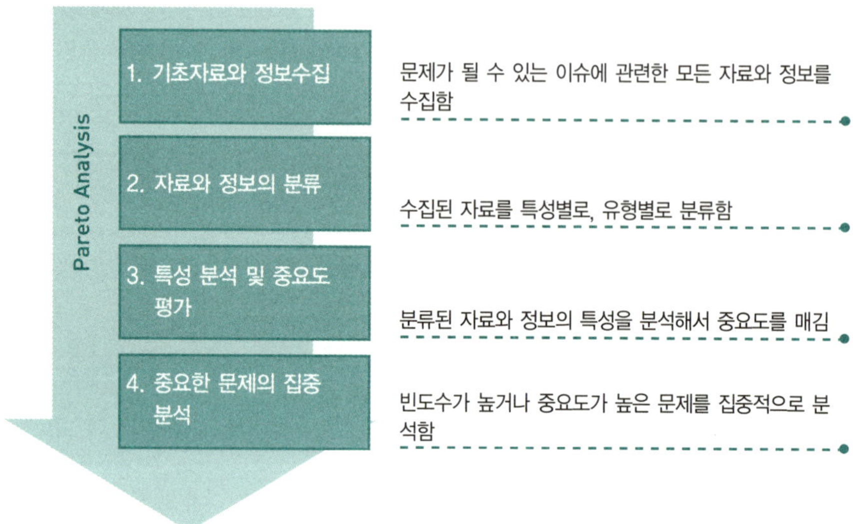

다. 활용사례

국내의 한 전자회사에서 최근에 고객들의 불만이 급증하는 것을 알게 되었다. 고객들의 불만의 특성을 분석하기 위해서 파레토기법을 적용하였다. 먼저 지난 3개월간 전화와 e-mail로 들어 온 고객불만을 분석한 결과, 크게 다섯 종류로 분류됨을 알 수 있었다.

고객불만의 유형

불만 유형	빈도	백분율
사용방법 부족	20	44%
제품기능 결함	12	27%
제품 디자인	7	16%
서비스 불친절	5	11%
포장 불만	1	2%
합계	45	100%

고객불만의 빈도수를 그림으로 그리면 다음과 같다.

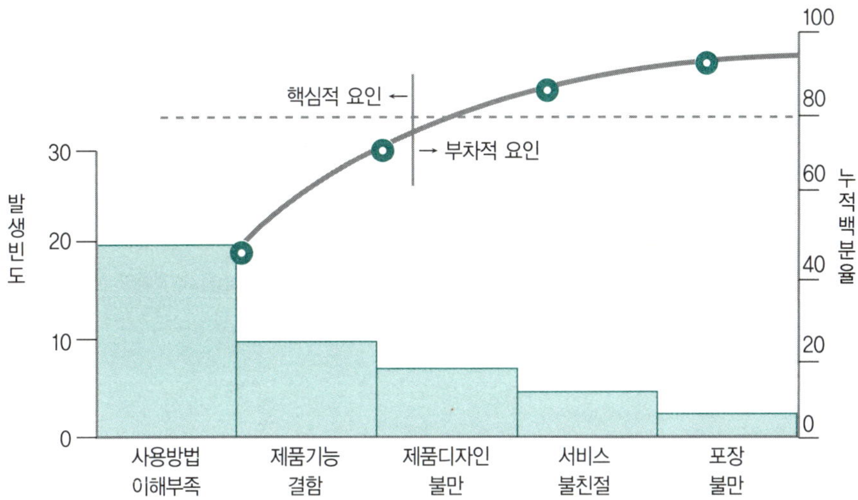

이처럼 자료를 유형별로 분석하니 문제의 특성과 원인을 쉽게 찾을 수 있었다.

기법 3. KPI 분석기법

가. 개념

KPI 분석기법(KPI Analysis)은 개인, 부서, 사업부 차원에서 관리해야 할 핵심성과지표(Key Performance Indicator)를 찾아내고, 각 지표의 목표와 실제치를 비교해서 숨어 있는 문제와 새로운 기회를 찾아내는 기법이다.

예) • 생산부서의 KPI분석
• 마케팅부서의 성과관리
• 재무부서의 KPI분석

나. 적용단계

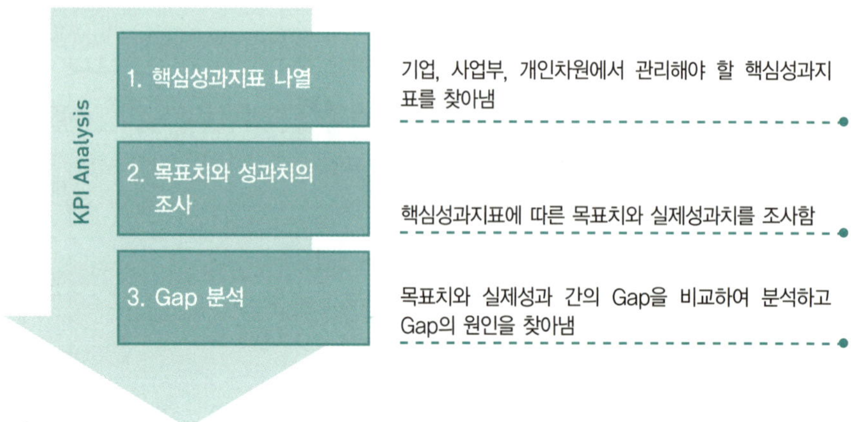

다. 활용사례

휴대폰 업체의 영업부서를 담당하는 김종민 팀장은 지난달 판매실적이 눈에 띠게 감소한 것을 확인하고 KPI분석을 통해 판매부진의 원인을 찾아보기로 하였다.

1. 제일 먼저, 영업부서 차원에서 관리해야 할 핵심성과지표로 시장점유율, 매출액, 영업이익, 신규고객 유치비율로 정의하였다.
2. 그 다음에, 각 지표들의 목표치와 성과치를 조사해 보았다.
3. 마지막으로, 목표치와 실제성과 간의 차이 정도를 기반으로 차이가 발생하게 된 원인을 체계적으로 찾아낼 수 있었다.

번호	핵심성과지표	목표치	성과치	GAP분석
1	시장점유율	17%	15%	경쟁사의 저가전략에 적극적으로 대응하지 못함
2	매출액(월)	25억 원	19억 원	차별화된 마케팅전략이 없었음
3	영업이익(월)	15억 원	10억 원	판매부족 및 마케팅비용 증가로 영업이익 악화
4	신규고객 유치비율	5%	3%	신규고객을 유인할 수 있는 신제품이 부족함
5				

기법 4. 7S 모형기법

가. 개념

7S 모형기법은 기업의 경쟁력은 일곱 가지의 요소인 전략(strategy), 공유된 가치(shared value), 관리능력(skills), 조직구조(structure), 제도(systems), 인적자원과 직원(staff), 리더십(style)에 의해서 영향을 받는다는 전제하에 이들 요소들의 경쟁력을 평가하는 기법이다. 이 기법은 재무적인 관점이 아닌 조직의 효과성 관점에서 기업의 경쟁력을 분석하는 기법이다. 이 기법은 전략과 조직 같은 무형적 측면에서 기업 내부 환경을 분석할 때 유용하다.

예) • 경영전략분석
- 리더십분석
- 조직구조분석

나. 적용단계

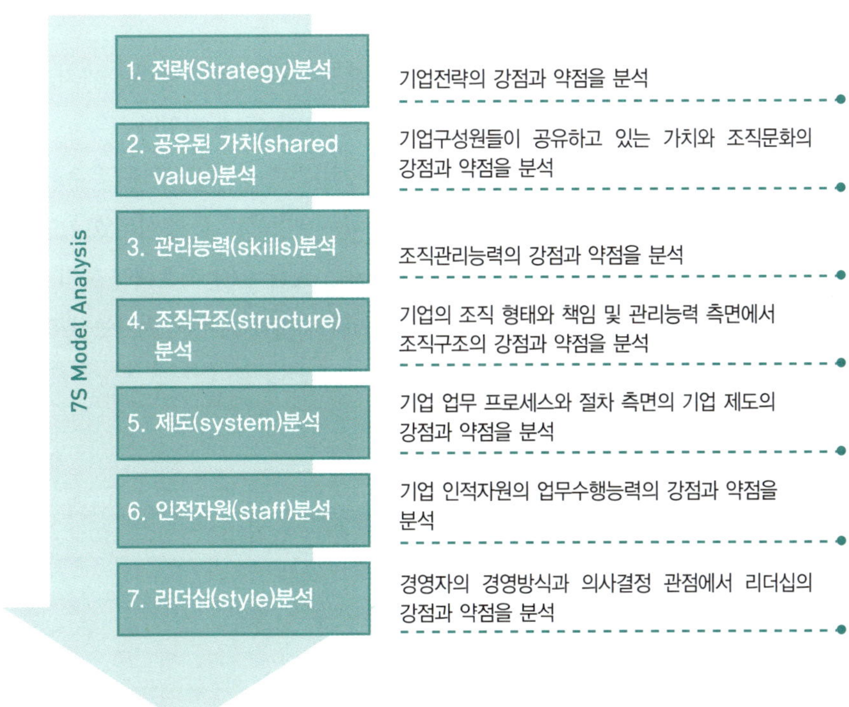

다. 활용사례

정대호 사장은 창업한지 5년이 된 e-learning 콘텐츠 개발 회사의 사장이며, 현재 직원은 30명이다. 지난 5년간에 연구개발 능력을 가지고 지속적인 성장을 해 왔으나, 또 다른 성장을 하기 위해서는 새로운 능력이 필요한 것으로 느끼고 있었다. 따라서 자사의 현재의 무형적 경쟁력을 7S의 관점에서 분석하였다.

1. 전략 측면에서 대학과 기업 고객을 대상으로 경영 콘텐츠를 개발하고 있는 자사의 전략 영역은 너무 협소한 것으로 분석되었다. 해당 영역에는 강점이 있으나 전체적으로 시장이 작기 때문에 충분한 성장이 기대하기가 힘들 것으로 예상되었다.
2. 직원들과 공유하고 있는 가치와 문화를 분석해 본 결과, 창업 멤버들이 떠나 간 후 회사가 가고자 하는 방향, 가치, 문화에 대해서 직원들의 이해가 낮은 것으로 분석되었다.
3. 관리능력 측면에서는 회사 직원 대부분이 개발분야 인력이기 때문에 전체적인 관리능력은 낮은 것으로 평가되었다.
4. 회사의 조직구조 측면에서는 직원 간에는 의사소통이 잘 안 되고, 책임과 권한이 제대로 나누어지지 않은 것으로 분석되었다.
5. 제도적인 측면에서는 직원이 많지 않은 관계로 특별한 조직 형태를 가지고 있지 않고, 체계적인 관리시스템이 부족한 편이라는 것을 알 수 있었다.
6. 인적자원을 분석한 결과, 연구개발팀 직원들의 콘텐츠 개발능력은 우수하나, 새로운 콘텐츠를 설계하고 개발할 수 있는 능력은 낮은 것으로 분석되었다.
7. 리더십 측면에서 경영자인 정대호 사장은 많은 일을 혼자 해결해야 하기 때문에 업무부담이 많고, 부하직원들에게 독단적이라는 평을 듣기도 한다는 점이 분석되었다.

기법 5. STEP 모형기법

가. 개념

STEP 모형기법(STEP Analysis)이란, 기업에 영향을 줄 수 있는 외부거시환경 요인들을 사회/문화환경(Social), 기술환경(Technological), 경제환경(Environmental), 정치 및 법적 환경(Political & Legal)의 네 가지 영역으로 분류해서 각 요인들이 가져다주는 문제와 기회를 탐색하는 방법이다.

예) • 반도체산업의 거시환경분석
• 조선산업의 거시환경분석
• 금융산업의 거시환경분석

나. 적용단계

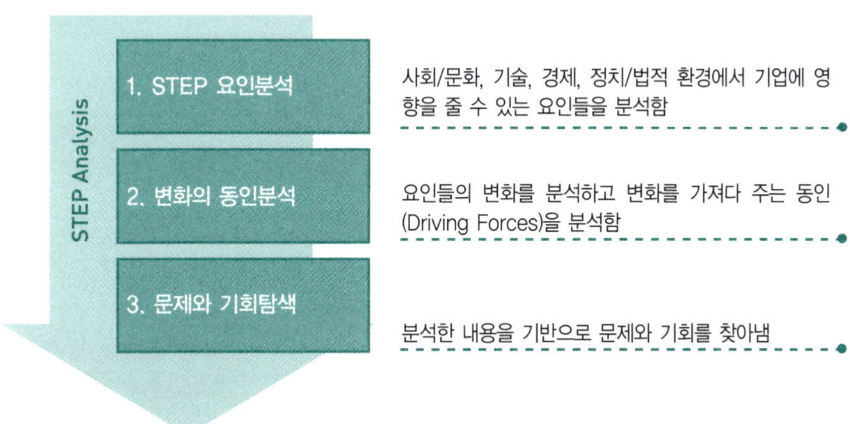

다. 활용사례

전자업체에 근무하는 최형욱 부장은 최근 급격하게 변화하고 있는 경영환경에 대한 대응 방안을 수립하기 위해서 STEP 분석기법을 활용하여 외부환경을 분석해 보기로 하였다.

1. 제일 먼저, 환경요소를 사회/문화, 기술, 경제, 정치/법적 환경으로 정의하고 이

들 환경요소들의 환경 변화를 관찰해 보았다.

2. 그 결과 출산율 저하, 고령화, 스마트폰 확산, 경제회복 및 투자증가, 각종 통신 규제정책 해제 등의 많은 환경 변화가 있음을 알 수 있었다.
3. 그리고 이러한 변화의 동인들을 찾아봄으로써 각 변화가 가져오는 문제나 기회를 알아낼 수 있었다.

환경요소	환경변화	변화의 동인	문제와 기회
사회/문화 환경	출산율 저하	여성의 사회활동 증가 및 양육비 증가	이혼 여성관련 전자제품 시장 확대
	고령화시대의 가속화	의료기술 발전 및 저출산	실버산업의 확대
기술환경	스마트폰 확산	전자 및 통신기술의 발전 및 대중화	스마트폰시장의 진출
경제환경	경제회복 및 투자증가	금융위기 극복 및 수출증가	시장의 성장에 따른 과감한 투자
정치/법적 환경	각종 통신규제정책 해제	경쟁을 통한 시장활성화	융합형 통신개발 제품

기법 6. 경쟁세력모형기법

가. 개념

경쟁세력모형은 산업을 구성하고 있는 여러 경쟁세력의 변화와 영향을 분석해서 산업구조의 특성과 매력도(attractiveness)를 분석하고, 이를 기반으로 하는 경쟁전략을 수립하는 기법이다. 이 기법은 모든 기업의 사업단위(strategic business unit)는 다섯 개의 경쟁세력인 구매자의 협상력, 공급자의 협상력, 기존기업과의 경쟁강도, 잠재적 진입자의 경쟁, 대체재와의 경쟁에 의해서 영향을 받게 되고, 이들 세력에 대한 기업의 전략적 위치(strategic positioning)에 의해서 경쟁적 우위가 결정된다는 이론으로서 Michael Porter에 의해서 개발되었다.

이 기법은 산업세력들이 기업에 미치는 영향을 심도 있게 분석하는 데 유용하며, 거시환경분석을 한 다음 활용하는 것이 바람직하다.

예) • 고객 협상력의 원천 분석
• 협력사와의 SCM 강화 방안
• 경쟁사의 신제품 개발에 대한 대응방안
• 대체기술의 등장에 대한 대응방안
• 새로운 경쟁사 진입에 대한 대응방안

나. 적용단계

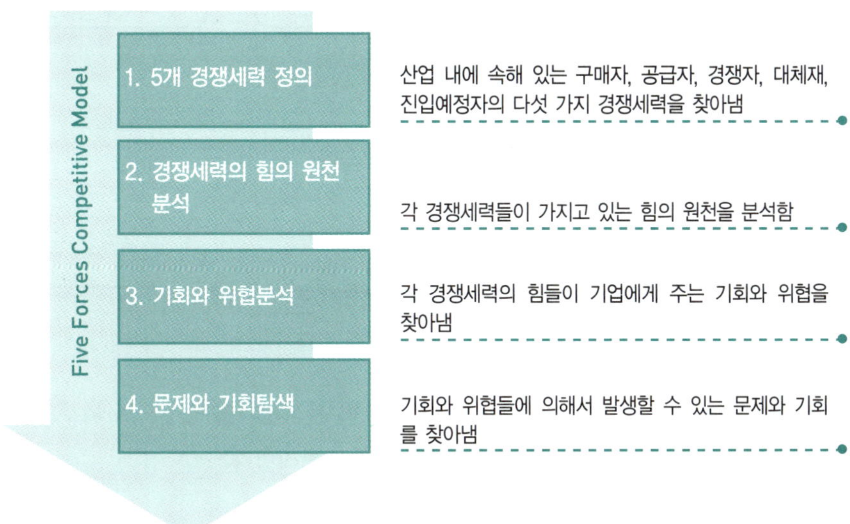

다. 활용사례

손해보험회사의 유형오 이사는 최근에 일어나고 있는 급격한 보험산업의 변화에 대응하기 위해 자동차보험산업 내의 구조 및 변화 요인을 분석하였다. 경쟁세력모형을 이용해서 자동차보험산업의 구조를 분석한 결과 아래와 같은 점들이 발견되었다.

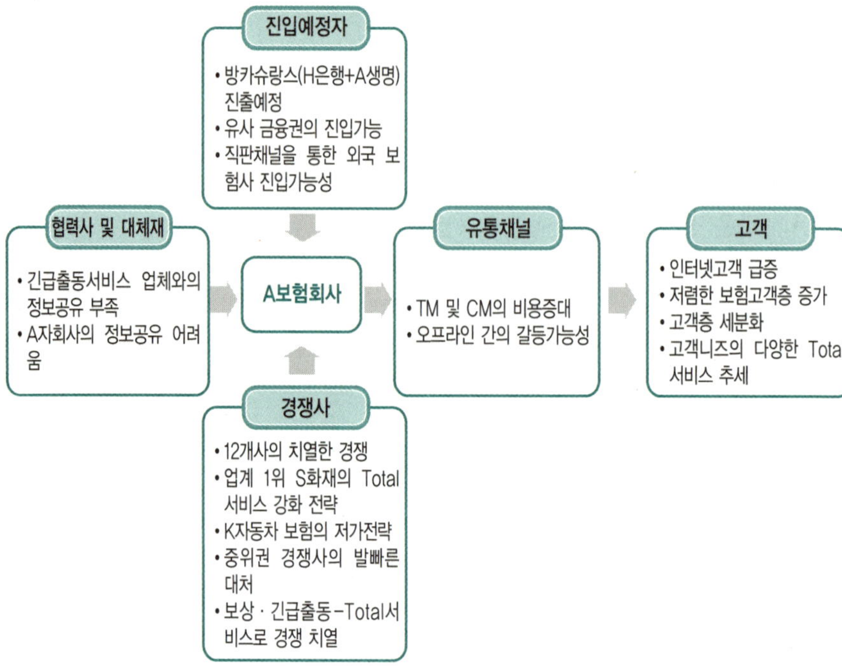

자동차보험회사의 거시환경분석과 경쟁세력모형 분석결과를 중심으로 외부환경분석을 한 결과, 다음과 같은 위협요인과 기회요인을 발견되었다.

1. 위협요인
   - 자유화 및 가격경쟁으로 인한 경쟁의 첨예화
   - 고객 영향력 증대로 인한 차별화된 고객서비스 필요
   - 신규경쟁자 진입에 따른 시장잠식
   - 금리 하향추세에 따른 장기보험 이차 역마진 우려
2. 기회요인
   - 시장의 높은 성장가능성
   - 사고율 감소로 수익성 증대가능성
   - 인터넷기술로 비용절감가능
   - 부실보험회사로 퇴출로 market share 확대가능성
   - 금융자유화 및 규제완화로 새로운 사업기회 출현

기법 7. STP 분석기법

가. 개념

STP 분석기법은 목표시장을 여러 세부시장으로 세분화해서 세분화된 시장의 매력도를 분석하고, 표적시장을 선정한 다음에 자사 제품의 위치를 결정하는 기법이다. STP 기법은 3단계의 과정을 거치게 된다.

- Segmentation : 목표시장을 지리적, 인구통계학적, 구매행동, 추구하는 가치 등의 요인 등을 이용해서 세분화한 다음 세분시장의 매력도를 시장크기와 규모, 성장성, 수익성, 경쟁강도, 자사와의 적합성 등의 관점에서 평가한다. 세분화기준은 측정가능성, 수익성, 접근가능성, 차별적 반응 등의 관점에서 선택한다.
- Targeting : 세분화된 시장의 매력도를 분석한 다음에는 각 세분시장에서 자사의 경쟁우위가 확보될 수 있는지, 경쟁우위가 확보될 수 있는 시장이 어떻게 성장 발전할 것인지를 분석해야 한다. 그 다음에 세분시장을 평가해서 순위를 결정한 후 표적시장을 결정해야 한다.
- Positioning : 마지막으로 표적시장 내에서 경쟁자와 경쟁하기 위해 4p's의 관점(자사의 제품, 가격, 촉진, 채널 등)을 조합해서 자사 제품의 위치를 결정해야 한다.

  예) • 화장품 목표시장의 선정
  • 자동차 목표시장의 선정
  • 전자제품 목표시장의 선정

나. 적용단계

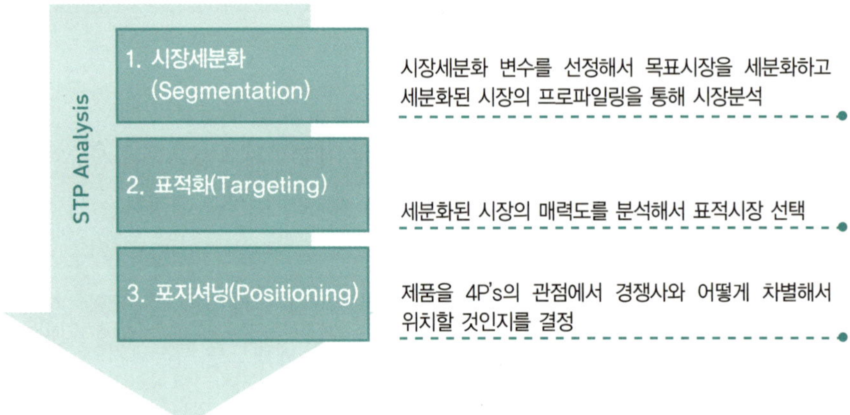

다. 활용사례

한 대형 건설회사는 노인 연령층이 증가함에 따라서 실버산업에 대한 사업기회가 많을 것으로 보고 새로운 사업을 구상하고 있다. 먼저 사업기회가 많은 목표고객층을 찾기 위해서 고객세분화 분석을 수행하였다.

1. 먼저 목표고객을 세분화하기 위한 기준을 설정하였다. 노인고객들을 세분화하기 위한 기준으로서 나이, 소득수준, 건강상태, 취미생활 등을 선정하였다.
2. 이들 기준들을 이용해서 노인고객들을 세분화한 다음에, 세분화된 고객들의 특성을 분석하였다. 고객들의 특성은 고객의 니즈와 선호도 등의 관점에서 분석하였다.
3. 각 계층의 니즈와 선호도를 분석한 결과 나이가 60~70대, 가처분소득 수준이 10억 이상, 건강상태가 좋고, 취미생활이 골프와 운동인 고객들이 야외 레저와 생활이 연계된 주거단지를 원하고 있음을 알게 되었다.
4. 이들 고객들을 대상으로 야외 레저활동과 연계된 주거상품을 개발하기로 하였다.

단계		특성
1. Segmentation	세분화시장 1	소득수준이 낮고 건강상태가 좋은 노인고객
	세분화시장 2	소득수준이 낮고 건강상태가 좋지 않은 노인고객
	세분화시장 3	소득수준이 높고 건강상태가 좋은 노인고객
	세분화시장 4	소득수준이 높고 건강상태가 좋지 않은 노인고객
2. Targeting		• 가처분소득 수준이 10억 이상, 건강상태가 좋고, 취미생활이 골프와 운동인 60~70대 고객 • 야외 레저와 생활이 연계된 주거단지를 원하고 있음
3. Positioning		• 이들 고객들을 대상으로 야외 레저활동과 연계된 전원주택형 주거상품을 개발

기법 8. 고객의 3불 분석기법

가. 개념

고객의 3불 분석이란, 고객이 가진 3不(불편함, 불균형, 불일치)을 찾아내어 새로운 문제와 기회를 찾아내고 고객이 가진 니즈를 정확하게 충족시키기 위해 사용하는 분석기법으로 고객을 분석해서 문제와 기회를 찾아내는 기법이다.

예) • 교육 회사 고객의 3불 분석
• 은행 이용 고객의 3불 분석
• 쇼핑몰 이용 고객의 3불 분석

나. 적용단계

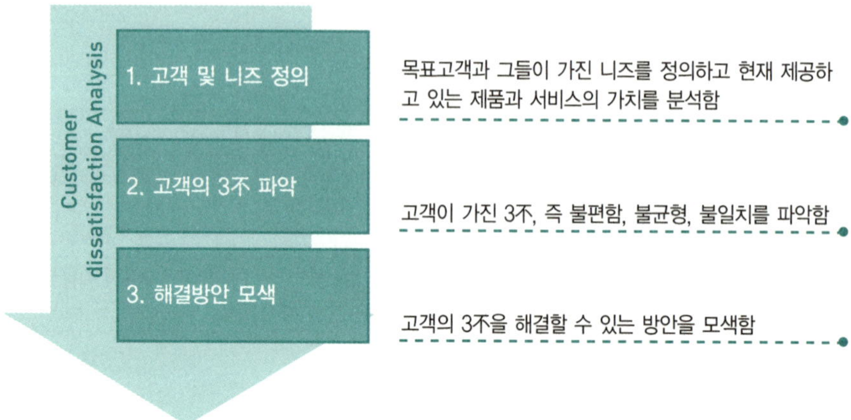

다. 활용사례

창의적 문제해결 교육 회사를 운영하는 김호진 사장은 최근의 환경변화로 급격하게 변화하고 있는 교육시장에서 고객의 니즈를 정확하게 분석하기 위해 고객의 3불 분석을 실시하였다.

1. 제일 먼저, 고객을 창의적 문제해결 교육을 원하는 직장인으로 정의하고 고객니즈는 재미있고 편리하게 학습하기 원하는 것이라고 분석하였다. 또한 제공하고 있는 제품과 서비스는 게임을 통해 재미있고 편리하게 학습할 수 있는 교육 콘텐츠라고 정의하였다.
2. 그 다음에 고객의 불편함, 즉 제품이나 서비스를 제공하고 있지만 고객이 활용하는 데 불편한 요소들이 무엇인지 고민해 보았다. 그 결과, 게임의 사용방법이 불편하다는 것을 알게 되었고, 게임의 사용방법을 편리하게 제공하는 것을 그에 대한 해결방안으로 도출하였다.
3. 고객이 가진 불균형, 즉 고객이 원하는 것을 제공하고 있지만 양적인 부족함이 무엇이 있는지 분석해 보았다. 그 결과 창의적 문제해결기법과 사례가 부족하다는 것을 알 수 있었다. 그에 대한 해결방안으로서 창의적 문제해결기법과 사례를 충분히 보강하기로 하였다.
4. 마지막으로 고객이 느끼는 불일치, 즉 회사는 제공하고 있지만 고객은 원하지 않

는 부분이 무엇인지를 분석해 보았다. 그 결과 일부 교육생들이 게임을 원하지 않는다는 것을 알 수 있었고 이들에게는 이러닝 콘텐츠를 제공하기로 하였다.

5. 이러한 과정을 통해 김호진 사장은 고객이 가진 니즈를 정확하게 이해할 수 있었다.

고객의 정의	창의적 문제해결 교육을 원하는 직장인		
고객 니즈의 정의	재미있고 편리하게 학습을 하기 원함		
제공하고 있는 제품과 서비스의 가치	게임을 통해 재미있고 편리하게 학습할 수 있는 교육 콘텐츠		
3不	**번호**	**내용**	**해결방안**
고객의 불편함	1.	게임의 사용방법이 불편함	게임의 사용방법을 편리하게 제공함
	2.		
고객의 불균형	1.	창의적 문제해결 기법과 사례가 부족	기법과 사례를 보강함
	2.		
고객의 불일치	1.	일부 교육생은 게임 기반의 교육을 원하지 않음	이러닝 교육콘텐츠 제공
	2.		

기법 9. 360도 레이더스크린기법

가. 개념

360도 레이더스크린기법(360 Radar Screen)이란, 360도 레이더스크린을 활용하여 기존의 경쟁사뿐만 아니라 잠재적 경쟁사를 입체적으로 찾아낸 다음에, 경쟁사들이 가져다주는 문제와 기회를 찾는 기법이다. 360도 레이더스크린기법은 자사를 레이더망 중심에 두고 경쟁사를 레이더 안에 위치시키는 것으로, 자사와 가까운 곳에 위치할수록 강력한 경쟁자이며 경쟁의 강도가 높다는 것을 의미한다.

예) • 대학의 경쟁사분석
• 포털사이트의 경쟁사분석

• 휴대폰회사의 경쟁사분석

나. 적용단계

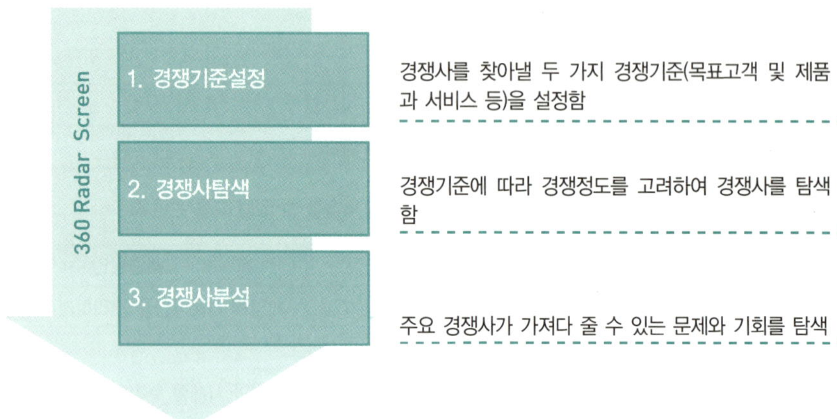

다. 활용사례

4년제 대학교 입학처의 정대호 처장은 최근 교육시장의 변화에 따라 신입생 확보가 쉽지 않다는 것을 느끼게 되었다. 따라서 360도 레이더스크린기법을 활용해서 기존의 경쟁사뿐만 아니라 잠재적인 경쟁사까지 분석해 보기로 하였다.

1. 제일 먼저, 자신이 속한 대학교를 한 가운데 위치시키고 경쟁사를 찾아낼 두 가지 경쟁기준을 목표고객의 유형과 온/오프라인 유형으로 결정하여 360도 레이더스크린을 그려보았다.
2. 두 가지 경쟁기준에 따라 경쟁 정도를 고려해서 경쟁사를 탐색해 보았다.
3. 마지막으로 주요 경쟁사로 분석된 대상들이 가져다 줄 수 있는 문제와 기회를 탐색할 수 있었다.

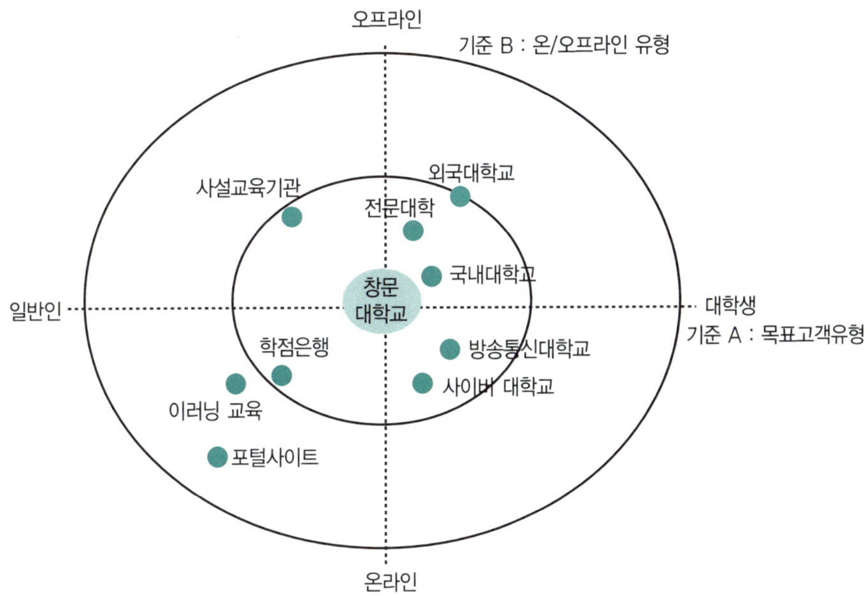

기법 10. 이해관계자 분석기법

가. 개념

이해관계자 분석기법(Stakeholder analysis)은 기업의 경영활동에 직/간접적으로 관련이 있는 이해관계자들의 니즈, 이해관계, 자원, 관심사 등을 분석해서 문제와 기회를 찾는 기법이다. 대부분의 전략적 의사결정에는 다양한 이해관계자들이 관여되어 있기 때문에 이들의 관점에서 문제를 분석하지 못하면 실패할 가능성이 많다. 따라서 이해관계자 분석기법은 많은 사람들이 관련된 문제를 분석하는 데 매우 유용한 기법이다.

예) • 인수합병문제
• 구조조정문제
• 신사업 진출문제

나. 적용단계

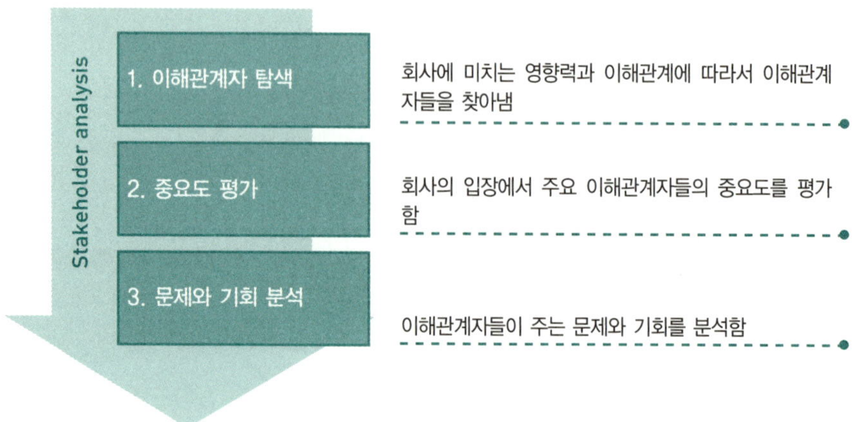

다. 활용사례

최근의 성장 정체를 타파하기 위해 새로운 공장 건설을 계획하고 있는 창문화학은 새로운 공장 건설에 따라 발생할 수 있는 문제점이나 기회를 파악하기 위해 이해관계자분석을 실시하였다.

1. 제일 먼저, 공장 건설에 관련된 다양한 유형의 이해관계자들을 파악해 보았다.
2. 그 다음에 회사에 미치는 영향력과 이해관계에 따라서 고객, 직원, 협력사, 정부, 시민단체 등의 순으로 중요한 이해관계자들을 도출했다.
3. 마지막으로 각 이해관계자들의 입장을 살펴보고 그들이 가져다 줄 수 있는 문제와 기회를 파악해 보았다.

중요도	이해관계자	문제와 기회
1	고객	니즈의 변화가 심하며, 고객불만을 직접적이고 능동적으로 표출함
2	직원	회사에 대한 애사심이 상대적으로 낮음. 노사 갈등이 심함
3	협력사	자사에 대한 로열티가 낮고, 쉽게 경쟁사로 이동함
4	정부	강력한 규제 정책으로 규제가 심하고, 정책의 변화가 심함
5	시민단체	환경 및 윤리에 대한 요구사항이 많음

기법 11. 벤치마킹 분석기법

가. 개념

벤치마킹분석(Benchmarking Analysis)이란, 동종 업계나 타 업계에서 상위권에 있는 기업의 경영성과나 경영지표를 자기 회사와 비교해서 문제와 기회를 찾아내고, 이를 해결하기 위한 방안을 수립하는 기법이다.

예) • 유통업체의 벤치마킹
• 식품업체의 벤치마킹
• 생산공정의 벤치마킹

나. 적용단계

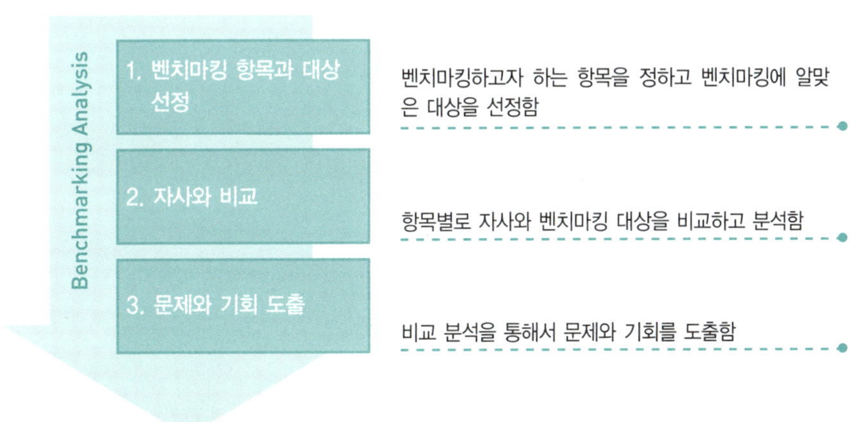

다. 활용사례

오랜 기간 동안 휴대폰을 생산해온 창문전자의 유형오 이사는 경쟁사에 비해 매출이 3분기 연속 하락하고 있는 것을 파악하고 선두 기업들을 대상으로 자사와 비교를 통해 문제와 기회를 찾아보기로 하였다.

1. 제일 먼저, 벤치마킹할 항목을 원가, 이미지, 기술개발 측면으로 결정하고 각 항목별로 가장 경쟁력이 있는 3사를 벤치마킹 대상으로 설정하였다.

2. 그 다음에, 이들 회사들을 원가, 이미지, 기술개발 항목별로 자사와 비교해보았다.
3. 이러한 비교를 통해 자사가 가진 문제와 기회를 파악할 수 있었다.

항목	벤치마킹 대상	자사와 비교	문제와 기회
1. 원가	오성전자	핵심기능 중심으로 원가를 절감하고 있음	자사는 불필요한 기능이 많아서 원가가 높음
2. 이미지	희성전자	젊은 세대의 아이콘으로 이미지 제고	자사는 특별한 이미지가 없음
3. 기술개발	멀티전자	산학협동으로 외부 아이디어를 활용해서 신속한 기술개발	자사는 자체 기술력으로 개발하다 보니 개발속도가 느림
4.			

제2장

문제의 특성분석단계

1. 문제의 특성을 분석하는 방법
2. 문제의 특성분석기법의 이해

기법 12. 인지기법
기법 13. 단어게임기법
기법 14. 시스템다이어그램
기법 15. 인과관계다이어그램기법
기법 16. Why-Why기법
기법 17. KT기법
기법 18. Do Nothing기법
기법 19. 가정분석기법
기법 20. 문제범위확대기법

사례 14. 경영실패의 주범 AIDS를 분석하라
사례 15. 스마트폰이 세상을 바꾼다
사례 16. 고객불만의 원인을 찾아라
사례 17. 인도 자동차시장의 잘못된 판단
사례 18. 위기를 기회로 바꾸는 전화위복 경영

문제해결과 의사결정의 두 번째 단계에서는 해결해야 하는 문제의 특성을 과학적으로 분석해야 한다. 문제의 특성을 분석하는 일은 의사가 환자에 관한 모든 정보를 종합적으로 수집 · 분석해서 병의 종류와 원인을 과학적으로 찾아내는 일과 같다. 문제 특성을 잘못 분석하면 문제해결은 실패하게 된다. 예를 들어, 매출감소의 원인이 품질불량 때문인데, 이를 해결하지 않고 광고만을 늘리려고만 한다면 매출은 결코 늘어나지 않을 것이다. 또한 고객서비스 불만의 원인이 직원들의 낮은 임금 때문에 불친절해서 생긴 일인데, 이를 해결하지 않고 서비스 교육을 강화한다고 해서 고객서비스 불만이 크게 줄어들지는 않을 것이다. 이처럼 문제의 특성을 정확하게 분석하지 못하면 문제해결과 의사결정은 실패하게 된다. 그러므로 문제의 특성을 객관적으로, 과학적으로 분석해야 한다.

문제의 특성을 분석할 때는 "문제가 무엇이지"라는 문제중심의 사고(problem-minded)로 접근해야 한다. 많은 사람들은 문제에 부딪힐 때 문제의 원인과 특성을 체계적으로 분석하기보다는 그에 대한 해결책을 먼저 구하려는 특징을 보인다. 이처럼 "답이 무엇이지"라는 해결책 중심의 사고(solution-minded)를 가지고 문제를 분석하면 문제의 원인을 정확하게 찾아낼 수 없다. 특히 기업의 경영환경이 매우 빠르게 변화하고 있기 때문에 과거에 없던 새로운 유형의 복잡한 문제들이 많이 발생하고 있다. 따라서 복잡한 문제들의 특성을 객관적이고 과학적으로 분석하는 능력은 개인과 기업의 중요한 핵심 경쟁력이다.

제2장에서는 문제의 특성을 분석하는 활동과 기법에 대해서 논의하고 있다.

사례 14 경영실패의 주범 AIDS를 분석하라

1. 사례 본문

삼성경제연구소는 최근 '경영실패의 주범 : 에이즈(AIDS)'라는 보고서를 발표했다. 여기서 AIDS란 실패를 일으키는 주 원인인 '과욕(Avarice), 타성(Inertia), 착각(Delusion), 자아도취(Self-absorption)'를 뜻한다. 실패라는 단어 자체가 부정적인 이미지를 가지고 있기 때문에 실패의 경험을 숨기고 두려워하는 것이 현실이다. 하지만 성공에 이르기까지 피할 수 없는 실패는 이제 새롭게 주목해야 할 경영자산으로 여겨지고 있는데 실패를 잘 활용하면 시장과 고객의 본질은 물론 기업 스스로 깨닫지 못한 현실을 객관적으로 되돌아볼 수 있는 계기를 제공하기 때문이다.

첫 번째 실패 요인은 과욕(avarice)이다. 기업이 과욕을 부릴 경우 기존 사업과 관련이 적은 비관련 사업다각화를 추진한다. 이는 경영자원을 분산시켜 기존사업의 경쟁력마저 저하시키는 결과를 낳는다. 또한 기존의 우호적인 평판을 활용할 수 있다는 자신감으로 무리한 시장 확대를 추진하면 기존고객의 신뢰마저 잃을 수 있다고 보고서는 지적했다. 할인유통업계의 선두기업이던 K마트는 새로운 CEO 부임 이후 할인유통업 이외에 사무용품, 스포츠용품, 서적 등으로 사업을 공격적으로 다각화하면서 자금부담과 기존사업의 투자소홀로 인해 월마트에 1위 자리를 내어주고 파산하게 되었다.

두 번째 실패요인은 타성(inertia)이다. 기업이 타성에 젖어 현재의 경영상태에 안주하고 만족하다 보면 새로운 시장이나 경쟁자를 인식하지 못하고 위기를 초래하게 된다. 특히 선두기업일수록 기존 성공요인들이 미래사업에도 영향력을 그대로 발휘할 것이라고 착각해 이런 실수를 범하게 된다. 무선인터넷의 발달로 경쟁사들이 노트북 개발에 노력을 기울이는 사이에 데스크톱 PC를 저가에 공급하는 데만 몰두해 HP에 1위 자리를 내준 델의 사례와 렌터카의 주고객은 여행자라는 고정관념에 빠져 정비소에 차를 맡겨 차를 필요로 하는 고객의 잠재된 수요를 간과했던 허츠의 사례가 대표적인 사례들이다.

세 번째 실패요인은 착각(delusion)이다. 새로운 제품이 고객의 인식을 바꿀 수 있다는 착각도 기업에는 독이 된다. 기존제품의 이미지가 너무도 확고하게 굳어진 상태에서 소비자의 고정관념을 바꾸고자 무리한 시도를 강행하는 경우가 발생한다. 음료기업 펩시와 코카콜라가 대표적 사례이다. '에비앙'과 같은 투명 음료가 인기를 끌자 펩시는 무색의 '크리스탈 펩시'를 출시했다. 그러나 '콜라=갈색'이라는 소비자의 편견을 깨지 못하고 생산을 중단하고 말았다. 코카콜라도 펩시의 추격에 대응하여 기존콜라보다 달콤하고 부드러운 뉴코크를 출시하였으나 코카콜라가 가진 상징성, 브랜드에 대한 소비자들의 애정이 새로운 콜라의 출시를 가로막는다는 사실을 뼈저리게 경험하고 뉴코크를 시장에서 철수시켰다.

네 번째 실패요인은 자아도취(self-absorption)이다. 제품혁신을 선도하겠다는 의지가 너무 강하면 자아도취에 빠질 수 있다는 점도 경계해야 한다. 혁신만 강조하다 보면 소비자 여건이나 시장의 성숙도를 고려하지 않고 과속경영을 감행할 수 있기 때문이다. 스티브잡스가 설립한 넥스트는 1988년 당시 최고의 기술이 집대성된 컴퓨터라고 찬사를 받은 넥스트 큐브를 개발하였지만 지원소프트웨어, 주변기기 등이 개발되지 않아 첨단기능들이 무용지물로 전락하는 상황을 맞이하게 되었다. 또 애플이 필기인식기능을 구현한 최초의 PDA 뉴튼도 지나치게 많은 기능으로 인한 복잡성과 불편한 휴대성으로 인해 고전하고 있다. 기업의 입장에서 최고가 아니라 소비자의 입장에서 최적인 제품이 무엇인지를 아는 통찰력이 필요하다.

한편 보고서는 기업은 이런 실패 과정에서 축적한 경험과 노하우를 기업의 경영자산으로 적극 활용해야 한다고 조언했다. 자신의 실패는 물론 경쟁자의 실패도 성공의 밑거름이 될 수 있다. 최근 미국에서 큰 인기를 끌고 있는 아마존의 킨들도 파나소닉과 같은 경쟁사들이 콘텐츠를 확보하지 못해 고전했던 실패사례를 면밀히 분석했다. 이처럼 경영자들은 실패를 두려워하기보다 실패에서 나오는 성공의 기회를 포착해야 한다.

출처 : 삼성경제연구소(2009. 7. 2)

2. 시사점

기업의 경영활동은 연속적인 문제해결과 의사결정으로 구성되어 있다. 이들 문제해결과 의사결정을 어떻게 수행하느냐에 따라서 기업성과가 결정된다. 그런데 이들 문제해결과 의사결정 과정에서 많은 오류를 범하게 되고, 이 때문에 문제해결과 의사결정이 실패하게 된다. 만약에 이들 오류들을 줄일 수 있다면 그만큼 합리적인 의사결정을 수행할 수 있고, 기업의 경쟁력도 높아지게 될 것이다. 그러므로 문제해결과 의사결정 과정에서 범할 수 있는 오류를 찾아내고 줄이는 노력이 필요하다.

1. 문제의 특성을 분석하는 방법

가. 문제의 본질을 분석하라

문제의 특성을 분석할 때, 제일 먼저 해야 할 일은 문제에 관한 기본적 정보를 종합적으로 수집 · 정리하고, 이를 기초로 문제의 본질을 이해하는 것이다. 문제의 본질을 정확하게 이해해야만 문제의 원인을 정확하게 찾아낼 수 있고, 문제를 해결하기 위한 효과적인 아이디어를 개발할 수 있다. 그러므로 문제의 본질을 분석하는 일은 문제진단 과정에서 가장 중요한 부분이다.

문제에 관련된 모든 정보, 사실, 가정은 사람이 만든 것이기 때문에 오류가 있을 가능성이 매우 높다. 그러므로 문제에 관련한 정보와 사실들을 객관적으로, 과학적으로 점검하면서 문제의 본질을 정확하게 분석하고, 이해하는 것이 중요하다. 또한 문제의 본질을 분석할 때는 혼자보다는 그룹으로 함께 하는 것이 바람직하다. 그룹으로 문제의 특성을 함께 분석하면 문제에 관한 다양한 정보를 공유할 수 있고, 다양한 측면에서 객관적으로 점검해 볼 수 있다.

문제의 본질은 다음과 같은 항목들을 중심으로 분석해야 한다.

- 문제의 목표는 무엇인가? 문제의 목표는 타당한 수준인가?
- 문제의 실제 결과와 성과는 어느 정도인가? 목표 대비 성과 간의 차이는 어느 정

도인가?

- 문제는 언제, 어디에서, 왜 발생하였는가?
- 문제를 해결하지 않으면 어떤 영향을 주는가?
- 문제는 어떻게 변화하고 있는가? 얼마나 지속되는가?
- 문제에 관련된 사람들은 누구인가? 그들의 이해관계는 무엇인가?
- 문제에서 선택가능한 요소들은 무엇인가? 환경적 요소들은 무엇인가?
- 문제와 유사한 사례들은 무엇인가?
- 문제와 관련한 내부 및 외부환경 변화는 무엇인가?
- …

문제의 본질을 분석할 때는 기술적 특성, 도표와 차트와 같은 기본적인 통계적 기법과 인지기법, 파레토기법, 육하기법, 시스템다이어그램기법, KT기법, 브레인스토밍기법, Do-Nothing기법, What-If분석기법, 시나리오분석기법, 시나리오플래닝기법 등과 같은 정성적 기법을 활용하는 것이 바람직하다.

사례 15 스마트폰이 세상을 바꾼다

1. 사례 본문

스마트폰이 온 세상을 바꾸고 있다. 스마트폰은 '손안의 PC'로 불리며 사람들의 라이프스타일과 업무환경, 사회시스템 등에 막대한 영향력을 미치면서 '스마트 빅뱅'의 불을 지피고 있다. 이 같은 변화의 물결은 최근 1년간 스마트폰 보급이 급격히 증가하면서 시작됐다. 15일 이동통신업계에 따르면 스마트폰 가입자는 올해 10월말 기준 520만 명을 넘어섰다. 우리나라 국민 10명 중 1명이 스마트폰을 사용하는 셈이다.

스마트폰이 주목받는 이유는 무궁무진한 활용성과 개방성이 사용자들을 열광시키기 때문이다. 휴대폰을 단순히 이동가능한 음성전화에서 PC에 버금가는 수준의 정보처리능력과 이동성을 겸비한 멀티미디어시대 통합정보 단말 및 엔터테인먼트기기로 탈바꿈시킨 것이 스마트폰이다. 그만큼 스마트폰의 파괴력은 크다.

스마트폰이 대중 속으로 빠르게 흡수되면서 사람들의 일상도 달려졌다. 언제 어디서든 스마트폰으로 실시간 정보검색이 가능해져 낯선 곳에서 맛집을 찾거나 길을 잃어 헤맬 필요가 없어졌다. 애플리케이션을 통해 외출 전에는 날씨정보를 파악해 우산을 챙길 수 있으며, 버스 위치를 확인해 정거장에서 기다리는 시간을 줄일 수 있게 됐다. 수많은 앱의 종류만큼이나 사용자의 목적에 따라 엔터테인먼트나 공부, 업무, 증권, 쇼핑 등 거의 모든 분야에서 활용되고 있다. 스마트폰은 개인과 개인을 연결해주는 매개체 역할을 하면서 이전에 없었던 새로운 사회적 관계도 형성했다. 장소에 구애받지 않고 트위터 등 다양한 소셜네트워크서비스(SNS)를 통해 빠르고 긴밀한 소통이 가능해졌기 때문이다. 시시각각 여론을 느끼려는 정치인과 연예인, 기업 등도 이 같은 수단을 이용해 소통에 나서는 추세다.

스마트폰은 개인과 기업의 사업환경에도 혁명을 일으켰다. 소상공인들은 스마트폰으로 경영 및 매장 관리 정보를 실시간으로 얻고 이를 사업에 활용하고 있다. 기업도 스마트폰을 기반으로 모바일 오피스를 구축하면서 사내 통신망에서 전자결재와 임직원 조회 등의 업무뿐만 아니라 현장관리, 자금 · 설비 등 전 영역에 걸쳐 이용하고 있다. 스마트폰으로 인해 새로운 직업도 생겨났다. 앱 개발에 나서는 1인 창조기업이 늘면서 청년실업 해소에도 긍정적 역할을 하고 있다.

그러나 스마트폰은 역기능도 수반하고 있다. 스마트폰에 익숙하지 않은 사람들은 디지털기기에 거부반응을 일으키는 '디지털 스트레스'를 호소하는 경우도 있다. 스마트폰 조작에 어려움을 느끼는데 업무상 필요에 따라 사용을 강요받으면서 스트레스로 작용하는 것이다. 이들은 '스맹(Smartphone+盲)'에서 벗어나기 위해 외부 전문강사들의 강의를 듣는가 하면 스터디그룹을 꾸리는 경우도 있다. 반면 스마트폰이 없으면 생활을 할 수 없고 초조함이나 불안감을 호소하는 의존증을 보이는 경우도 있다. 사람과 직접 만나 얼굴을 보며 대화하는 것보다 스마트폰을 통해 SNS를 이용하는 것이 마음이 더 편한 대화단절 현상도 나타난다. 스마트폰으로 대화하고 교류하는 게 더 편한 사람들은 나를 노출시키지 않으면서 의견을 내고, 다른 사람의 생각은 보고 싶은 심리가 작용하는데 젊은층일수록 이런 현상이 강한 측면이 있다.

건강에도 악영향을 미칠 수 있다. 화면이 작은 스마트폰을 이용하는 시간이 늘면서 시력 저하와 목이 구부정하게 굽는 '거북목 증후군' 등을 초래하는 사례가 늘고 있다. 특히 작은 화면을 오랫동안 보면서 안구건조증도 발생하는 경우가 늘고 있다. 일반적으로 스마트폰 화면에 떠 있는 글씨 등을 들여다볼 때 1분당 눈 깜빡임 횟수는 약 5회로, 평균 눈 깜빡임 횟수인 15~20회보다 훨씬 적다. 노안이 온 사람은 화면이 제대로 보이지 않아 눈 근육에 힘을 주고 들여다보게 되므로 눈을 더욱 깜빡이지 않게 된다. 눈을 깜빡일 때 눈물이 마르는 시간은 약 10초 정도이므로 적어도 10초에 한번 씩은 눈을 깜박거려야 한다. 스마트폰을 사용하면서 기기조작과 문자입력을 위해 엄지나 검지 등 특정 손가락만 계속 사용해 해당 손가락의 관절 부위 인대나 근육에 무리가 가는 경우도 많아졌다. 엄지손가락은 가장 힘이 많이 들어가고 자주 사용하기 때문에 엄지손가락에 관절염이 생기는 경우가 많다. 혹자는 이를 블랙베리라는 이름의 스마트폰 사용에서 비롯돼 '블랙베리증후군'으로 부르기도 한다. 블랙베리증후군은 휴대전화 메시지, 휴대용 게임을 즐기는 청소년에게 주로 나타나며 관절이 경직되기 쉬운 겨울철에 많이 발생한다. 증상이 심해지면 골극(뼈가시)이 형성되는데 이렇게 되면 손가락 마디에 변형이 생겨 수술이 필요할 수도 있다.

모바일 보안문제도 심각한 수준이다. 스마트폰 뱅킹 이용자가 100만 명에 달하고 있지만 이에 대한 보안체계는 취약해 해킹 공격에 무방비 상태다. 게다가 스마트폰 분실 시 각종 웹사이트의 개인정보와 업무자료 등이 유출될 우려가 크다. 사용자의 위치를 실시간으로 추적하는 앱이 보급되면서 사생활 침해 논란이 불거지기도 했다

출처 : 아시아투데이(2010. 11. 16)

2. 시사점

모든 문제들은 기회와 위협, 장점과 단점 등 모두 양면을 가지고 있다. 그러므로 문제의 특성을 정확하게 분석해서 문제가 가지고 있는 긍정적 측면과 부정적 측면을 함께 보는 지혜가 필요하다. 이를 통해서 기회는 살리고 위협을 줄이고, 장점은 강화하고, 단점은 보완하는 지혜를 가져야 한다.

나. 문제의 원인을 찾아라

문제의 본질을 이해한 다음에는, 문제를 일으키는 원인을 정확하게 찾아내야 한다. 문제의 원인을 정확하게 찾아내지 못하면 문제의 해결방안을 찾을 수 없기 때문에 문제해결은 실패하게 된다. 그러므로 문제의 원인을 객관적인 사실을 중심으로 과학적으로 정확하게 찾아내어야 한다.

문제의 원인을 분석할 때 문제에 관련한 사실과 가정에 대해서 "왜"라는 질문을 하면서 점검을 해야 한다. 문제에 관한 모든 사실과 가정은 사람들이 만든 것이기 때문에 오류가 있을 가능성이 매우 높다. 따라서 문제에 관련한 모든 사실과 가정들은 객관적으로 분석할 필요가 있다.

또한 문제원인을 분석하는 과정에서 가장 주의해야 할 일 중 하나는 문제의 책임 소재에 너무 집착하지 말아야 한다. 문제의 원인을 분석하는 과정에서 책임소재를 따지면 책임공방 때문에 문제의 원인을 정확하게 분석하지 못할 가능성이 많기 때문이다. 그러므로 문제의 원인을 분석할 때는 무엇(what)이, 왜(why) 발생하였는지에 관점을 두고 분석하고, 누가(who) 책임을 져야 하는지에 대한 논의는 미루는 것이 바람직하다.

■ 가설의 활용

문제의 원인을 분석할 때는 가설(hypothesis)을 활용하는 것이 바람직하다. 문제의 원인이 될 수 있는 항목들을 잠재적인 가설로 설정하고, 이 가설을 뒷받침할 수 있는 정보를 수집하고 분석해서 문제의 원인을 체계적으로 찾아야 한다. 이때 복잡한 가설은 문제의 원인을 찾기 어렵게 만들기 때문에 단순하게 여러 개를 만드는 것이 바람직하다. 또한 가설이 많을수록 문제의 원인을 다양한 각도에서 분석할 수 있기 때문에 다양한 가설들을 만드는 것이 바람직하다.

■ 인과관계의 분석

문제의 원인을 찾기 위해서는 문제를 일으키는 원인(cause)과 문제의 결과(effect) 간의 인과관계(causality)를 분석해야 한다. 문제를 일으키는 원인과 결과 간의 관계를 입증하지 못하면 찾아낸 원인이 문제의 진짜 원인이라고 할 수 없다. 원인과 결과 간의 인과관계가 존재하기 위해서는 다음과 같은 세 가지 조건을 가지고 있어야 한다.

- 원인과 결과는 관련성이 있어야 한다. 따라서 원인으로 생각되는 요인과 문제의 결과가 동시에 변하고 있는지를 확인해야 한다.
- 결과는 원인에 의해서 일어나는 산출물이다. 따라서 원인이라고 생각되는 요인이 문제의 결과보다 시간적으로 먼저 일어났는지를 확인해야 한다.
- 결과가 다른 요인에 의해서도 일어난다면 원인이 유일한 원인이라고 할 수 없다. 따라서 원인이라고 추정되는 요인 이외 다른 요인으로 결과가 발생하는지를 점검해야 한다.

■ 원인과 징후의 분리

문제의 원인을 찾는 과정에서 가장 많이 범하는 오류 중 하나가 원인(cause)과 징후(symptoms)를 혼동하는 것이다. 예를 들어서 감기의 원인은 바이러스이고, 감기의 징후는 열이 나고, 기침을 하고, 콧물이 나는 것이다. 이때 감기의 원인인 바이러스를 치료하지 않고, 징후인 열, 기침, 콧물을 해결하려고만 한다면 감기를 치료할 수 없다. 그러므로 문제의 원인과 징후를 정확하게 분리하는 일이 중요하다. 특히 기업의 문제는 매우 복잡한 특성을 가지고 있기 때문에 원인과 징후를 혼동하는 경우가 많다. 이때 원인이 아닌 징후에 초점을 두고 해결하려고 하면 문제를 해결할 수 없다.

■ 과학적 문제해결기법의 활용

문제의 원인을 객관적으로 분석하기 위해서는 과학적인 문제해결기법을 사용하는 것이 바람직하다. 문제해결기법을 활용하면 문제의 원인을 보다 객관적으로, 과학적으로, 효율적으로 분석할 수 있다. 문제의 원인을 분석할 때 사용할 수 있는 방법으로는 인과관계다이어그램기법, 드릴다운기법, 로직트리기법, 입력/출력기법, 관련성 시스템분석기법, Why-Why기법, 델파이기법, 미래의 수래바퀴기법, 시나리오계획기법, 교차영향분석기법, 브레인스토밍기법, 반브레인스토밍기법 등이 있다.

사례 16 고객불만의 원인을 찾아라

1. 사례 본문

올해로 65세를 맞은 A씨는 최근 친구들에게 생일 턱을 냈다가 체면을 구겼다. 생일턱 비용을 카드로 결제하려 했는데 친구들이 모두 보는 자리에서 식당 종업원이 카드 사용한도 초과라고 말해버린 것이다. 사실 그도 결제를 하기 전에 슬쩍 화장실에 들러 휴대전화로 카드사에 잔여 한도를 문의하려 했었다. 하지만 카드사의 전화 자동응답서비스(ARS)의 멘트가 하도 장황하고 복잡한 전화버튼 조작을 요구해 포기하고 말았다.

노령층 카드회원이라면 한번쯤 겪었거나 주변에서 들어봤음직한 상황이다. 국내 카드 브랜드들은 한결같이 스마트폰과 같은 최첨단 기기와 결합해 고객편의 서비스를 개발했다고 광고하고 있지만 정작 A씨와 같이 오랜 기간 카드를 써온 노령층의 충성고객들에게는 불편하고 소외당하는 느낌만 들뿐이다. 그런 노령 카드회원들에게 지난해 말 솔깃한 뉴스가 날아들었다.

현대카드가 65세 이상 회원에게는 복잡한 자동응답서비스를 거치지 않고도 한 방에 상담원과 직통연결을 해주는 '실버케어서비스'를 도입했다고 소개한 것이다. 현대카드의 신개념 고객민원처리 서비스 개발은 여기에 그치지 않았다. 지난 5월에는 ARS시스템이 고객과 간단한 대화를 나누듯 사람처럼 민원을 처리하는 음식인식 ARS를 개시해 화제를 모았다. 또 문자통신에 익숙한 신세대 등을 겨냥해 문의사항을 휴대폰 문자메시지 등으로 보내면 문자로 곧바로 답변해주는 민원처리시스템을 선보이는 등 고객만족경영의 신기원을 연일 열어가고 있다. 국내 20여 개 유수 카드 브랜드 중 유독 현대카드가 고객서비스의 혁신을 선도하는 비결은 무엇일까?

그 비결은 고객불만 유발요인을 사전에 해소하는 선제적 시스템에 있다. 이 회사는 각 본부별로 릴레이션십 매니저(RM : Relationship Manager)라는 직책을 두고 있는데 RM은 각 부서 간에 얽힌 업무 비효율을 파악해 개선하기 위한 조율 역할을 하고 있다. 이들의 활약으로 현대카드의 서비스 처리속도는 한층 신속해졌고, 고객의 불편을 초래할 우려사항도 크게 개선됐다. 지난해만 해도 RM들이 457건의 개선과제를 제시했는데 올 4월까지 이 중 363건이 처리됐을 정도로 조직이 살아 움직이고 있다. 이처럼 사내 조직이 역동적이고 창의적으로 움직이다보니 고객만족을 위한 혁신적 아이디어도 샘솟을 수 있는 것이다.

경영진의 솔선수범도 현대카드의 고객만족서비스(CS)가 앞서가는 비결로 꼽힌다. 이 회사는 '경영진 고객불만해결 프로그램'을 지난 3월부터 도입해 전 경영진이 고객불만을 직접 해결하고 있다. 이례적으로 시행하는 일회성 이벤트가 아니다. 경영진의 시각에서 고객불만의 근본원인을 규명하고 시사점을 도출하게 하는 데 주요 목적이 있다. 특히 이 과정을 거쳐 도출된 처리결과와 개선사항 역시 경영진의 관심하에 철저히 관리되기 때문에, 모든 임직원에게 큰 시사점과 파급효과를 주고 있다. 이 회사 관계자는 "지난해 하반기부터 전사적으로 10개의 CS 개선과제를 도출해 관련 업무를 쇄신하고 있다"며 "이를 위해 서비스 가격을 고객의 입장에서 합리적으로 책정하고, 고객에게 신속하고 편리한 프로세스를 제공하며 고객과 친절하게 정확하게 의사소통하도록 내부기준이 정립됐다"고 소개했다.

출처 : 서울경제(2010. 6. 28)

2. 시사점

이사례는 문제의 근본적인 원인을 선제적으로 찾아내는 것이 얼마나 중요한지 보여주는 사례이다. 고객만족도 향상을 위해 많은 카드사들이 최첨단 서비스를 제공하고 있지만 정작 고객들이 느끼는 불편은 가중될 뿐이다. 반면 현대카드는 고객이 느끼는 불만의 근본적인 원인이 무엇인지 사전에 찾아내

적절하게 대응함으로써 큰 효과를 거둘 수 있었다. 의사결정자는 문제 뒤에 숨어 있는 근본적인 원인을 찾아내는 노력과 지혜가 필요하다.

다. 문제에 숨어 있는 가정을 분석하라

문제의 특성을 분석할 때는 문제에 숨어 있는 가정들을 찾아내어서 타당성을 분석해야 한다. 문제해결과 의사결정을 할 때 사람들은 많은 가정을 하게 되는데, 이들 가정들이 실제로는 존재하지 않을 수도 있고, 존재한다 하더라도 틀린 가정일 수 있다. 이때 가정들이 잘못되면 문제해결과 의사결정을 실패하게 된다. 그러므로 의사결정 과정에서 의사결정자가 가지고 있는 가정들이 무엇인지를 찾아내고, 이들 가정들이 타당한지를 검증할 필요가 있다. 일반적으로 문제해결과 의사결정과정에서 갖게 되는 가정은 크게 개인, 조직, 문화의 세 가지 측면에서 만들어진다.

■ 개인적 가정

가정을 분석할 때는 제일 먼저, 의사결정자들이 개인적인 측면에서 가지고 있는 가정들을 찾아내야 한다. 의사결정자들은 스스로 부과한 가정이나 제약조건 때문에 문제를 올바르게 보고 있지 못하고, 잘못 분석할 수도 있다. 예를 들어서 기억력의 제약, 사물을 보는 시각, 사물을 받아들이는 스테레오 타이핑, 의문을 갖는 태도 차이, 위험에 대한 감내 정도, 문제해결에 사용하는 언어의 제약과 같은 요인들 때문에 의사결정자는 스스로 잘못된 가정을 만들 수 있다. 그러므로 의사결정자가 가지고 있는 가정을 명확하게 나열한 후 이들의 타당성을 검토할 필요가 있다.

■ 조직의 가정

두 번째 유형의 가정은 의사결정자가 속해 있는 조직과 기업의 특성에 의해서 만들어진 가정들이다. 예를 들어서 “이 사업은 우리 분야하고 맞지 않아”, “우리 상사는 혁신적인 아이디어를 싫어해” 등의 가정을 할 수 있다. 이 같은 가정들은 기업과 조직 내에서 만들어진 가정들이다. 일반적으로 기업업종, 조직문화, 리더십스타일, 평가시스템, 경영미션, 목표, 인력, 예산 등과 같은 요인들에 의해서 조직의 가정들이 만들어진다.

■ 문화적 가정

마지막으로, 의사결정자가 속해 있는 사회문화에 의해서 만들어진 가정들을 분석해 보아야 한다. 사회문화에 따라서 문화 속의 타부, 지향하는 시간대의 차이, 사물에 대한 관념, 변화에 대한 태도, 과학적 문제해결방법에 대한 태도 등에 따라서 다양한 형태의 가정이 만들어진다. 예를 들어서 "한국사회에서는 사업을 하다가 실패하면 재기가 힘들다", "미국과 유럽 CEO들은 직원을 해고하는 것을 쉽게 생각하는 반면에 동양권의 CEO들은 직원 해고를 보다 심각하게 생각하는 것" 등도 문화적 차이에서 발생하는 가정들이다. 이처럼 의사결정자가 살고 있는 문화는 다양한 종류의 가정과 제약조건을 만들게 된다. 그러므로 의사결정자가 가지고 있는 문화적 가정을 찾아서 분석할 필요가 있다.

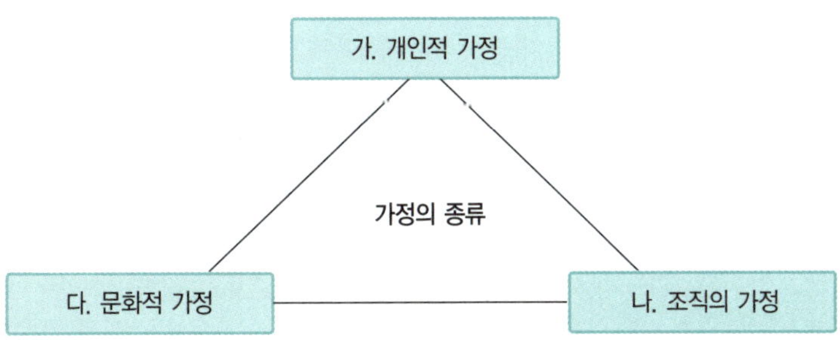

가정을 분석하는 기법으로는 가정분석기법, 반브레인스토밍기법, 적합성검정기법, 문제범위조사기법 등이 있다.

사례 17 인도 자동차시장의 잘못된 판단

1. 사례 본문

지난달 4일 현대자동차 인도공장은 설립 12년 만에 생산 및 판매 300만 대를 돌파했다며 축하행사를 했다. 인도를 방문한 한국인들은 거리에서 현대차 쌍뜨로(국내명 : 아토즈)와 i30를 쉽게 볼 수 있다. 현대자동차는 인도에 사는 한국인들에게 인도의 '권오중'이라는 별칭을 가진 인도 최고 인기배우 샤룩칸(Shah Rukh Khan)을 모델로 기용해 인기몰이에 성공했으며 인도 자동차시장의 20%를 점유하는 기염을 토했다. 현대자동차는 현지기업인 타타, 일본의 혼다, 미국의 GM을 모두 눌렀다.

그러나 현대차의 이런 발군의 실적에도 불구, 인도 자동차시장의 52.8%(2009년 기준)를 점유하는 마루티-스즈키의 입지는 흔들리는 기색이 없다. 오히려 마루티-스즈키의 시장점유 증가율은 2008년에 비해 2.8% 증가했다. 전문가들은 현대자동차보다 성능, 가격, 서비스 등 어느 면에서나 나을 것이 없는 마루티-스즈키가 지속적인 성장을 할 수 있는 해답은 '농촌'에 있다고 말한다.

사실 마루티-스즈키를 제외한 많은 자동차업체들은 인도의 농촌의 실상을 보고 '자동차를 팔 수 없을 것'이라고 단정해 버릴 정도였다. 그도 그럴 것이 농촌인구 대부분이 하층 카스트로 자동차를 살 금전적 능력이 안될 뿐만 아니라, 자동차가 다닐 수 있는 도로 인프라조차 갖춰져 있지 않았기 때문이다. 델리나 뭄바이 같은 대도시, IT · 금융산업이 발달한 뱅갈로르, 하이데라바드 · 수라트 · 루디이아나 등 대도시 근교의 신흥도시에서 자동차수요가 자동으로 늘어나는 상황에서 굳이 농촌에까지 영업을 개시할 필요가 없었던 것이다.

그러나 마루티-스즈키는 1983년부터 자동차 판매를 해온 경험을 바탕으로 농촌에 지속적인 관심을 쏟아왔으며 2007년에는 '모든 집에 마루티를'를 이란 회사 비전을 공표했다. 즉 도심지역 영업뿐 아니라 인도 농촌공략에 나서겠다는 의지의 표명이었다. 실제로 마루티-스즈키는 지방 딜러망과 영업인력을 확충하고, 지방 금융권과 제휴해 자동차 할부금융을 활성화했다. 결국 마루티-스즈키는 인도 상위 10개 도시 시장점유율은 49%, 상위 30개 도시 이외에 지역에서의 시장점유율은 58%를 기록했다.

마루티-스즈키가 농촌공략을 위해 사용한 마케팅방법 중 특별할부 금융프로그램은 인도 농촌 상황을 특별히 고려한 방식이다. 인도 농민들의 소득이 1년에 두 번, 추수시기에만 발생한다는 것과 농촌경제의 핵심이 그 해 강수량에 의해 결정된다는 것을 감안해 지방 금융권과 제휴해 상품을 개발했다. 인도 농촌은 6~8월에 걸쳐 있는 몬순에 내리는 강우량에 따라 다음 몬순기까지의 살림살이 역량이 정해지는 구조가 이어지고 있다. 인도에서 농업이 기반인 지역의 인구비중은 2008년 기준으로 약 74%를 기록하고 있다. 인도시장을 이야기할 때 흔히 '12억 시장'이라고 부르곤 하지만 74%나 되는 농촌인구는 델리나 뭄바이에 사는 도시인구와는 여러 방면에서 다르기 때문에 '농촌공략'을 하지 못한다면 사실 12억 공략은 반쪽짜리나 다름없는 셈이다.

출처 : 조선비즈(2010. 9. 2)

2. 시사점

이 사례는 의사결정과정에서 숨어 있는 가정을 찾아내고 그에 대한 타당성을 검토하는 것이 얼마나 중요한지 보여주는 사례이다. 마루티-스즈키는 자동차는 농촌 소비자들이 살 수 없는 고가품이라는 가정을 찾아내고, 이를 극복할 수 있는 방안들을 만들어서 높은 시장점유율을 달성할 수 있었다. 이처럼 문제해결과 의사결정을 할 때 숨어 있는 가정의 타당성을 검토하고 극복하는 일은 매우 중요하다. 대부분의 문제해결의 실패는 이들 잘못된 가정에서 발생하게 된다.

라. 문제에 관련한 관점과 프레임을 분석하라

마지막으로, 문제를 인식하고 받아들이는 의사결정자의 관점(perspectives)과 프레임(frame)이 타당한지를 분석할 필요가 있다. 의사결정자의 관점이란 문제를 인식하는 방향을 의미한다. 예를 들어서, 회사의 시장점유율이 50%를 달성했을 때 "시장점유율이 50%나 되네" 혹은, "시장점유율이 50% 밖에 안 되네"라고 서로 다른 방향으로 받아들이는 것은 의사결정의 관점이 다르기 때문이다. 또한 의사결정자의 프레임이란 문제를 인식하는 범위와 틀을 의미하는 것이다. 예를 들어, 매출이 감소했을 때 단순하게 마케팅부서의 문제로 그 범위를 한정하는 경우와 혹은 회사 전체의 경쟁력 저하의 문제로 인식하는 경우의 차이는 문제를 받아들이는 범위와 틀인 프레임이 다르기 때문이다.

이처럼 문제를 인식하는 관점과 프레임에 따라서 문제의 특성이 달라지게 되고, 나아가서 중요도와 긴급 정도가 달라지게 된다. 그러므로 문제의 특성을 분석할 때는 문제를 인식하고 받아들이는 의사결정자의 관점과 프레임이 타당한지를 점검해 볼 필요가 있다.

의사결정자의 관점과 프레임이 적정한지를 분석하기 위해서는 제일 먼저, 의사결정자가 보고 있는 관점과 프레임을 명확하게 기술할 필요가 있다. 많은 경우, 문제에 관한 정보와 시간이 부족하고, 감정이 개입되기 때문에 문제를 주관적인 입장으로 받아들이면서 문제에 대한 관점과 프레임이 틀어지게 될 가능성이 많다. 그러므로 의사결정자가 가지고 있는 관점과 프레임을 명시적으로 표현한 다음에, 이들 관점과 프레임이 정확한지, 타당한지를 점검해 볼 필요가 있다.

관점과 프레임이 타당한지를 분석하기 위해서 문제를 다른 형태로 표현하거나 다양하게 재구성해 볼 필요가 있다. 또한 문제를 공간적 차원, 시간적 차원, 계량적 차원 등의 다양한 차원으로 나누어보고 각 차원에서 무엇을, 어디서, 언제, 얼마 동안, 얼마나 심각하게 등의 질문을 통해서 문제의 관점과 프레임을 분석해 볼 필요가 있다.

관점과 프레임을 분석하는 방법으로 문제범위확대기법, 문제재정의기법, 다차원분석기법, 전후계획법, Why Method기법, 문제재구성매트릭스기법, 대안관점기법 등 많은 기법들이 있다.

사례 18 위기를 기회로 바꾸는 전화위복 경영

1. 사례 본문

작용이 있으면 반작용이 있게 마련이다. 동양고전 「회남자(淮南子)」는 "인간사 새옹지마다. 화와 복이 같은 문으로 들어오고, 이익과 손실은 바로 이웃해 있다"고 했다. 일의 양쪽 측면을 모두 볼 수 있는 능력이 전화위복의 기회를 살린다.

1991년 가을 연이은 태풍으로 일본 아오모리현의 사과가 90% 정도 떨어져 버렸다. 애써 재배한 사과가 90%나 팔 수 없게 되자 사과를 재배하던 농민들은 한탄과 슬픔에 빠졌다. 대다수 농민들이 떨어진 90%의 사과에 절망하고 있을 때 한 농부는 매달린 10%의 사과에 주목했다. 그 농부는 수험생에게 "태풍에도 떨어지지 않은 합격사과" 브랜드를 만들어 오히려 더 많은 돈을 벌었다.

2006년 독일 월드컵 당시 라이프치히 축구장에서 프랑스는 한국과 1:1 무승부를 이뤘다. 프랑스의 공격수 지네딘 지단은 경기 후반에 강제퇴장을 당해 그의 생일날에 열리는 프랑스-토고전을 뛸 수 없게 됐다. 축구장을 빠져나간 지단은 분을 이기지 못하고 라커룸을 발로 걷어찼다. 축구장측은 당초 지단에게 파손된 라커룸에 대한 배상을 요구하고 수리할 생각이었다. 그러나 곧 생각을 바꿨다. 지단의 발길질이 기념이 되었기 때문이다. 축구장측은 지단이 찬 부분에 금테를 두른 다음 11유로(약 1만 4,000원)의 입장료를 받고 라커룸을 일반에 공개했다. 축구팬들이 역사적 사건을 직접 보려고 앞다퉈 축구장을 찾았다. 여행가이드가 지단의 발길질을 흉내 내면 관람객들은 웃고 박수를 친다. 라이프치히 축구장의 역발상이 전화위복을 만들었다.

2005년 부산에서 열린 APEC 정상회담에 참가한 정상들에게 의전차량이 제공되었다. 정상회담이 끝나고 이 의전차량을 처리하는 방식이 자동차회사마다 달랐다. 한 자동차회사는 의전차량을 중고차로 생각해 렌터카회사에 헐값에 팔았다. 또 다른 자동차회사는 의전차량을 정상들이 탔던 명품차로 생각했다. 한정판의 배지를 트렁크에 부착하고 정상들의 사인을 받아 차량 구매자에게 전달했다. 2억 원이 넘는 고가의 자동차 150대가 단 4시간 만에 모두 팔렸다.

우리나라의 '아토즈' 경차는 실내공간을 넓히기 위해 차 지붕을 높였다. 실내공간을 늘리기 위한 독특한 디자인은 오히려 소비자의 외면을 받았다. 자동차회사는 아토즈의 높은 지붕을 해로움에서 이로움으로 바꾸는 마케팅을 펼치기로 했다. 아토즈는 국내 시장에서 눈을 돌려 터번을 쓰는 인도 소비자를 공략했다. 아토즈의 전화위복 마케팅은 대성공이었다. 아토즈는 시장점유율 1위를 차지하여 인도 국민차로 탈바꿈했다.

해로움을 발생시키는 원인을 제3의 다른 용도로 생각하면 전회위복의 새로운 발명이 된다. 대형 컨테이너선의 프로펠러가 돌면 그 주변에 소용돌이가 생겨 배의 속도가 떨어진다. 한 조선회사는 컨테이너선 프로펠러 뒤에 작은 비행기 날개를 달았다. 소용돌이 물살이 날개를 만나 배를 들어 올리는 양력을 발생시켰다. 해로운 소용돌이를 이롭게 이용하는 아이디어는 연료를 5%나 절감시킨다. 헬렌 켈러는 "하나의 문이 닫히면 다른 문이 열린다. 하지만 우리는 닫힌 문만 열심히 쳐다볼 뿐, 우리에게 열려 있는 다른 문은 보지 않는다"고 했다. 좋은 점과 나쁜 점이 함께하는 경우가 많다. 문제를 넓은 관점에서 바라보면 위기를 기회로 바꾸는 전화위복 경영이 나온다.

출처 : 제주일보(2010. 11. 4)

2. 시사점

이 사례는 문제를 바라보는 관점이 얼마나 중요한지를 보여주고 있다. 의사결정자들이 동일한 문제를 가지고 어떻게 그 문제를 바라보느냐에 따라서 문제가 될 수도 있고, 기회도 될 수도 있다. 이 같은 관점 차이에 따라서 문제를 해결하는 방법이 달라지게 되고, 그 결과도 달라지게 된다. 그러므로 의사결정자는 문제해결을 할 때 항상 관점과 프레임이 타당한지를 점검할 필요가 있다.

»» 2. 문제의 특성분석기법의 이해

문제해결과 의사결정의 2단계인 문제의 특성을 분석하는 단계에서 활용할 수 있는 기법들을 설명하고 있다.

번호	기법	개요와 핵심 용어
12	인지기법	• 문제와 관련한 간단한 사실로부터 출발해서 이에 관련한 질문을 해 나가면서 문제를 이해하는 기법 • 사실, 관련질문, 문제이해
13	단어게임기법	• 자유연상의 방법을 이용해서 문제를 기술한 단어를 바꾸거나 변화시켜 가면서 문제의 본질을 이해하고 다양한 대안을 만들어 보는 기법 • 자유연상, 단어변환, 문제이해
14	시스템다이어그램	• 문제를 구성하는 요소가 무엇이고, 이들 요소들이 어떻게 상호작용하는지를 그림으로 분석해서 문제를 이해하는 기법 • 구성요소, 인과관계, 그림
15	인과관계다이어그램	• 인과관계다이어그램을 활용하여 문제를 세분화해 가면서 문제의 원인과 대안을 찾는 기법 • Fish Bone Diagram, 인과관계, 대안탐색
16	Why-Why기법	• 왜(why)라는 질문과 그에 대한 답을 찾아가면서 문제의 원인을 체계적으로 찾기 위한 기법 • why 질문, 문제의 원인, 도형화
17	KT기법	• 문제와 관련한 사실과 사실이 아닌 것을 정확히 구분해서 문제를 분석하고, 문제 원인을 찾아내는 기법 • 사실구분, Kepner-Tregoe, 문제의 원인
18	Do-Nothing기법	• 문제를 해결하지 않았을 때 어떤 일이 발생하는지를 분석함으로써 문제의 특성을 분석하는 기법 • 목표설정, Do-Nothing, 문제의 특성
19	가정분석기법	• 의사결정문제에 관련한 숨어 있는 가정을 찾아내고, 가정의 타당성을 분석하는 기법 • 숨어있는 가정, 가정분석, 타당성
20	문제범위확대기법	• 처음에 설정한 문제를 서로 다른 형태로 분해하고 재구성해서 문제를 다시 분석하고 진단하는 기법 • 문제의 분해, 재구성, 문제확대

기법 12. 인지기법

가. 개념

인지기법(appreciation analysis)은 문제와 관련한 간단한 사실로부터 출발해서 이에 관련한 질문을 해 나가면서 문제를 이해하는 기법이다. 이 기법은 군대에서 상황분석을 할 때 널리 사용하는 기법으로서, 모든 문제는 다른 문제와 연계되어 있다는 가정하에 연속적인 질문을 통해서 새로운 사실, 원인, 결과 등을 찾아내는 기법이다.

이 기법은 새로운 문제나 불확실성이 높은 문제의 원인을 분석할 때 유용한 반면에 유용한 정보를 찾아내기 위해서는 체계적인 질문 과정이 필요하다.

예) • 매출감소에 대한 원인분석
• 경쟁제품에 대한 대응방안
• 정보시스템 실패의 원인분석
• 해외시장의 정치적 변화에 대한 대응방안

나. 적용단계

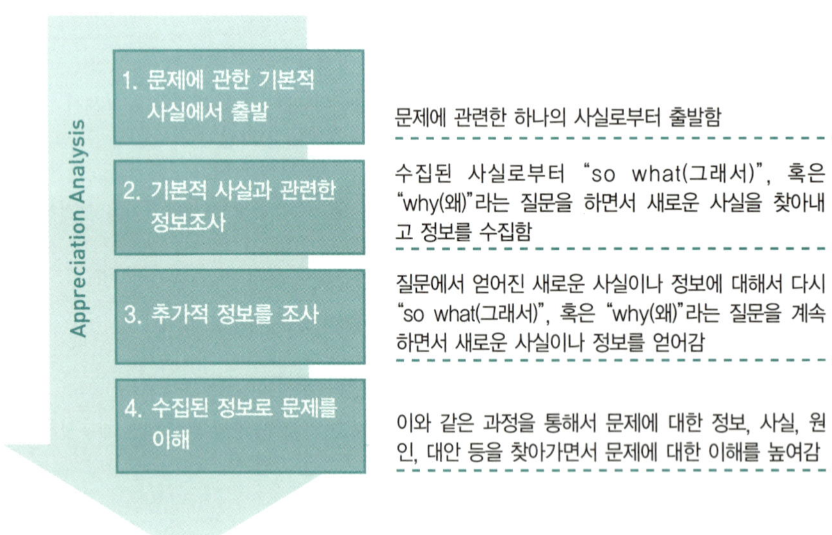

다. 활용사례

대형 백화점에서 지난 달 매출이 갑자기 감소했다. 그래서 영업부서의 책임자인 최은지 본부장은 관련부서 팀장을 소집해서 대책회의를 진행하였다. 매출이 감소한 사실과 관련된 새로운 정보를 수집하기 위해서 인지기법을 적용하였다.

1. 먼저 "지난달에 매출이 감소했다"라는 사실로부터 출발하였다.
2. "매출이 감소했다, 왜?"라는 질문을 하였다. 그 질문에 "고객이 감소했다" 하는 사실이 밝혀졌다.
3. 다음에 다시 "고객이 감소했다, 왜?"라는 질문을 하였다. 그 질문에 "광고가 부족했다"라는 사실이 밝혀졌다.
4. 다음에 다시 "광고가 부족했다, 왜?"라는 질문을 하였다. 그 질문에 "지난달에 광고예산이 줄었다"라는 사실이 밝혀졌다.
5. 다음에 "광고예산이 줄었다, 왜?"라는 질문을 하였다. 그 질문에 "전체예산이 삭감되었다"라는 사실이 밝혀졌다.
6. 다음에 "전체예산이 삭감되었다, 왜?"라는 질문을 하였다. 이에 2달 전에 "매출이 감소되었다"라는 사실이 밝혀졌다.

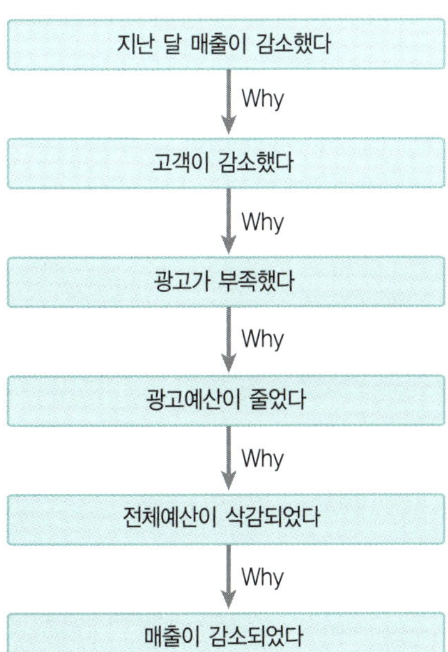

이처럼 지난 달 매출감소, 고객감소, 광고부족, 광고예산 부족, 광고예산 삭감, 전체 예산 삭감, 2달 전 매출감소까지 일련의 사실들이 연결되고, 이에 관한 정보들이 수집되었다.

기법 13. 단어게임기법

가. 개념

단어게임(word game)기법은 자유연상의 방법을 이용해서 문제를 기술한 단어를 바꾸거나 변화시켜 가면서 문제의 본질을 이해하고 다양한 대안을 만들어 보는 기법이다. 이 기법은 문제진단단계와 대안개발단계에서 활용할 수 있는 기법이다.

예) • 판매실적 부진 분석
• 직원사기 향상
• 경영혁신 실패 분석

나. 적용단계

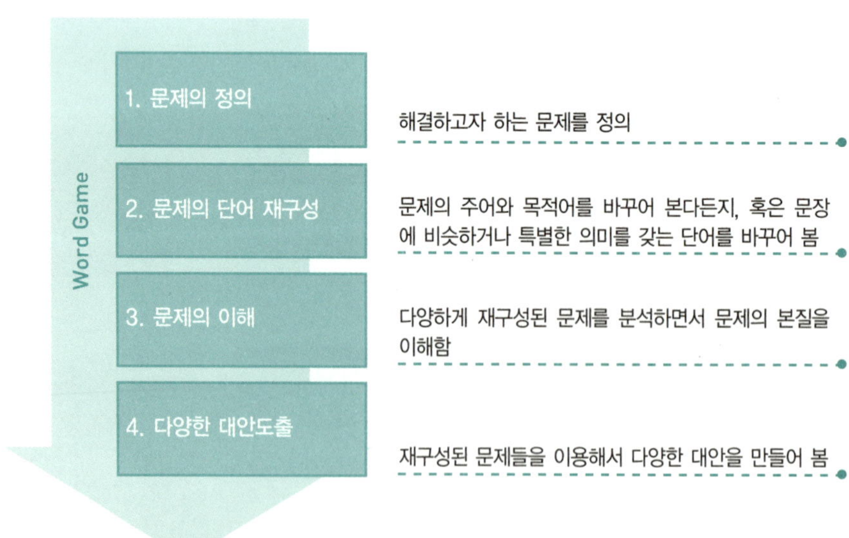

다. 활용사례

대기업의 한 연구소에서는 연구소 특성상 협업과 공동연구가 필요하기 때문에 연구원들 간의 연구 분위기는 매우 중요하다. 그런데 최근 1~2년 사이에 젊은 연구원들의 개인주의가 심하고, 선배 연구원들에 대한 존경심이 부족하다는 불만이 부쩍 늘었다. 이 문제의 심각성을 인지한 정대호 연구소장은 선배 연구원들의 불만을 단어게임방식을 이용해서 분석하였다.

1. 먼저 문제를 "젊은 연구원들은 선배 연구원들의 말을 잘 듣지 않는다"라고 잠정적으로 정의하였다.
2. "젊은 연구원들은 선배 연구원들의 말을 잘 듣지 않는다"라는 문장을 다른 형태로 재구성해 보았다. 그 결과, 다음과 같은 문장들이 만들어졌다.
   - "선배 연구원들은 젊은 연구원들의 말을 잘 듣지 않는다."
   - "젊은 연구원은 선배 연구원을 존경하지 않는다."
   - "젊은 연구원은 선배 연구원의 능력이 낮기 때문에 무시한다."
   - "젊은 연구원은 업무 강도가 높기 때문에 선배 연구원 말을 들을 시간이 없다."
   - "월급 수준이 낮아서 제2의 직업이 필요한 젊은 연구원은 선배 연구원의 말을 들을 시간이 없다."
   - "젊은 연구원들은 평생직장의 개념이 부족하기 때문에 선배 연구원의 말을 잘 듣지 않는다."
   - …
3. 이 같은 방법으로 "젊은 연구원에 대한 선배 연구원들의 말을 잘 듣지 않는다"라는 문장을 여러 형태로 재구성함으로써 문제의 본질과 원인을 다양한 관점에서 이해할 수 있었다.

기법 14. 시스템다이어그램

가. 개념

시스템다이어그램(system diagram)은 문제를 구성하는 요소가 무엇이고, 이들 요소들이 어떻게 상호 작용하는지를 그림으로 분석해서 문제를 이해하는 기법이다. 이 기법은 시간의 흐름에 따라서 변화하는 사회현상과 자연현상을 설명하고, 복잡한 문제의 인과관계를 표현하는 데 유용하다.

예) • 정부규제에 따른 판매 영향분석
• 경쟁사의 전략에 따른 시장구조의 변화
• 조직문화의 진화과정 분석
• 경영혁신 활동의 변화과정

나. 적용단계

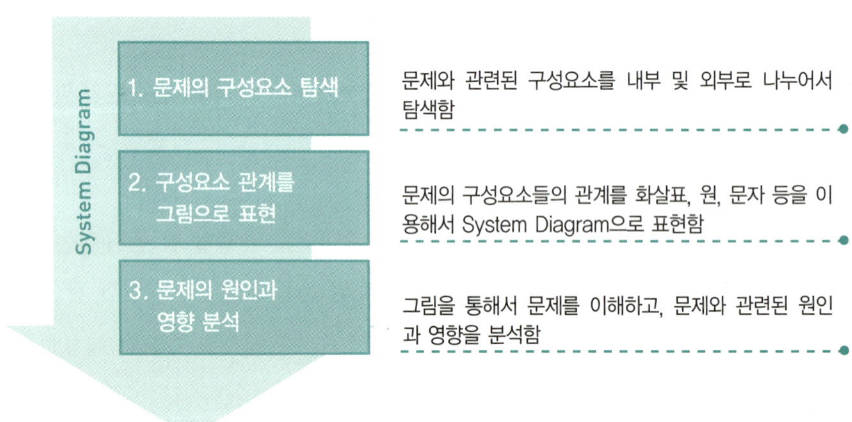

다. 활용사례

대형 백화점은 여성고객의 차를 주차해 주는 새로운 서비스를 도입하였다. 서비스 도입 초기에는 고객들의 호응이 좋아서 여성고객을 유치하는 데 큰 역할을 하였다. 그러나 시행 한 달 후에 주차서비스는 고객들이 가장 많이 불평하는 서비스가 되었다.

이 문제가 진화하는 과정을 시스템다이어그램기법으로 분석해 보았다.

1. 초기에 주차서비스를 도입하면서 서비스 품질에 대한 만족도가 높아져서 고객 만족도가 높아지게 되었다. (※ +는 동일한 방향을, −는 반대방향을 의미함)

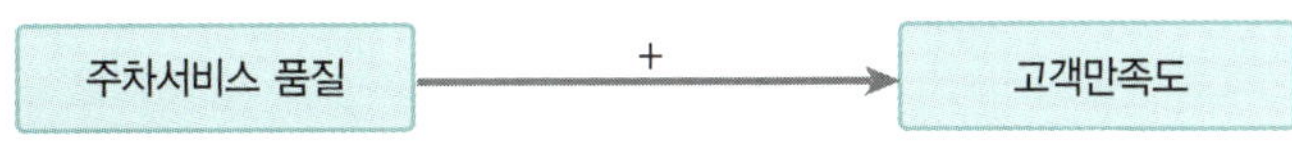

2. 고객만족도가 높아지면서 자연스럽게 주차서비스에 대한 수요가 크게 증가하였다.
3. 주차서비스에 대한 수요가 증가하면서 각 고객에게 서브할 시간과 인력이 부족하게 됨에 따라서 주차서비스의 품질이 낮아지게 되었다.
4. 주차서비스 품질이 낮아짐에 따라서 고객만족도가 낮아지게 되었다. 이 같은 과정을 거쳐서 주차서비스와 관련한 고객만족도와 서비스에 관한 관계를 분석할 수 있었다.

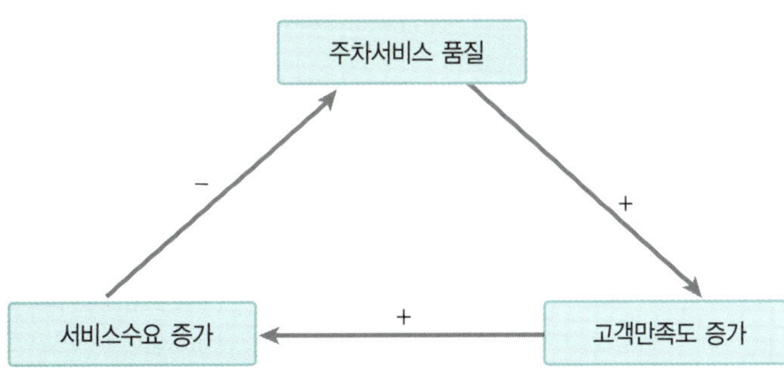

기법 15. 인과관계다이어그램

가. 개념

인과관계다이어그램(cause-effect diagram)은 문제를 세분화해 가면서 문제의 원인과 대안을 찾을 수 있는 기법이다. 이 기법은 기법의 구조가 생선의 머리와 뼈처럼 보이기 때문에 Fish Bone Diagram(Ishikawa diagrams)으로 알려져 있으며, 품질관리 분야에 널리 이용되어 왔다. 이 기법을 사용할 때 여러 부서의 팀원들이 참여한 브레인스토밍 방법을 이용하면 복잡한 문제의 원인과 해결방안을 쉽게 찾을 수 있다.

예) • 생산성향상 방안분석
• 신제품개발의 실패분석
• 제품의 품질향상 방안
• 신규사업의 성공요소분석

나. 적용단계

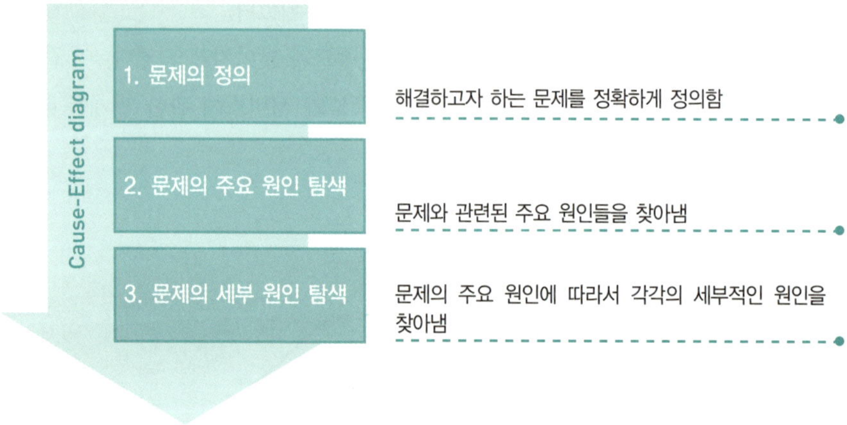

다. 활용사례

유통업체의 판매 책임자인 정대호 부장은 최근 3개월 동안 판매실적이 떨어지고 있는 데 대해서 많은 우려를 하고 있다. 이에 대한 원인과 대책을 찾기 위해서 인과관계 다이어그램을 사용하기로 하였다.

1. 각 부서의 책임자를 소집해서 함께 브레인스토밍을 통해 문제를 분석하기로 하였다.
2. 판매부진에 대해서 관련된 가능한 요소를 찾아보니 광고, 제품, 전략, 경쟁사, 영업, 경제환경 등 모두 6가지 요소로 분류되었다.
3. 각 6개 요소별로 가능한 한 원인과 대안을 찾아서 다음과 같은 fish-bone 그림을 완성하였다.
4. 이와 같은 과정을 통해서 문제에 대한 전체적인 상황을 이해하고, 판매부진에 대

한 가능한 원인들을 찾을 수 있었다.

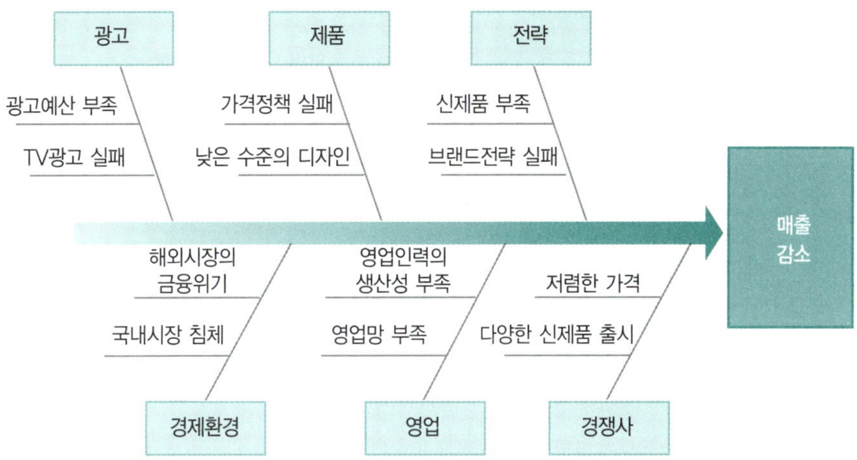

기법 16. Why-Why기법

가. 개념

Why-Why기법(Why-Why Diagram)은 "왜(why)?"라는 질문과 그에 대한 답을 찾아가면서 문제의 원인을 체계적으로 찾기 위한 기법이다. 이 기법은 문제를 왼쪽에 정의하고, 이에 대한 원인을 단계적으로 찾아가면서 원인을 찾아내는 도형화기법으로서 의사결정나무기법, fish-bone기법과 유사하다. 이 기법은 문제의 원인을 체계적으로 분석하는 데 유용한 기법이다.

예) • 고객 불만의 원인분석
• 생산성저하 원인분석
• 고객니즈 변화의 원인분석

나. 적용단계

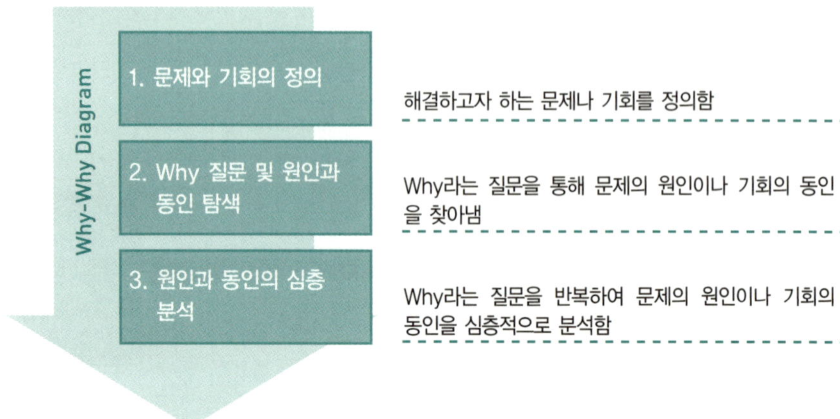

다. 활용사례

국내 전자회사 신사업 기획팀의 정대호 차장은 최근 스마트폰 시장의 급격한 성장에 따른 사업진출 여부를 놓고 고민 중에 있다. 정대호 차장은 스마트폰 시장의 성장가능성에 대해 알아보기 위해 Why-Why기법을 활용해서 스마트폰이 성장하고 있는 원인에 대해 분석해 보기로 하였다.

1. 제일 먼저 "스마트폰시장의 성장가능성"이라고 문제를 정의하고 "Why?"라는 질문을 통해 성장동인들을 분석해 보았다.
2. 그 결과 스마트폰의 성능향상, 편리함 증대, 고객의 선호도 증가라는 원인들이 도출되었다.
3. 그 다음에 이들 원인들에 대해서 또 다시 "Why?"라는 질문을 통해서 세부 원인들을 찾아보기로 하였다. 그 결과 통신기술의 발전, 다양한 기능들의 통합, 다양한 애플리케이션 개발, 유비쿼터스 생활환경 조성, 휴대폰중심의 생활문화, 1인 1단말기시대의 도래 등이 원인으로 분석되었다.
4. 스마트폰시장 성장의 원인을 분석한 결과를 다음과 같이 정리해 보았다.

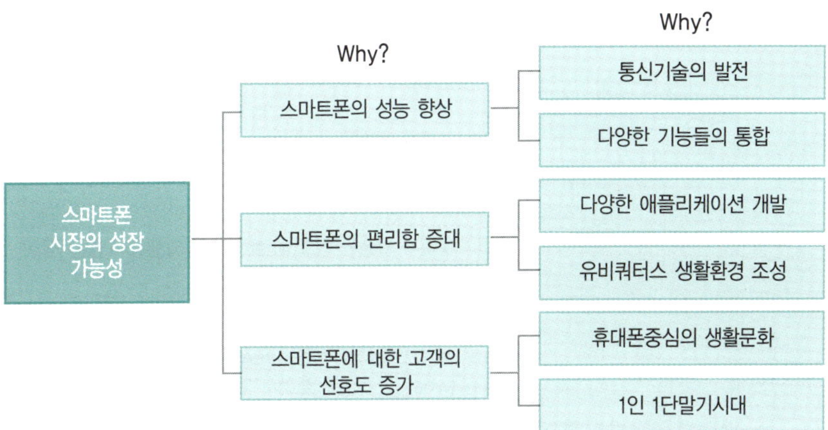

기법 17. KT기법

가. 개념

KT기법(Kepner-Tregoe analysis)은 문제와 관련한 사실과 사실이 아닌 것을 정확히 구분해서 문제를 분석하고, 문제원인을 찾아내는 기법이다. 이 기법은 문제와 관련한 가정, 사실, 징후들을 명확한 문장으로 변화시킬 수 있기 때문에 문제의 원인을 체계적으로 찾을 수 있는 합리적(rational) 모형이다. 이 기법은 목표와 실제 결과간의 차이가 많은 문제발견 유형의 문제를 분석하는 데 유용하다.

예) • 고객 불만의 원인분석
- 생산성저하의 원인분석
- 제품 불량의 원인분석

나. 적용단계

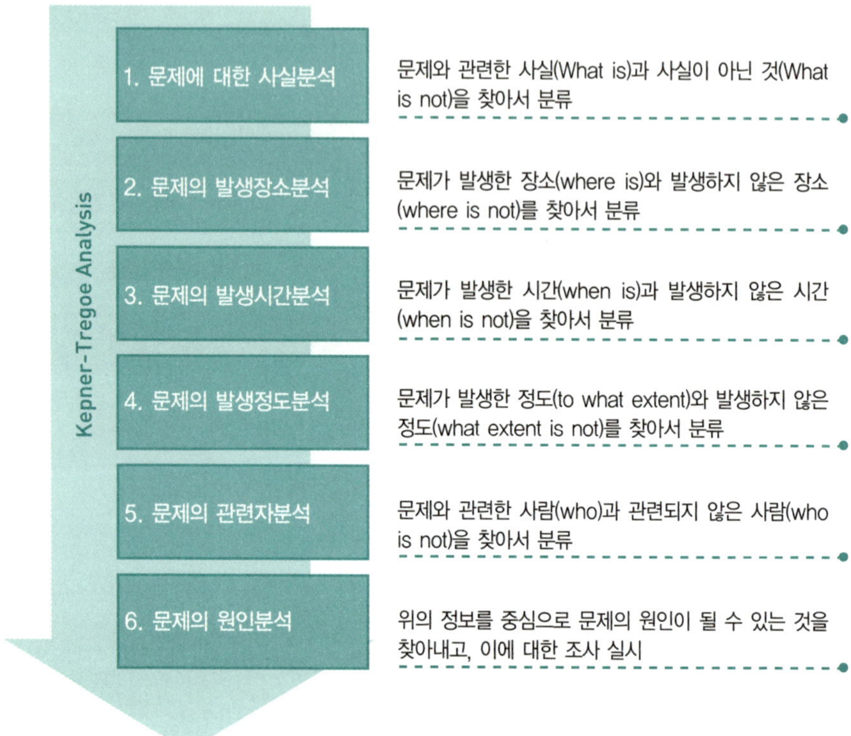

다. 활용사례

국내 굴지의 화장품회사의 연구 소장인 최은지 상무는 신제품을 개발하는 연구개발 부서 직원들의 연구 생산성이 매우 낮아진 것을 발견하였다. 이 상황의 원인을 분석하기 위해서 KT기법을 적용하였다.

1. KT기법을 이용해서 자료를 수집해서 분석한 결과 다음과 같은 worksheet가 만들어졌다.

KT Worksheet

구분	Is	Is not
What	연구실적이 낮아짐 정시퇴근이 많아짐	출·결근에는 변화가 없음 근무태도에는 변화가 없음
Where	기술개발부서에서만 발생	다른 부서는 변화 없음
When	2010년 3월 이후	2010년 3월 이전
To what extent	연구실적이 약 20% 낮아졌음	다른 분야의 변화는 없음
Who	2년 이내의 연구원	2년 이상의 연구원은 변화 없음

2. 이 같은 자료를 바탕으로 원인을 분석한 결과, 2010년 2월에 도입한 인사평가시스템 때문에 신임 연구원들의 동요가 심해지고, 이로 인해서 생산성이 낮아지게 되었다는 결론을 얻게 되었다. 연구원들의 연구를 촉진하기 위해서 도입한 인사평가시스템이 오히려 젊은 연구원들의 연구를 저해하는 것으로 잠정 결론짓게 되있다. 따라서 문제의 원인인 인사평가시스템을 젊은 연구원의 관점에서 다시 한 번 분석하기로 하였다.

기법 18. Do-Nothing기법

가. 개념

Do-Nothing기법은 문제를 해결하지 않았을 때 어떤 일이 발생하는지를 분석함으로써 문제의 특성을 분석하는 기법이다. 이 기법은 새로운 문제와 기회가 의사결정자에게 어떤 영향을 주는지를 분석하는 데 유용하다. 또한 문제를 해결하지 않았을 때 일어날 수 있는 상황들을 문제의 목표로 설정할 수 있기 때문에 문제의 해결목표를 결정할 때 이 기법을 활용할 수 있다.

예) • 새로운 기술의 등장
• 새로운 환경의 변화
• 새로운 제도의 도입

나. 적용단계

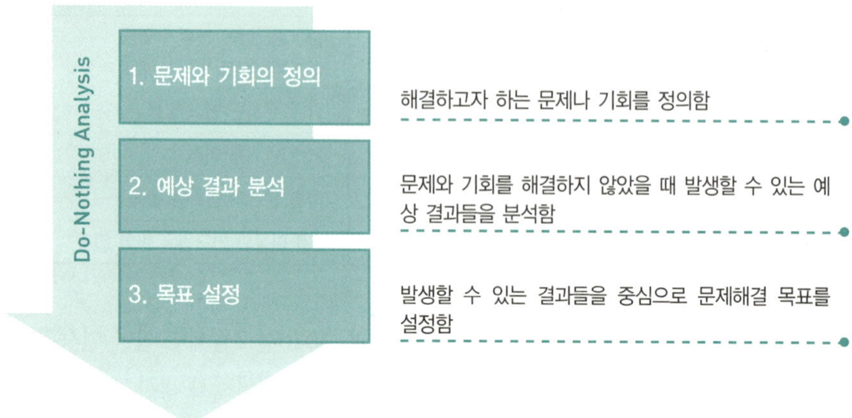

다. 활용사례

창문전자의 기술연구소를 담당하고 있는 김정모 소장은 최근 연구원들의 이직률이 눈에 띄게 증가하고 있다는 것을 알게 되었다. 김 소장은 이 상황을 해결하기 위해 Do-Nothing 분석기법을 활용해서 문제를 좀 더 정확하게 분석해 보기로 하였다.

1. 먼저, 연구원들의 이직문제가 해결되지 않았을 때 어떤 일이 일어날지를 분석하였다. 그 결과, 연구소의 연구분위기 저하, 연구개발능력 하락, 신제품개발 일정지연, 매출감소, 기업경쟁력 약화 등의 문제가 발생할 것으로 예상되었다.
2. 이 같은 예상문제들을 기반으로 연구원들의 이직문제가 해결되지 않을 경우 발생할 수 있는 일들을 모두 목표로 설정해 보았다. 그 결과, 연구소 연구원들의 최근 이직증가 문제는 연구소의 연구분위기 향상, 연구개발 능력향상, 신제품 개발 일정단축, 매출증가, 기업경쟁력 강화 등의 목표와 관련되어 있음을 알게 되었다.

문제	번호	Do-Nothing할 때 발생할 결과	결과에 기반한 목표
연구소의 연구원들의 이직이 최근 증가	1	연구소의 연구분위기가 나빠짐	연구소의 연구분위기 향상
	2	연구소의 연구개발능력 하락	연구소의 연구개발능력 향상
	3	신제품개발 일정지연	신제품개발 일정단축
	4	매출감소	매출증가
	5	기업경쟁력 약화	기업경쟁력 강화

기법 19. 가정분석기법

가. 개념

가정분석기법은 의사결정 문제에 관련한 숨어 있는 가정을 찾아내고, 가정의 타당성을 분석하는 데 목적을 두고 있다. 의사결정에는 다양한 형태의 가정들이 관련되어 있는데, 이들 가정은 정확할 수도 있고, 잘못된 가정일 수도 있다. 가정이 잘못되면 정확하게 문제를 진단할 수 없고 창의적인 대안을 개발할 수 없다. 가정분석기법은 복잡한 문제에 관련한 다양한 가정들을 체계적으로 분석할 때 유용하다.

예) • 인사조직시스템 개편
• 기업 인수합병
• 신기술 개발

나. 적용단계

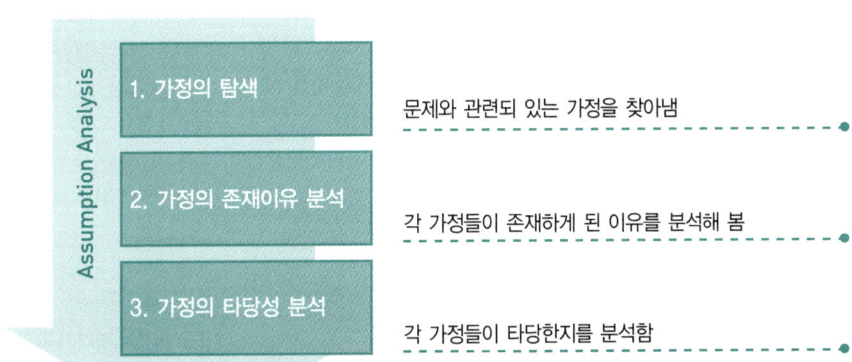

다. 활용사례

완성차 업체의 구매담당 오세진 이사는 최근 원가절감과 부품 거래선의 다변화 차원에서 부품협력업체를 중국업체로 변경하는 문제에 대해 고민하고 있다. 중국업체로의 변경으로 인해 많은 이견들이 있는 상황에서 오세진 이사는 가정분석기법을 활용해 보기로 하였다.

1. 먼저 부품협력업체 변경과 관련한 가정들을 찾아보았다. 그 결과, '중국산 부품은 가격이 저렴하다', '품질이 낮다', '조달이 원활하지 않을 것이다', '기존 협력사의 반발이 클 것이다' 등의 가정들이 밝혀졌다.
2. 그 다음에 각각의 가정들에 대해서 이유를 분석해 보았다. '인건비 및 재료비가 저렴하다' '중국 근로자의 숙련도가 낮다' '지역적으로 멀리 떨어져 있다' '수주물량을 중국업체에 빼길 것으로 우려하기 때문이다' 등의 이유들이 분석되었다.
3. 마지막으로 이들 가정들이 타당한지, 잘못된 가정인지 분석해 보았다. 그 결과 품질불량률을 고려하면 총원가에는 차이가 없고, 중국근로자의 숙련도는 생각보다 낮지 않으며, 공급사슬망 구축으로 부품조달에도 어려움이 크게 없을 것으로 분석되었다. 또, 중요 부품이 아니기 때문에 협력사의 반발도 그리 크지 않을 것으로 분석되었다.
4. 이처럼 문제에 관련한 가정들을 체계적으로 찾아내고, 문제의 특성을 분석함으로써 문제의 특성을 체계적으로 이해할 수 있었다.

문제		가정	이유	타당성
부품협력 업체를 중국기업으로 변경하는 문제	1	중국산 부품은 가격이 저렴	인건비 및 재료비가 저렴하기 때문임	품질불량률을 고려하면 원가의 차이는 없음
	2	중국산 부품은 품질이 낮음	중국근로자들의 숙련도가 낮음	중국근로자들의 숙련도는 생각보다 낮지 않음
	3	중국산 부품조달이 원활하지 않을 것임	국내업체보다 지역적으로 멀리 떨어져 있기 때문임	공급사슬망 구축으로 부품 조달에 어려움은 별로 없을 것임
	4	기존 협력사의 반발이 클 것임	수주물량을 중국업체에 빼길 것으로 우려하기 때문임	중요 부품이 아니기 때문에 협력사의 반발은 그리 크지 않을 것임

기법 20. 문제범위확대기법

가. 개념

문제범위확대기법(problem boundary expansion)은 처음에 설정한 문제를 서로 다른 형태로 분해하고 재구성해서 문제를 다시 분석하고 진단하는 기법이다. 이 기법은 문제의 범위를 확대해 가면서 문제를 다른 각도에서 접근하고, 문제를 달성하기 위한 수단을 목표로 설정하면서 문제를 정의하는 기법이다.

이 기법은 복잡한 문제에 관련한 다양한 이해당사자들의 관점과 이해를 조정하는 데 유용하다. 이 기법은 문제 진단뿐만 아니라 창의적인 대안을 개발할 때 활용할 수 있다.

예) • 자원의 배정문제
• 기업경쟁력 강화방안
• 경영혁신의 실패원인분석
• 신시장 진출실패

나. 적용단계

problem boundary expansion

1. 문제정의 및 해결목표 설정	문제를 정의하고, 현재 해결하고자 하는 목표를 설정함
2. 목표 재구성 및 해결방안 도출	문제의 목표를 다른 형태로 재구성하면서 해결방안을 찾아봄
3. 관점과 범위의 재검토	재구성된 목표들의 해결방안을 분석하면서 문제에 대한 관점과 범위를 재검토

다. 활용사례

창문전자의 임직원 교육을 담당하고 있는 김정모 교육 팀장은 내년도 교육운영계획을 수립하면서 창의적 문제해결과정을 기획하고 있다. 김정모 팀장은 이 문제를 문제범위확대기법을 활용해서 단순한 교육의 문제에서 벗어나 더 넓은 관점에서 생각해보기로 했다.

1. 먼저, 창의적 문제해결 지식 학습이라는 초기 목표를 창의적 문제해결능력 향상, 창의적 아이디어의 발굴, 창의적 혁신 및 창조경영 추진이라는 목표로 점점 확대시켜 보았다.
2. 각 목표에 대한 해결방안들이 다양하게 도출되었다.
   - 첫째, 창의적 문제해결 지식학습이라는 목표의 해결방안으로 창의적 문제해결에 관한 교육실시 방안이 도출되었다.
   - 둘째, 창의적 문제해결능력 향상이라는 목표에서는 창의적 문제해결 교육뿐만 아니라 창의적으로 일할 수 있는 환경과 문화구축이라는 해결방안이 도출되었다.
   - 셋째, 창의적 아이디어 발굴을 위해서는 창의적 아이디어 제안제도를 도입하고 평가와 보상시스템을 구축해야 한다는 해결방안이 도출되었다.
   - 마지막으로, 창의적 혁신 및 창조경영 추진이라는 목표하에서는 창의혁신팀을 구성해서 부서별로 창의적 혁신을 추진한다는 해결방안이 도출되었다.
3. 이처럼 문제의 영역을 확대하면서 문제에 대한 관점과 프레임도 교육 – 교육 및 조직문화 – 교육, 조직문화, 제안시스템 – 교육, 조직문화, 제안시스템, 혁신으로 확대됨을 알게 되었고, 이에 따른 다양한 해결책이 발견됨을 알 수 있었다.

	초기 목표	목표의 재구성 1	목표의 재구성 2	목표의 재구성 3
목표	창의적 문제해결 지식을 학습	창의적 문제해결 능력을 향상	창의적 아이디어의 발굴	창의적 혁신 및 창조경영을 추진
해결방안	창의적 문제해결에 관한 교육을 실시	창의적 문제해결 교육뿐만 아니라 창의적으로 일할 수 있는 환경과 문화 구축	창의적 아이디어 제안제도를 도입하고, 평가와 보상시스템을 구축	창의 혁신팀을 구성해서 부서별로 창의적 혁신을 추진
관점과 프레임	교육	교육 및 조직문화	교육, 조직문화, 제안시스템	교육, 조직문화, 제안시스템, 혁신

제3장

문제의 결정단계

1. 문제를 결정하는 방법
2. 문제결정기법의 이해

기법 21. 문제우선순위분석기법
기법 22. 목표스토밍기법
기법 23. 가치나무기법
기법 24. SMARTA기법
기법 25. Why-Method기법
기법 26. 문제재정의기법

사례 19. 유화업계 새해 화두는 '선택과 집중'
사례 20. 우선순위와 조직개편
사례 21. 무리한 목표에 빠진 정부정책
사례 22. 공공기관의 경영평가
사례 23. 정보보안문제의 정의

문제의 특성을 분석한 다음에는 문제의 해결 여부를 명확하게 결정해야 한다. 만약에 기업에서 해결해야 하는 문제를 해결하지 않는다든지, 하지 말아야 할 문제를 해결하려고 한다면 문제해결과 의사결정은 실패할 수밖에 없다. 예를 들어, 고객의 불만이 증가하고 있는데 이를 무시하고 해결하지 않는다면 매출은 더욱 감소하게 될 것이다. 또한, 새로운 기술이 개발되고 있음에도 불구하고 새로운 기술을 도입하지 않고 기존 기술을 유지하려고 하면 크게 실패하게 될 것이다. 이러한 사례들은 해야 할 일을 하지 않아서 실패한 사례들이다. 반대로 시장성이 없는 신규사업에 진출해서 실패하는 경우는 하지 말아야 할 일을 해서 실패한 사례이다. 이처럼 문제의 해결 여부를 잘못 결정하면 문제해결과 의사결정은 실패하게 된다. 그러므로 문제의 특성을 분석한 다음에는, 문제의 해결 여부를 명확하게 결정해야 한다.

기업은 인력, 예산, 시간과 같은 자원이 한정되어 있기 때문에 모든 문제를 한 번에 해결할 수 없다. 따라서 문제의 해결 여부를 결정할 때는 긴급성이 높고 영향력이 큰 문제들을 먼저 해결해야 한다. 그런 다음에, 문제를 해결해서 달성하고자 하는 목표와 제약조건을 찾아내야 한다. 목표와 제약조건을 찾은 다음에는, 문제를 해결하기 위해서 개발된 아이디어들을 평가하기 위한 평가기준과 평가방법을 결정해야 한다. 마지막으로, 해결하고자 하는 문제를 명확하게 정의해야 한다.

문제의 해결 여부를 결정하는 능력은 기업과 개인의 핵심 경쟁력이다. 특히 모든 것이 불확실하고, 급변하는 경영환경 속에서 기업들이 해야 할 일과 하지 말아야 할 일을 정확하게 구분하는 일은 매우 중요하다.

제3장에서는 문제해결과 의사결정의 세 번째 단계인 문제의 결정에 관한 내용을 설명하고 있다.

사례 19 유화업계 새해 화두는 '선택과 집중'

1. 사례 본문

국내 정유화학 업계가 합병·분사·매각 등을 통한 경쟁력 강화에 나섰다. 27일 관련업계에 따르면 SK에너지, LG화학, KCC, SK케미칼 등은 계열회사를 흡수합병하거나 매각하는 등 선택과 집중으로 경영효율을 꾀하고 있다.

유화업계 환골탈태의 대표주자는 SK에너지. 석유와 화학부문 분사를 앞둔 SK에너지는 선택과 집중을 위해 일부 사업부문을 매각했다. SK에너지는 2011년 1월 1일자로 석유사업(SK에너지)과 화학사업(SK종합화학)을 분사하고 SK이노베이션으로 사명을 변경한다. 이 회사는 최근 브라질 법인과 석탄광물사업 부문을 매각했다. 약 24억 달러에 석유개발 브라질 법인이 보유한 주식 전량을 덴마크 머스크 오일사에 매각했고 2,366억 원(자산 및 영업일체, 투자지분 인수금액)에 석탄광물사업을 SK네트웍스에 넘긴 것. 이는 분사를 앞두고 자금확보는 물론 선택과 집중에 나서기 위한 행보로 풀이된다. SK이노베이션은 자원개발과 전기차 배터리 등 그린에너지 사업에 집중한다. 매각을 통해 전문성을 강화하고 확보한 자금으로 신사업 투자에 나서겠다는 것. SK에너지는 브라질 법인 매각을 통해 확보된 유동성을 기반으로 생산 및 개발단계의 광구매입 또는 해외 석유개발기업 인수 등 다양한 사업기회를 모색할 것으로 보인다. 석탄광물사업 매각은 기술기반사업과 석유개발사업 등 핵심사업에 집중하기 위한 전략이라는 게 SK에너지 측 설명이다.

LG화학은 최근 폴리카보네이트를 생산하는 100% 자회사 LG폴리카보네이트를 흡수합병했다. LG화학 관계자는 "사업시너지를 극대화하고 수직통합을 완성함으로써 시장지배력과 사업경쟁력을 강화하고자 한다"고 밝혔다.

SK케미칼은 폴리에스터 개질제 제조 및 판매업체인 'SK NJC'를 오는 30일 흡수합병한다. 회사 관계자는 "경영효율성 증대 및 기존사업 간의 시너지효과를 극대화할 수 있을 것"이라고 합병이유에 대해 설명했다.

KCC는 폴리실리콘 잉곳을 만드는 계열회사인 아르케솔라를 흡수합병하고 자사 중앙연구소 소속으로 편입했다. KCC 관계자는 "아르케솔라가 추진하고 있는 폴리실리콘 잉곳 개발의 효율적인 투자와 기술개발의 시너지효과 창출을 위한 것"이라고 밝혔다.

내년에도 정유화학업계의 합병과 분사는 이어질 전망이다. 롯데그룹 신동빈 부회장이 석유화학 M&A에 큰 관심을 보이고 있는 호남석유화학이 대표적이다. 올해 타이탄사 등 대규모 인수합병을 성공한 바 있는 이 회사는 내년에도 자회사 KP케미칼 등 다수의 인수합병을 추진할 계획이다.

출처 : 이투데이(2010. 12. 27)

2. 시사점

기업경영에서 해야 할 일과 하지 말아야 할 일을 구분하는 일은 매우 중요하다. 해야 할 일을 하지 않고 하지 말아야 할 일을 하려고 한다면 기업경쟁력의 약화로 이어질 수 있다. 따라서 Do와 Don't를 분리하는 능력은 개인과 기업이 갖추어야 할 중요한 경쟁력 중 하나이다.

》 1. 문제를 결정하는 방법

가. 문제의 해결 여부를 결정하라

문제의 특성을 분석한 다음에는 문제들의 해결 여부를 결정해야 한다. 문제의 해결 여부는 문제의 특성분석 결과를 토대로 결정해야 한다. 기업에서는 예산, 인력, 시간 등과 같은 자원이 제한되어 있어서 모든 문제를 다 해결할 수 없기 때문에 문제들의 해결 여부를 결정하고, 우선순위를 결정해야 한다. 이 과정에서 해결해야 하는 문제를 해결하지 않는다든지, 하지 말아야 할 문제를 하려고 한다든지, 문제의 해결순서를 잘못 결정한다든지 등의 일들이 발생하게 되면 문제해결과 의사결정은 실패하게 된다. 이 같은 오류를 type III 오류라고 한다(Try to solve the wrong problem or don't try to solve the real problem).

기업에서 문제의 해결 여부를 결정할 때는 다음과 같은 요소들을 고려해야 한다.

■ 중요한 문제부터

문제의 심각한 정도에 따라서 중요한 문제부터 먼저 해결해야 한다. 문제의 중요 정도를 평가하기 위해서는 문제의 중요성과 긴급한 정도 등을 고려해야 한다.

■ 단기적 문제부터

단기적인 문제와 장기적인 문제로 나누어서 단기적 문제부터 먼저 해결되어야 한다. 장기적인 문제는 시간이 많이 걸리고 결과에 대한 불확실성이 높기 때문에 당장 시급한 단기적 문제를 놔두고 장기적인 문제를 해결하기는 쉽지 않다.

■ 투자 대비 수익성이 높은 문제부터

문제해결에 투입되는 비용과 문제를 해결해서 얻을 수 있는 이익을 비교해서 비용 대비 이익이 높은 문제부터 해결되어야 한다. 기업은 한정된 자원을 가지고 운영하기 때문에 수익성이 중요한 평가기준이 되어야 한다.

■ 문제발견 유형의 문제부터

문제발견 유형과 기회탐색 유형 중에서 문제발견 유형의 문제가 먼저 해결되어야 한다. 문제발견 유형의 문제는 목표와 실제성과 간의 차이가 발생해서 해결책이 시급하기 때문에 먼저 해결되어야 하고, 그 다음에 기회탐색 유형의 문제가 해결되어야 한다. 당장 시급한 문제를 두고 결과가 불확실한 기회탐색 유형의 의사결정을 수행하고자 하기는 어려울 것이다.

문제의 해결 여부를 결정하는 데 사용되는 방법으로는 Do-Nothing기법, 우선순위 분석기법, SMARTA기법 등이 있다.

사례 20 우선순위와 조직개편

1. 사례 본문

지난 3분기 2007년 이래 첫 분기 적자를 낸 LG전자가 근본적인 사업경쟁력 강화를 위해 신속한 의사결정이 가능한 조직으로 재정비에 나설 것이라고 밝혔다. 28일 정도현 LG전자 최고재무책임자(CFO)는 여의도 LG트윈타워에서 열린 3분기 기업설명회(IR)에서 "주력사업인 TV와 휴대폰부문에서 혁신적인 제품개발과 최고의 품질을 확보하는 것이 최우선 주력과제"라며 "이를 위해 신속한 의사결정을 통해 빠른 실행력을 갖출 수 있도록 사업중심으로 조직체계를 재정비하고 있다"고 밝혔다. 그는 이어 "이를 위해 연구개발(R&D) 투자는 일관되게 확대될 것"이라고 덧붙였다. 또 자본투입이나 비용사용에 우선순위를 수립해, 우선순위가 높은 부문은 강화하고 낮은 부문은 과감히 줄일 것이라는 게 정 부사장의 설명이다.

이와 함께, LG전자는 스마트폰 연구개발비를 쏟아 붓는 것과 동시에 스마트폰 R&D인력을 지속적으로 확충한다는 계획으로 이미 올해 500명 이상 연구인력이 증가했다고 밝혔다. 이를 통해, LG전자는 올해 말이나 내년 초 4인치 이상 대형 화면에 듀얼코어 프로세서를 탑재한 프리미엄급 스마트폰을 전략적으로 출시할 계획이다. 또 옵티머스원을 연내까지 글로벌시장에서 최대 300만 대까지 판매할 것으로 예상하고 있다고 밝혔다. 정 부사장은 "옵티머스원은 현재 국내 소비자에게 팔리고 있지만, 조만간 글로벌 판매에 나설 예정"이라면서 "국내 반응뿐 아니라 외국 이동통신사업자들의 반응도 괜찮은 편"이라고 말했다.

또 LG전자는 IR장에서 올해 TV사업은 신제품 출시가 늦어지면서 재고와 가격에 영향을 미쳤다면서, 지난 10월 출시된 세계 최초 나노TV처럼 TV 전략제품도 지속적으로 출시될 것이라고 밝혔다. 정 부사장은 "내년에는 3D TV 라인업을 보급형까지 확대할 계획"이라면서 "LED TV 역시 보급형까지 확대하고, 스마트TV는 지역별 톱 콘텐츠 업체를 조기에 확보하는 등 사용자 편의성에 중점을 둔 제품 확산에 주력할 예정"이라고 말했다.

출처 : 디지털 타임스(2010. 10. 29)

2. 시사점

이 사례는 문제해결의 우선순위에 따라 문제를 결정하는 일의 중요성을 보여주고 있다. 기업에서는 경영활동에서 발생하는 여러 문제들을 긴급성과 중요도에 따라 문제들 간의 우선순위를 정하고 그 중에서 반드시 해결해야 할 문제를 최종적으로 선정해야 한다.

나. 문제의 해결목표와 제약조건을 결정하라

문제를 결정한 다음에는, 문제를 해결해서 달성하고자 하는 목표를 명확하게 정의하고, 문제해결 과정에 영향을 주는 제약조건들을 찾아내야 한다.

문제의 해결목표는 문제를 해결해서 달성하고자 하는 상태를 의미하는 것으로서, 타당성이 있는 아이디어를 만드는 출발점이 되고 아이디어를 평가하는 기준이 된다. 따라서 문제의 해결목표를 명확하게 정의하면, 타당성이 높은 아이디어를 개발하기 쉽고, 아이디어를 효율적으로 실행할 수 있다. 그러나 반대로 문제의 해결목표가 명확하지 않으면 문제해결과정이 애매모호해지면서 문제해결의 모든 과정이 흔들리게 되기 때문에 문제해결이 실패하게 된다.

문제의 해결목표를 결정할 때는 다음과 같은 사항들을 고려해야 한다.

첫째, 문제해결의 목표는 "문제를 해결하지 않았을 때 무엇이 일어나는지, 일어날 수 있는지", "문제를 해결했을 때 무슨 일이 일어나야 하는지", "무슨 일이 일어나지 말아야 하는지" 등의 분석을 통해서 찾아보아야 한다. 예를 들어 연구개발부서의 투자를 감소시켰을 때 일어날 수 있는 일은 신제품 개발속도가 느려지고, 고객만족도가 낮아지고, 시장점유율이 하락하게 되는 것이다. 이때 신제품 개발속도, 고객만족도 향상, 시장점유율 확대는 연구개발부서 투자의 중요한 목표가 될 것이다.

둘째, 문제해결의 목표는 가급적 구체적으로 표현하고, 측정이 가능한 형태로 나타내는 것이 바람직하다. 문제해결의 목표가 명확하게 정의되지 않으면 혼란이 야기되기 때문에 가급적 정량적 목표(매출액, 이익, ROA…)와 정성적 목표(고객인지도, 경쟁력…)로 분류해서 표현하는 것이 바람직하다.

셋째, 문제해결의 목표는 단기적 관점과 장기적 관점을 고려해서 수립되어야 한다. 기업의 경영환경이 어려울 때는 단기적 목표에 초점을 두기가 쉬운 반면에, 단기적 목표에만 집착하면 장기적인 경쟁력을 잃을 가능성이 많다. 그러므로 목표를 설정할 때는 단기적 목표와 장기적 목표를 모두 고려할 필요가 있다.

넷째, 문제해결의 목표는 구성원들과 충분한 토론과정과 합의를 통해서 도출해야 한다. 기업에서 각 부서에 따라서 동일한 문제라도 서로 다른 관점을 가지고 있기 때문에 문제해결의 목표들이 상충될 수 있다. 예를 들어서 생산부서는 생산의 효율성을, 마케팅부서는 시장점유율 및 판매량을, 재무부서는 이익률을 주요 목표로 설정하기 쉽다. 이들 목표들은 모두 맞기도 하면서 동시에 부족하기도 한 목표들이다. 그러므로 구성원들의 의견을 충분히 경청하고 합의를 통해 합리적이고 객관적인 기준을 갖춘 목표를 도출해야 한다.

다섯째, 문제해결의 목표를 결정할 때는 목표를 달성하는 데 영향을 주는 제약조건들을 고려해야 한다. 아무리 좋은 목표라고 하더라도 문제를 해결하는 데 관련된 제약조건들을 충분히 분석하지 못하면 합리적인 목표를 설정하기가 어렵게 된다. 그러므로 문제해결의 목표를 설정할 때는 문제를 해결하는 데 관련한 제약조건의 종류가 무엇인지, 어떤 상황인지를 정확하게 분석해야 한다. 문제해결에 영향을 주는 제약조건의 종류와 범위는 다음과 같다.

- 기업자원(예산, 인력, 생산능력, 일정…)
- 외부환경(정부규제, 법률, 기술…)
- 이해당사자(선호도, 이해관계, 힘…)
- …

문제해결의 목표를 결정하는 방법으로는 목표스토밍기법, 목표지향기법, 제약조건결정기법, 가치나무기법, 순차적 추상기법, 관련성 시스템분석기법 등이 있다.

사례 21 무리한 목표에 빠진 정부정책

1. 사례 본문

정부가 수조 원을 투입한 국민건강증진종합계획이 대부분 목표달성에 실패한 것으로 분석된다. 2010년 달성목표로 세웠던 12개의 대표지표 중 성인남자흡연율, 고위험군 음주비율, 운동실천율, 5대 암 수검률 등 주요 목표들이 모두 목표치에 크게 미달하고 있다. 목표시한이 아직 4개월 남짓 남았지만 지금 추이대로라면 모두 실패할 것이 확실해 정부가 애초에 무리하게 목표를 설정하고 부실하게 추진했다는 지적을 피할 수 없게 됐다. 특히 정부가 2010년 목표치를 토대로 2020년 계획을 잡고 있는 것으로 알려져 무리한 목표설정과 부실한 추진 논란은 계속 이어질 것으로 보인다.

17일 문화일보가 '국민건강증진종합계획 2010(HP2010)'의 12가지 대표 목표 항목을 분석한 결과 금연, 절주, 운동, 암관리, 정신보건, 영유아보건, 노인보건 등 7가지 항목이 목표달성에 실패할 것으로 분석됐다. HP2010는 국민건강증진을 위해 2002년부터 전체 3조 3,749억 2,700만 원의 예산을 투입해 시작했지만, 현재까지 건강지표와 차이가 크다. 이 중에서도 4대 주요 항목인 금연의 경우 2010년까지 성인남자흡연율을 30.0%대로 낮추는 것을 목표로 세웠지만 2009년 말 기준으로 그 실적이 43.1%에 그쳤다. 또 절주계획의 일환인 고도위험 음주자비율은 2010년 목표가 남자 13.0%, 여자 2.0%였지만, 2008년 말 국민건강영향조사에 따르면 남자 28.3%, 여자 8.5% 등으로 2배 이상 차이가 났다. 운동실천율(주 5일 이상, 1일 총 30분 이상 중강도 운동실천율)도 2010년에는 30.0%를 목표로 삼았지만, 14.5%로 절반에도 못미치는 것으로 조사됐다. 암관리에서도 5대암 검진 권고안 이행수검률도 2010년 60%를 목표했지만 국립암센터 조사 결과 절반 수준에 그쳤다. 이 외에도 정신보건, 모유수유율 등 영유아보건, 노인보건 등에서도 목표달성에 사실상 실패했다.

무리한 목표설정은 2020년 계획에서도 일부 나타나고 있다. 보건복지부가 추진 중인 '국민건강증진종합계획 2020(HP2020)'에 따르면 성인남자흡연율도 HP2010와 별반 차이 없는 29.0%로 잡았으며, 암관리에서 암 수검률은 HP2010보다 확대해 80%까지 늘렸다. 반면, 고도위험 음주자비율은 HP2010에 비해 낮춰 남자 18.0%, 여자 5.0%로 목표했으며, 운동실천율도 HP2010에 비해 10%포인트 낮춰 잡았다.

출처 : 문화일보(2010. 8. 17)

2. 시사점

이 사례는 문제해결 목표설정의 중요성을 보여주고 있다. 기업에서 문제해결의 목표를 결정할 때는 목표의 타당성을 검토해야 하고 목표를 달성하는 데 관계되는 제약조건의 범위를 고려해야 한다. 그렇지 않으면 비합리적인 목표를 결정할 가능성이 크기 때문이다.

다. 평가기준과 평가방법을 결정하라

문제해결의 목표와 제약조건을 결정한 다음에는 문제를 해결하기 위한 아이디어들을 평가하는 데 필요한 평가기준과 평가방법을 결정해야 한다. 평가기준이 명확하게 결정되면 평가기준을 벗어난 잘못된 아이디어를 개발할 가능성이 줄어들고, 아이디어들을 비교·평가하기가 쉬워진다.

평가기준과 평가방법을 결정할 때는 목표와 제약조건을 객관적이고 측정 가능한 평가기준으로 변환해야 한다. 예를 들어서 인사시스템 개편이라는 문제의 목표가 직원들의 창의성향상, 생산성향상, 매출증대, 수익성증대라고 하면 창의성, 생산성, 매출, 수익성을 어떤 지표로 평가할 것인지를 명확하게 정의하는 것이 바람직하다. 이들 평가기준들이 명확하게 설정되지 않으면 아이디어 개발 및 선택 과정에 혼란이 발생하게 될 것이다. 만약에 창의성 및 생산성향상 등과 같은 평가기준들을 100% 정확하게 구체화하기가 힘들 때에는 평가기준에 가까운 대체기준(surrogate criteria)을 결정하는 것이 바람직하다.

또한, 평가기준을 결정한 다음에는, 평가기준에 따라서 아이디어들을 평가하기 위한 평가방법을 결정해야 한다. 예를 들어서 평가기준들에 가중치를 준다든지, 평가기준들을 핵심평가기준과 비핵심평가기준으로 분류해서 평가한다든지 등의 평가방법을 결정해야 한다.

평가기준과 평가방법을 결정하는 방법으로는 아이디어 평가 매트릭스기법, AHP기법 등이 있다.

사례 22 공공기관의 경영평가

1. 사례 본문

기획예산처가 최근 공개한 공공기관 경영실태 평가결과가 공시기준이 명확하지 않아 기관별 발표 수치가 들쭉날쭉이고 오류도 많은 것으로 나타났다. 기관별로 다른 기준에 의해 제출한 연봉 등 경영내용을 그대로 게재하다 보니 경영현황이 왜곡되고 불필요한 위화감도 일어나고 있다. 그러나 불필요한 오해를 산 공기업들은 기획예산처에 정확한 수치 공개를 요구하지도 못하고 속앓이만 하고 있어 보고기준 통일 등 개선이 시급하다는 지적이다.

기획예산처가 지난해 도입해 올해 두 번째로 홈페이지에 게재한 공공기관 경영정보 공개시스템은 공기업의 경영투명성을 높이기 위해 기획처가 정부출연, 출자, 보조위탁기관 등 총 314개 공공기관의 임원, 재무현황과 상근임원 연봉(2005년 말 기준) 등을 제출받은 것이다. 13일 관련기관에 따르면 기획처가 최근 공시한 공공기관 경영정보에서 산업은행과 수출입은행의 기관장 연봉은 각각 7억 1,120만 원, 3억 4,000만 원이다. 산은 총재의 연봉이 같은 국책은행인 수은보다 배 이상 높은 것이다.

그러나 실제 해당은행 취재 결과, 산은 총재 연봉에는 기본급과 수당, 경영평가상여금, 복리후생비 등이 모두 포함된 반면, 수은 행장의 연봉에는 기본급만 신고한 것으로 드러났다. 기본급만으로 비교할 경우 양 기관장의 연봉은 3억 8,000만 원, 3억 4,000만~5,000만 원으로 5,000만 원 차이가 난다.

기획처의 공시 분류 및 미확정 오류로 연봉차가 배 이상으로 부풀려졌던 셈이다. 이에 대해 기획처는 집계 당시 수출입은행의 성과급이 확정되지 않아 미반영됐고 경영정보시스템에서 기관별 비교 대신 해당기관의 세부항목까지 확인하면 미확정이란 설명을 찾아볼 수 있다고 해명했다.

그러나 병원장 연봉 비교에서도 오류가 드러났다. 일부 병원장의 연봉이 기본급을 제외한 수당만 산정·발표돼 타 기관과의 비교에서 착오를 유발한 것. 기획처는 강원대와 서울대 병원장의 연봉을 각기 5,944만 원, 9,179만 원으로 공시됐다. 그러나 실제 두 병원장은 교수를 겸직, 기본급은 학교를 통해 받고 있어 기획처가 조사·발표한 자료에는 수당만이 집계돼 현저히 낮게 공시됐다.

공공기관이 경영정보를 공시할 때 의도적으로 축소하더라도 발견이 쉽지 않고 처벌이 불가능하다는 점도 문제로 꼽힌다. 눈에 띄는 오류는 재차 확인하지만 그렇지 않은 경우에는 공공기관이 제출하는 그대로 공시가 이루어지고 현재로서는 법적인 제재수단도 없기 때문이다. 이에 대해 기획처 관계자는 "보고 기준을 엄격하게 통일시켰지만 실질적인 한계가 있다"며 "현재 공공기관 운영에 관한 법률을 준비

중인 만큼, 향후 불성실공시 등에 대한 처벌이 가능해질 것"이라고 말했다.

출처 : 서울파이낸스(2010. 7. 30)

2. 시사점

이 사례는 평가기준과 평가방법 결정의 중요성을 보여주는 사례이다. 평가기준이 명확하지 않고 평가방법에 있어서도 오류가 발생함으로써 많은 혼란을 야기시키고 있다. 기업에서는 목표달성을 위한 공정하고 명확한 평가기준과 평가방법을 결정해야 한다.

라. 문제를 정의하라

문제해결 목표의 평가기준과 평가방법을 결정한 다음에는, 해결하고자 하는 문제를 명확하게 정의해야 한다. 기업의 문제는 복잡하고 많은 구성원들이 관여되어 있기 때문에 문제를 구체적으로 명확하게 정의하지 않으면 문제해결과 의사결정과정에서 많은 혼란이 발생하게 된다. 따라서 해결하고자 하는 문제의 범위와 깊이를 명확하게 정의하는 것은 매우 중요하다.

문제를 정의할 때는 다음과 같은 방법들을 고려해야 한다. 첫째, 목표의 현재상태(AS IS)를 기술해야 한다. 문제에는 많은 사람들이 관여되어 있기 때문에 해결해야 하는 문제에 관한 정보를 체계적으로 정리해서 문제에 대한 정보를 정확하게 공유해야 한다. 문제를 정리할 때는 문제의 현황(AS IS)에 대해 다음과 같은 항목을 중심으로 작성한다.

- 문제의 평가지표, 목표, 실제성과
- 문제의 원인과 징후, 결과
- 문제의 발생장소와 시간
- 문제의 범위와 영향
- 문제의 변화과정, 속도, 기간, 변화동인
- 문제의 가정과 제약조건
- 문제에 관한 이해당사자와 이해
- 문제의 소유권과 유형
- 문제에 관한 내부 프로세스와 외부환경 변화
- …

둘째, 문제의 목표상태(TO BE)를 기술해야 한다. 문제의 목표상태는 다음과 같은 항목들을 중심으로 기술해야 한다.

- 문제의 이름
- 문제의 해결 필요성
- 문제의 해결목표 및 제약조건
- 문제의 평가기준 및 평가방법
- 문제해결시점
- 문제의 책임자와 역할
- …

마지막으로, 문제가 명확하게 정의되었으면 문제해결팀을 구성해야 한다. 문제는 여러 부서와 구성원들이 관련되어 있을 가능성이 많기 때문에 이를 해결할 수 있는 사람들로 팀을 구성해야 한다. 문제해결팀은 다음과 같은 사항들을 고려해서 구성해야 한다.

- 문제와의 관련성, 문제해결능력 여부
- 참여자의 문제해결의 권한
- 참여자의 적극성과 참여의지
- 전략적이고 장기적인 프레임의 여부
- 세밀한 실행계획 및 열린 마음의 여부

문제를 정의하는 데 사용되는 방법으로는 문제명세표, 문제정의표 등이 있다.

사례 23 정보보안문제의 정의

1. 사례 본문

몸짱이 되기 위해서 가장 먼저 해야 할 일이 바로 내가 어떤 훈련 과정을 통해 어떤 형태의 몸으로 만들겠다는 계획이 서야 한다. 물론 기업 정보보안도 가장 먼저 보안의 목적을 명확히 하고 그 목적을 달성하기 위해 필요한 계획을 수립하는 일이 필수적이다. 열악한 우리 기업들의 보안 수준을 어떻게 하면 끌어올려 '보안 몸짱'으로 만들 수 있을까?

기업 보안을 강화하기 위해서는 무엇보다도 우리 회사는 무엇을 반드시 지켜야 한다는 명확한 목적이 서야 한다. "우리 회사는 고객 개인정보를 철저히 해야 한다," 아니면 "우리 회사는 기술개발 결과물을 철저하게 보호해야 한다" 등등 구체적으로 우리 회사만의 보안 목표가 세워져야 한다. 전일성 에이

쓰리시큐리티 컨설팅본부 이사는 "보안을 처음 준비하는 단계에서 가장 중요한 것은 보안의 정의를 무엇으로 할 것인지 먼저 정해야 한다. 즉 자산보호, 내부정보보호, 정보유출방지 등 어떤 정보를 어떻게 보호해야 하는지 그 목적을 정확히 정해서 거기에 맞는 보안활동을 해야 한다"고 강조했다. 그는 또 정보보안의 목적은 기업의 IT환경과 비즈니스가 연계돼야 하며 그 목적이 정확하게 정해지지 않은 상태에서는 주어진 예산과 인력에 한계가 있기 때문에 체계적이고 효율적인 보안 구축이 어렵다고 덧붙였다.

보통 기업의 보안체계 수립단계는 어떤 기준을 가지고 하느냐가 중요한데 대기업이나 기반시설보호법에 해당되는 기업은 국가가 정해놓은 규정에 맞게 보안체계를 확립하는 경우가 많다. 물론 한번 구축한 보안시스템이 영원한 것이 아니기 때문에 지속적인 이행을 통해 다시 점검하고 보완해 나가고 있다. 하지만 중소기업이나 소기업 등에서는 보안에 대규모 투자가 힘든 상황이기 때문에 무엇보다 먼저 CEO가 나서서 사내 보안상황을 파악하고 우리 회사가 지켜야 할 것이 무엇이고 보안을 하기 위해서는 어떤 준비들이 필요한지 프로세스를 세워야 한다. 성경원 인포섹 융합컨설팅사업본부 컨설팅고도화팀 팀장은 "기업의 보안은 솔루션이 모든 것을 해결해 주는 것은 아니다. 기업의 비즈니스를 지원하는 방법으로는 IT시스템이 있고 보안은 사업의 안전성을 확보해주고 고객에게 신뢰를 줄 수 있는 보험과도 같은 것"이라며 "가장 중요한 것은 솔루션보다는 사람"이라고 강조했다. 다시 말해 대기업은 체계적인 보안팀 구축이 가장 먼저 이루어져야 하며 중소기업 등에서는 최소 1인 이상의 보안전문인력을 채용하는 것이 첫 번째로 중요한 일이라고 전문가들은 말하고 있다. 그 이후에 CEO와 보안담당자가 회의를 통해 우리 회사 보안의 목표를 명확히 정하고 그에 맞는 프로세스를 정립해 나가야 한다.

출처 : 월간 정보보호21c 통권 제114호

2. 시사점

이 사례는 문제해결 목표를 명확하게 정의하는 것이 얼마나 중요한지 보여주는 사례이다. 기업에서 막연하게 문제를 정의하고 해결하려고 한다면 많은 시간과 비용이 발생하고 문제해결 과정이 매우 혼란스럽게 될 것이다. 따라서 기업에서 해결하고자 하는 문제를 명확하고 구체적으로 정의하는 것은 매우 중요하다.

2. 문제결정기법의 이해

문제해결과 의사결정의 3단계인 문제의 결정 단계에서 활용할 수 있는 기법들을 설명하고 있다.

번호	기법	개요와 핵심용어
21	문제우선순위 분석기법	• 문제의 중요도와 긴급한 정도를 기준으로 우선적으로 해결되어야 할 중요한 문제들을 선정하는 기법 • 우선순위, 중요도, 긴급도
22	목표스토밍기법	• 목표선정과정을 구조화하고, 목표들 간의 우선순위를 결정하는 기법 • 합의도출, 문제선정, 우선순위
23	가치나무기법	• 의사결정자의 총만족도를 설정하고, 이를 구성하고 있는 속성과 속성을 달성하기 위한 목표와 측정수단을 찾아내는 기법 • 만족도, 속성, 측정수단
24	SMARTA기법	• 해결해야 할 문제가 여러 개인 상황에서 SMARTA 기준을 토대로 중요한 문제를 선정하는 기법 • SMARTA, GE, Workout
25	Why-Method기법	• 초기에 정의된 문제를 why라는 형태로 질문하고, 그에 대한 답을 하면서 문제를 이해하고 정의하는 방법
26	문제재정의기법	• why 질문, 문제영역, 재정의 • 문제를 다양한 각도에서 다양한 방법으로 재정의해 봄으로써 문제를 정확하게 찾아내는 방법 • 단어변화, 영역확대, 영역축소

기법 21. 문제우선순위분석기법

가. 개념

문제우선순위 분석기법(Problem Priority Analysis)이란, 문제의 중요도와 긴급한 정도를 기준으로 우선적으로 해결되어야 할 중요한 문제들을 선정하는 기법이다.

기업에서 발생하는 많은 문제들을 해결할 때 의사결정자는 어떤 문제를 우선적으로 해결해야 하는지에 대해 고민하게 된다. 이때 문제가 가진 중요도 및 긴급 정도 측면에서 우선적으로 추진해야 할 핵심적인 문제와 기회를 객관적으로 결정하는 방법이 문제우선순위 분석기법이다.

예) • 경쟁력 강화방안
• 신사업기획
• 매출액 향상방안

나. 적용단계

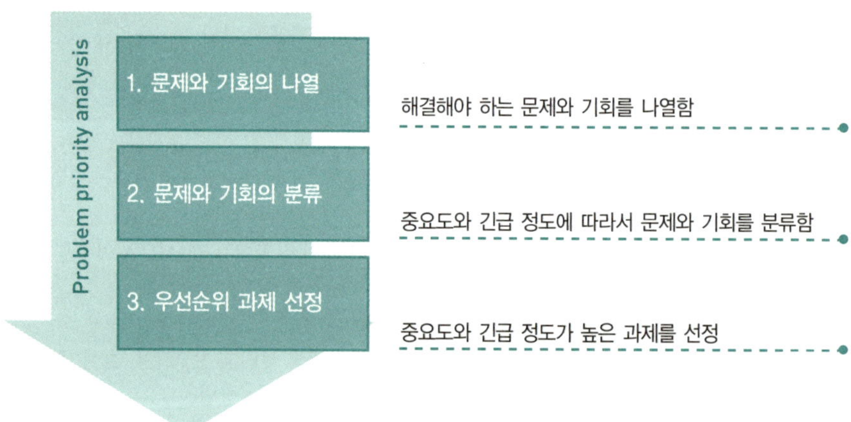

다. 활용사례

창문전자의 김정모 사장은 경쟁이 치열할 것으로 예상되는 내년도의 사업계획을 수립하면서 직원들과 함께 기업경쟁력을 강화시키기 위한 방안을 구상하고 있다. 김 사장은 기업경쟁력 강화 방안을 위해 해결해야 할 문제들을 찾기 위해 문제우선순위 분석기법을 사용해 보기로 하였다.

1. 먼저 창문전자의 경쟁력 강화를 위해서 해결해야 하는 문제들을 모두 나열해 보았다. 그 결과 차세대 정보시스템 구축, 신성장동력 개발, 신제품개발, 판매부진 문제해결, 낭비요소의 절감, 직원교육 강화 등 많은 문제들이 도출되었다.
2. 그 다음에, 나열된 문제들을 중요도와 긴급한 정도에 따라 분류해서 아래와 같이 우선순위 분석 매트릭스에 표현해 보았다.

3. 그 결과 가장 시급하면서도 중요하게 해결되어야 할 핵심문제들로 판매부진 문제의 해결과 신제품개발이 선정될 수 있었다.

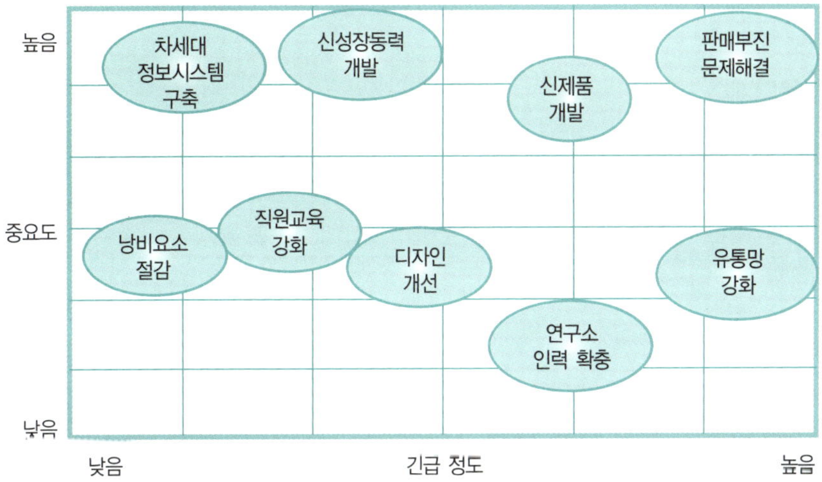

기법 22. 목표스토밍기법

가. 개념

목표스토밍기법(Goal storming)은 기득권을 가진 그룹구성원들이 합의를 도출하기 힘들 때 목표선정 과정을 구조화하고, 목표들 간의 우선순위를 결정하는 기법이다. 이 기법은 목표 결정과 브레인스토밍을 합쳐 놓은 기법으로서 기업의 목표를 찾아내고 선정하는 과정에 활용하기 위해서 개발된 기법이다.

이 기법의 강점은 목표를 찾는 과정에 구성원들이 가지고 있는 다양한 생각과 목표를 공유할 수 있다는 것이다. 또 회의를 하는 동안에 다른 사람들이 어떤 목표를 가지고 있는지를 알 수 있으며, 다른 사람의 의견과 목표에 대해서 어떻게 생각하는지를 알 수 있다. 그러나 반대로 그룹구성원들의 생각과 목표를 공유하면서 진행하는 과정이 시간이 많이 걸리고 지루하다는 단점이 있다. 또한 그룹 다이내믹스와 같은 일부 팀원들이 회의를 지배하는 부정적인 측면이 있을 수 있다.

예) • 기업목표 선정문제
• 한정된 자원의 배분문제
• 매립지 선정문제

나. 적용단계

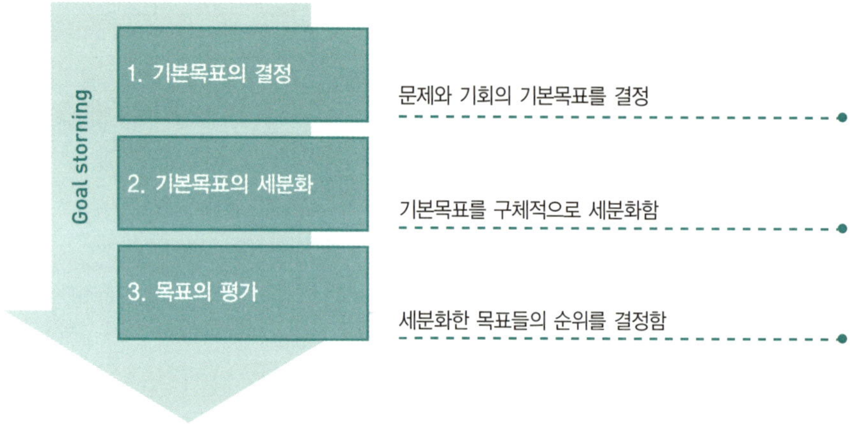

다. 활용사례

창문전자는 새롭게 진출한 노트북시장에서 경쟁사들과의 치열한 경쟁으로 인해 고전을 면치 못하고 있다. 이 사업부를 담당하고 있는 최은지 상무는 점점 치열해지고 있는 시장환경에 대응하기 위해 목표스토밍기법을 활용하여 사업부의 경쟁력 강화를 위한 방안을 논의해 보기로 하였다.

1. 먼저 문제의 기본목표를 창문전자 노트북 사업부의 경쟁력 강화로 설정하고 토론을 진행하였다.
2. 그 다음에 노트북 사업부의 경쟁력 강화라는 기본목표를 세분화해서 세부적인 목표를 도출하였다. 그 결과 우수한 품질, 가격경쟁력 확보, 브랜드이미지 향상, 감각적 디자인이라는 세부적인 목표들이 도출되었다.
3. 세분화된 4가지의 목표를 중심으로 우선순위를 결정하였다. 그 결과 우수한 품질을 확보하는 것이 가장 중요한 목표로 선정되었고, 그 다음으로 브랜드이미지

향상, 가격경쟁력 확보, 감각적 디자인 순으로 결정되었다.

기본목표	세부목표	순위
창문전자 노트북 사업부의 경쟁력 강화	1. 우수한 품질	1
	2. 가격경쟁력 확보	3
	3. 브랜드이미지 향상	2
	4. 감각적 디자인	4

기법 23. 가치나무기법

가. 개념

가치나무기법(value tree analysis)은 의사결정의 최종 목표를 의사결정자의 총 만족도로 설정하고, 이를 구성하고 있는 속성을 찾고, 속성을 달성하기 위한 목표와 측정수단을 찾아냄으로써 의사결정에 관련한 목표와 평가기준을 객관적으로 찾는 기법이다. 대부분의 의사결정에서 의사결정자의 목표는 주관적인 경우가 많으며 정확하게 객관적으로 정의하기가 어려운데, 이 기법은 총만족도, 대항목, 목표, 측정가능한 수단으로 단계적으로 분해하면서 다중목표를 객관적으로 찾을 수 있는 기법이다. 이 기법은 많은 이해당사자가 관련된 복잡한 의사결정의 목표를 객관적으로 찾는 데 유용하다.

가치나무기법은 총만족도, 속성, 목표, 측정수단의 순서로 접근하는 top-down 방식이나 측정수단, 목표, 속성, 총만족도의 순으로 접근하는 bottom-up 방식으로 목표와 평가기준을 찾을 수 있다.

예) • 경영혁신
• 인수합병 의사결정
• 정보시스템의 개발

나. 적용단계

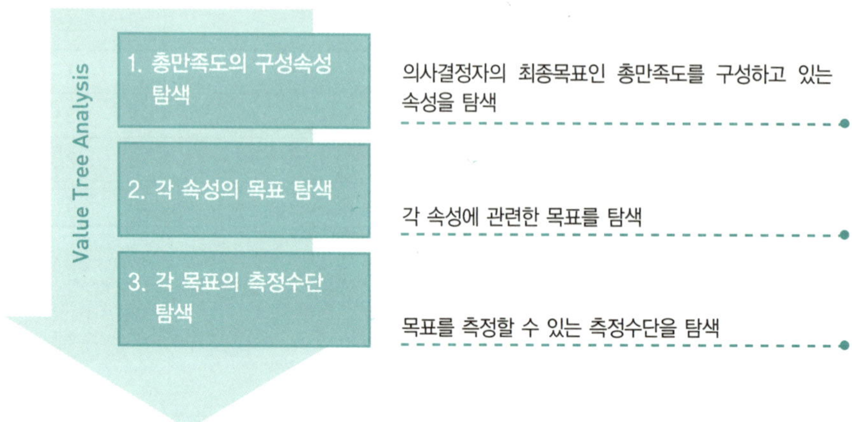

다. 활용사례

창문전자의 정대호 사장은 해마다 휴대폰사업부의 고객만족도를 평가하고 있다. 고객만족도를 평가할 때 고려해야 할 목표와 평가기준을 가치나무기법을 이용해서 찾아보기로 하였다.

1. 먼저 의사결정의 총만족도를 구성하고 있는 속성을 찾아보았더니 크게 성능, 편의성, 가격으로 찾아졌다.
2. 그 다음에 세 가지의 속성에 관련된 목표를 찾아보았다. 성능 속성에는 우수한 단말기 성능과 기능성으로, 편의성 속성에는 우수한 디자인과 다양한 응용 프로그램, 가격 속성에는 저렴한 구입비용과 저렴한 유지비용이라는 목표로 구성되어 있음을 알게 되었다.
3. 다음에 각 목표를 측정할 수 있는 측정수단을 찾아보았다. 우수한 단말기 성능과 기능성은 속도 및 용량과 기능의 수로, 우수한 디자인과 응용 프로그램은 고객선호도와 프로그램의 수로, 저렴한 구입비용과 유지비용은 초기구입비와 월이용료, A/S비용으로 측정하기로 하였다.
4. 총만족도, 속성, 목표, 측정가능 수단의 관계를 가치나무로 표현한 결과 다음과 같은 그림이 작성되었다.

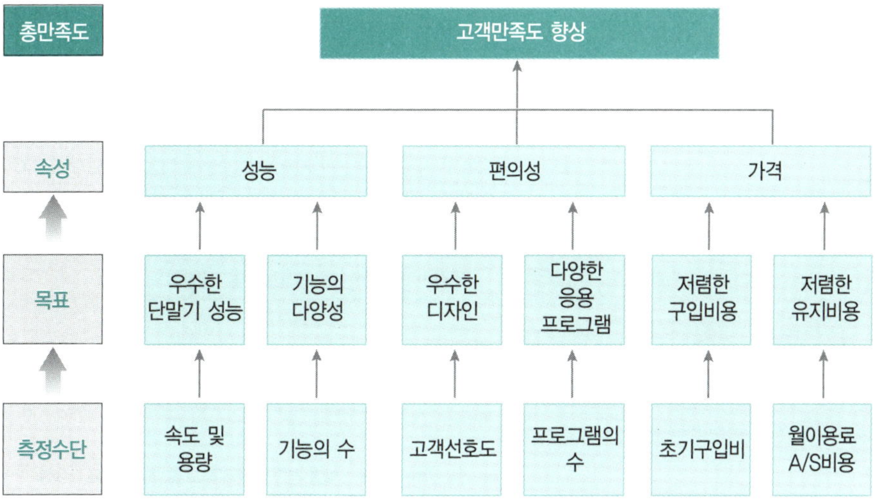

기법 24. SMARTA기법

가. 개념

SMARTA기법은 해결해야 할 문제가 여러 개인 상황에서 중요한 문제를 선정할 때 활용하는 기법이다. 기업에서 모든 문제를 한 번에 해결할 수 없기 때문에 중요한 문제부터, 효과가 큰 문제부터 해결해야 한다. 이 기법은 문제가 구체적인가(Specific), 성과가 측정가능한가(Measurable), 목표달성이 가능한가(Attainable), 결과와 성과 도출이 가능한가(Result-oriented), 일정한 기간 내에 실천이 가능한가(Time-bound), 책임자의 권한을 초과하는가(Authority-bound) 등의 관점에서 문제를 평가하게 된다.

이 기법은 본래 GE의 Workout 프로그램의 일환으로서 Workout의 주제를 선정할 때 활용하는 기법이지만 문제를 해결하는 대안을 선택할 때도 활용할 수 있다.

예) • Workout의 주제 선정
• 회의주제 선정
• 생산성 향상 방안

• 판매촉진 방안

나. 적용단계

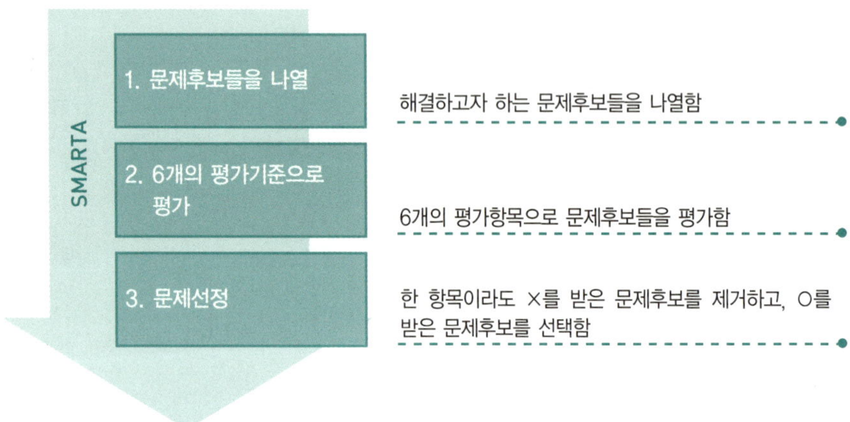

다. 활용사례

창문대학에서는 대학의 경쟁력을 높이기 위한 방안을 찾고 있다. 그 방법의 일환으로 창문대학의 정대호 학장은 방학 중에 workshop을 계획하고 있다.

1. 먼저 창문대학이 해결해야 하는 문제들을 탐색하였다. 그 결과 연구력 향상, 수업의 질 향상, 대학홍보 방안, 대학 구조조정 방안, 대학발전기금의 확충 등의 문제들이 제시되었다.
2. 이 다섯 가지 문제들을 SMARTA의 평가기준을 이용해서 평가하였다.
3. SMARTA기준으로 평가한 결과 연구력 향상, 수업 질 향상, 대학발전기금 모금의 세 가지 문제가 중요한 것으로 평가되었다. 정대호 학장은 이들 문제들 중에서 연구력 향상이 가장 시급한 문제라고 생각하고 이번 Workshop에서 이 문제를 토의하기로 하였다.

문제후보	구체성 (specific)	측정가능성 (Measurable)	목표달성 가능성 (Attainable)	결과/성과 도출가능성 (Result-Oriented)	기간 내에 실천가능성 (Time-bound)	의사결정자의 권한범위 (Authority-bound)
연구력 향상	○	○	○	○	○	○
수업 질 향상	○	○	○	○	○	○
대학홍보 방안	○	×	×	×	×	○
대학구조 조정방안	○	×	×	×	×	×
대학발전 기금	○	○	○	○	○	○

기법 25. Why Method기법

가. 개념

이 기법은 초기에 정의된 문제를 why라는 형태로 질문하고, 그에 대한 답을 하면서 문제를 이해하고 정의하는 방법이다. Why method는 처음에 정의한 문제를 문제의 영역(scope)을 넓혀가며 재정의하면서 문제에 대한 이해를 넓히고, 다양한 측면에서 문제를 정의해 볼 수 있는 기법이다. 이 기법은 다양한 측면에서 문제를 재정의 한다는 측면에서 문제범위 확대기법, 전후 계획법과 유사하며, 문제를 정의하는 과정에 활용할 수 있다.

예) • 직원의 사기향상 방안
• 자원의 배분문제
• 신제품의 실패원인 분석
• 기업경쟁력 강화 방안

나. 적용 단계

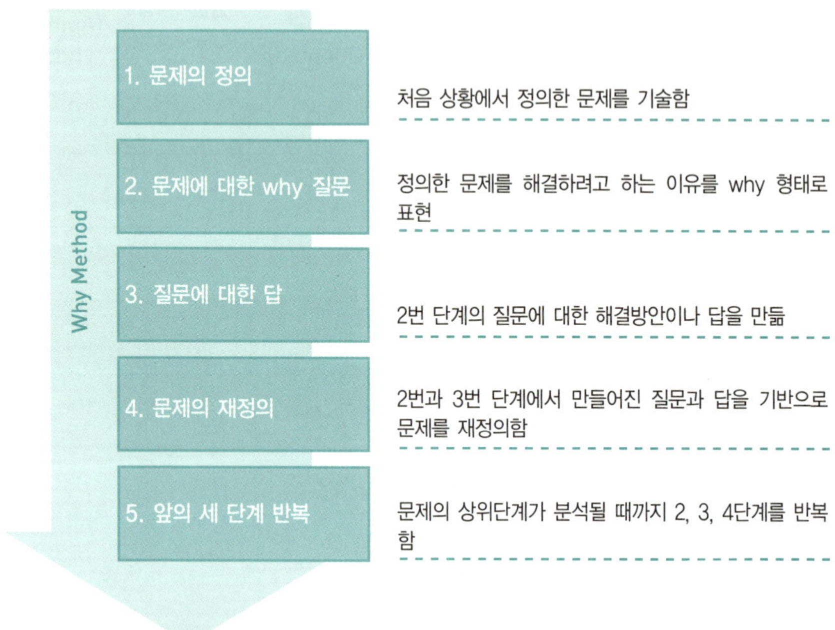

다. 활용사례

대형 제조회사의 작업장에서 사고가 자주 발생하고 있다. 따라서 이 공장의 윤상웅 공장장은 근로자들의 사고를 줄이기 위한 방법을 찾고 있다. 먼저 근로자들의 사고를 줄이는 방법을 why method를 통해서 재정의하면서 문제를 분석하기로 하였다.

1. 처음 문제인 근로자의 사고를 줄이는 방법을 다음과 같은 질문으로 구성하면서 시작하였다.
   - 질문 : 왜 근로자의 사고가 줄어들길 원하는가?
   - 대답 : 육체적인 상해로부터 근로자를 보호하기 위해서이다.
   - 재정의 : 우리는 어떻게 육체적인 상해로부터 근로자를 보호할 수 있는가?
2. 육체적 상해로부터 근로자를 보호하는 방법을 다시 질문으로 구성하였다,
   - 질문 : 왜 육체적인 사고로부터 근로자들을 보호해야 하는가?
   - 대답 : 회사 작업을 제대로 수행하기 위해서이다.
   - 재정의 : 우리는 어떻게 근로자들이 작업을 제대로 수행하기 위해 도울 수 있겠

는가?

3. 근로자들의 작업 수행을 돕는 방법을 다시 질문으로 구성하였다.
   - 질문 : 왜 근로자들이 작업을 제대로 수행하기 위해서 돕기를 원하는가?
   - 대답 : 회사의 이익을 증대하기 위해서이다.
   - 재정의 : 우리는 어떻게 회사의 이익을 증대할 수 있겠는가?
4. 회사의 이익을 증대하는 방법을 다시 질문으로 구성하였다.
   - 질문 : 왜 회사의 이익을 증대하길 원하는가?
   - 대답 : 국가경제를 활성화하기 위해서이다.
   - 재정의 : 우리는 어떻게 국가경제를 활성화시킬 수 있는가?
5. 이처럼 처음에 정의한 문제를 여러 방법으로 재정의하니 근로자의 사고를 줄이는 방법은 국가경제의 문제까지 연결되고 있음을 알 수 있었다.

기법 26. 문제재정의기법

가. 개념

문제재정의기법(Challenge Statement)은 해결하고자 하는 문제를 다양한 각도에서 다양한 방법으로 재정의해 봄으로써 문제를 정확하게 찾아내는 방법이다. 문제를 다양한 각도에서 분석해 보면 문제를 정확하게 찾아낼 수 있기 때문에 복잡한 문제는 다양한 각도에서 재정의해 보아야 한다. 문제를 정의하는 방법은 크게 세 가지로 나누어 질 수 있다.

- 문제의 핵심단어를 변화시켜 가면서 문제를 재정의하는 방법
- 문제의 영역을 확대해서 문제를 재정의하는 방법
- 문제의 영역을 축소해서 문제를 재정의하는 방법

이 기법은 문제를 정의하는 과정뿐만 아니라 문제의 해결방안을 찾는 과정에서도 활용할 수 있다.

예) • 생산성 저하 해결방안
• 판매실적 저하 해결방안
• 경쟁력 원인분석

나. 적용단계

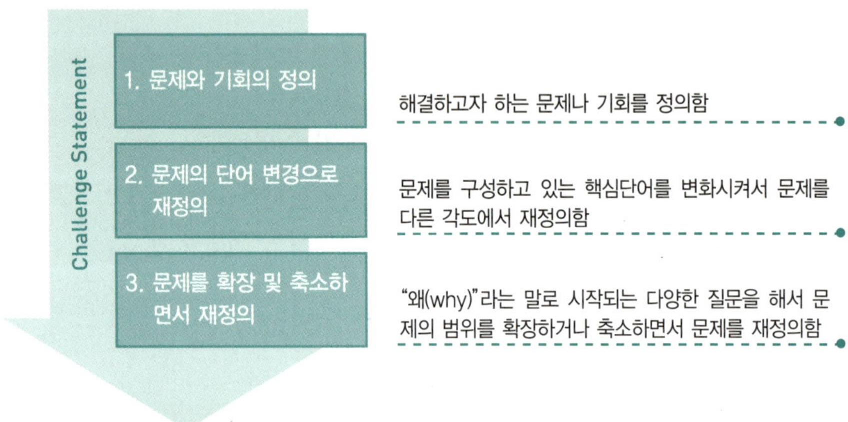

다. 활용사례

의약품연구소에 올해 초 새로 부임한 김정문 소장은 연구소의 경쟁력을 높이기 위한 방안을 찾고 있다. 김 소장은 경쟁력 강화 방안을 찾기 위해서 문제를 재정의해 보기로 하였다.

1. 먼저 연구소가 해결해야 하는 문제를 "연구소 연구원들의 경쟁력을 어떻게 향상할 수 있을까?"라고 정의해 보았다.
2. 그 다음에 연구소가 해결하고자 하는 문제의 단어를 변경시켜서 "연구원의 연구 분위기를 어떻게 조성할 것인가?", "우수한 연구원을 어떻게 확보할 수 있을까?"라고 재정의해 보았다.
3. 다음에는 문제의 영역을 확대하면서 "연구소의 신제품 개발건수를 어떻게 늘릴 수 있을 것인가?", "연구소의 신제품 개발기간을 어떻게 단축시킬 것인가?"라고 문제를 재정의해 보았다.
4. 마지막으로 문제의 영역을 축소하면서 "연구원들의 특허를 어떻게 늘릴 수 있을

까?", "연구원들의 이직을 어떻게 줄일 수 있을까?라고 문제를 재정의해 보았다.

5. 이처럼 문제를 다양한 각도로 재정의하면서 문제의 원인과 해결방안을 다양한 관점에서 분석할 수 있었다.

단계	내용
1. 문제의 정의	• 연구소 연구원의 경쟁력을 어떻게 향상할 수 있는가?
2. 문제의 단어변경	• 연구원의 연구 분위기를 어떻게 조성할 것인가? • 우수한 연구원을 어떻게 확보할 수 있을까?
3. 문제의 영역확대	• 연구소의 신제품 개발건수를 어떻게 늘릴 수 있을 것인가? • 연구소의 신제품 개발기간을 어떻게 단축시킬 것인가?
4. 문제의 영역축소	• 연구원들의 특허를 어떻게 늘릴 수 있을까? • 연구원들의 이직을 어떻게 줄일 것인가?

제4장

아이디어 개발단계

1. 아이디어를 개발하는 방법
2. 아이디어 개발기법의 이해

기법 27. 베스트프랙티스기법
기법 28. 브레인스토밍기법
기법 29. 속성나열기법
기법 30. SCAMPER기법
기법 31. ERRC기법
기법 32. 악마의 옹호자기법
기법 33. 단어 다이아몬드기법
기법 34. 분할기법
기법 35. 역가정기법
기법 36. 역할연기법
기법 37. 유추기법
기법 38. 마인드맵핑
기법 39. 만다라트기법

사례 24. 2011년, 제조업 화두는 '아이디어 경영'
사례 25. 회의가 회사 운명을 가른다
사례 26. 불황엔 기능 강조한 '속성마케팅' 먹힌다
사례 27. 日 히트상품… 거창한 혁신보다 고객 입맛 맞춰 대박
사례 28. 소비자 고정관념 깨니 '대박' 났네
사례 29. 고객의 의자
사례 30. 생명체는 기술 아이디어 보고

문제의 해결 여부를 결정한 다음에는 문제를 해결할 수 있는 아이디어를 개발해야 한다. 문제를 해결하기 위한 아이디어는 타당성, 경제성, 독창성을 갖추어야 한다. 타당성이란 아이디어가 문제를 해결할 수 있는지 여부를 의미하고, 경제성이란 아이디어가 문제를 해결하는 데 경제적으로 저렴한지 여부를 의미하고, 독창성이란 아이디어가 문제를 해결하는 데 새로운지 여부를 의미한다. 이들 세 가지 특성을 갖추지 못한 아이디어는 창의적 아이디어라고 할 수 없다.

기업에서 창의적 아이디어는 주먹구구식이 아니라 체계적인 방법을 통해서 개발하는 것이 바람직하다. 주먹구구식 방법으로 아이디어를 개발하면 어느 수준의 아이디어가 가장 타당한지, 경제적인지, 독창적인지를 알 수 없다. 그러므로 문제를 해결하는 아이디어는 체계적인 방법으로 개발하는 것이 바람직하다.

아이디어는 체계적인 방법을 통해서 개발되어야 하고 혼자보다는 여럿이 함께 개발하는 것이 바람직하다. 또한 아이디어를 개발할 때 아이디어의 개발과 평가가 동시에 진행되면 다양한 아이디어를 만들기 어렵기 때문에 아이디어 개발과 평가과정을 분리해야 한다. 뿐만 아니라 창의적인 아이디어를 만들기 위해서는 창의적인 아이디어 개발기법을 이용하는 것이 바람직하다. 아이디어 개발기법을 활용하면 보다 체계적으로 편리하게 창의적 아이디어를 개발할 수 있다.

제4장에서는 창의적 아이디어 개발방법론 Biz-Solver 방법 중에서 쉽게 활용할 수 있는 10가지 방법을 설명하고 있다.

사례 24 2011년, 제조업 화두는 '아이디어 경영'

1. 사례 본문

국내 산업계에 직원들의 아이디어를 활용하는 '아이디어 경영'이 최근 부각되고 있다. 그동안 직원들의 제안을 활용했던 기업들도 내년부터 포상금을 크게 확대하는 등 사내 아이디어 활용에 더욱 적극적인 행보를 보이고 있다. 27일 업계에 따르면 현대중공업은 내년부터 직원들의 아이디어를 활용하는 '제안활동' 포상금을 현재보다 2~5배 이상 인상키로 했다. 회사는 월별 유형효과 500만 원 이하인 5급에 해당하는 제안은 2,000원에서 1만 원으로, 4급 제안(유형효과 500만~1,000만 원)은 5만 원에서 10만 원, 3급 제안(1,000만~2,500만 원)은 10만 원에서 20만 원으로 인상한다. 유형효과가 2,500만 원 이상인 1, 2급 제안은 포상금을 규정하지 않는 대신 유형효과 금액의 2%를 1,000만 원 한도 내에서 지급하며 대표이사 표창, 승진 가점 1점을 부여키로 했다. 현대중공업 관계자는 "포상금 인상은 직원들의 아이디어가 그만큼 효과가 있기 때문에 추진되는 것"이라며 "회사 역시 직원들의 아이디어를 독려하기 위해 포상 확대, 즉시 반영 등의 다각적인 지원활동을 펼치고 있다"고 말했다. 한편 현대중공업의 제안활동은 지난 1980년부터 실시되고 있으며 2009년에는 전체 직원의 70%인 1만 6,000명이 총 14만 5,000여 건의 아이디어를 제출했다. 이 중 12만 4,700건을 실무에 적용해 무려 459억 원을 절감했다는 게 회사 측 분석이다.

포스코는 올 하반기부터 창의적인 발명을 한 직원들에게 제공하는 보상금을 기존 1,500만 원에서 1억 원으로 상향 조정했다. 이번 인상은 핵심기술 개발기간을 단축하고 효율성 높은 기술개발에 공헌이 큰 직원들에게 그만큼의 포상을 하기 위해서라는 것이 회사 측의 설명이다. 이번 포상규모의 확대로 회사는 앞으로도 굵직한 아이디어가 쏟아질 것으로 기대하고 있다. 포스코 관계자는 "이번 포상 확대는 직원들의 아이디어 참여를 이끌기 위해 마련된 만큼 시간이 지날수록 좋은 아이디어가 꾸준히 나올 것으로 보고 있다"고 말했다.

중소기업 역시 직원들의 아이디어 활용에 동참하고 있다. 한경희 생활과학은 지난 9월 최대 1억 3,000만 원+α 포상금을 내걸고 아이디어 공모를 실시한 바 있다. 이에 따라 창조적 아이디어를 발굴하고 성과를 낸 직원은 직급과 연차에 상관없이 1년에 최대 1억 원 이상의 두둑한 포상금을 받을 수 있도록 했다. 회사 측은 "이는 창의적인 업무환경을 만들어 혁신적인 아이디어를 발굴하겠다는 취지"라며 "기존에 없는 제품과 서비스를 선보이는 '창조기업'으로 거듭나는 데 목적이 있다"고 말했다. 재계의 한 관계자는 "원가절감, 작업환경 개선 등의 목적 외에도 현장 아이디어는 회사와 직원의 소통 여부를 측정할 수 있는 척도가 되기도 한다"며 "아이디어를 제안받아 이를 활용한다는 것은 직원들의 의사에 그만큼 귀를 기울이고 있다는 방증이 되기 때문"이라고 말했다.

출처 : 아시아투데이(2010. 12. 27)

2. 시사점

창의적 아이디어는 무궁한 가치를 갖는 기업의 중요한 자산이다. 그러므로 기업들은 가치를 창출할 수 있는 아이디어들을 발굴하고, 활용하기 위한 체계적인 전략을 수립해야 한다. 예를 들어서 직원들에게 교육훈련 기회를 제공해서 창의적 아이디어를 만들 수 있는 능력을 갖게 해 주고, 이들이 적극적으로 양질의 아이디어를 만들 수 있는 환경을 조성해 주고, 아이디어들을 구체화해서 성공했을 때 공정한 보상을 해 주는 방안을 수립해야 한다.

1. 아이디어를 개발하는 방법

가. 과거방법을 활용하라

창의적 아이디어를 개발하기 위해서 가장 쉽게 활용하는 방법은 해결하고자 하는 문제와 유사한 과거의 문제들을 찾아서, 그 문제를 해결하는 데 사용했던 아이디어들을 활용하는 것이다. 예를 들어서, 환자의 병을 치료할 때 비슷한 증세를 가진 다른 환자의 치료방법을 적용하거나 혹은 다른 기업의 컨설팅 사례를 활용해서 새로운 고객사의 문제를 해결하는 방법이다. 이 방법은 적용하기가 매우 쉽기 때문에 많이 사용되는 방법인 반면에 아이디어의 독창성은 낮은 편이다.

과거방법 활용하기에 사용되는 방법으로는 베스트프랙티스기법, 벤치마킹과 같은 기법 등이 있고, 과거사례의 DB나 KMS를 활용할 수 있다.

나. 그룹으로 개발하라

아이디어를 개발하는 또 다른 방법은 그룹으로 아이디어를 개발하는 방법이다. 그룹으로 개발하는 방법이란, 다수의 사람들이 모여서 자유로운 분위기 속에서 다양하고 창의적인 아이디어를 개발하는 방법을 의미한다. 예를 들어서, 새로운 휴대폰을 개발하고자 할 때 전략, 마케팅, 디자인, 생산, 소비자 등 각 영역에 속한 구성원들이 그룹으로 모여서 다양한 관점에서 자유롭게 아이디어를 개발할 수 있다.

그룹으로 아이디어를 개발하면 문제를 다양한 각도에서 분석할 수 있고, 다양하고 창의적인 아이디어가 나올 가능성이 많다. 그룹으로 아이디어를 개발할 때는 팀원이 자유롭게 의견을 제시하고, 분석할 수 있는 분위기를 조성하는 것이 매우 중요하다. 또한 팀원 간에 서로의 감정을 자극하지 말고, 적대관계에 있는 사람의 의견을 최소화하지 말아야 한다.

그룹으로 아이디어를 개발하는 방법으로는 브레인스토밍기법, 브레인라이팅기법, 명목그룹기법, 델파이기법 등이 있다.

사례 25 회의가 회사 운명을 가른다

1. 사례 본문

중요한 의사결정을 위한 전략회의든, 창의적인 소재를 찾기 위한 아이디어 회의든 회의의 기본은 허심탄회하고 솔직한 대화다. 회의 참석자가 입을 닫아버리면 제 아무리 잘 디자인한 회의도 시간낭비일 뿐이다. 활발한 커뮤니케이션을 위해 가장 경계해야 할 점은 회의에 정치가 개입하는 것을 막는 일이다. 고위급 임원 등 의사결정권자는 직·간접적으로 정치적이고 감정적인 요인에 영향을 받기 마련이다. 개인적인 선호가 분명하거나 평소에 아끼던 직원이 내놓는 안을 선호하는 것도 인지상정이다. 회의를 데이터 대신 정치가 장악하는 일은 의외로 흔하다. 이런 일이 잦아지면 회의는 무용지물이 된다. 정치를 잘하는 직원은 끊임없이 떠들어대고, 나머지 직원은 움츠러드는 일이 발생한다. 데이터회의는 정치를 막는 첩경이다.

마리사 마이어 구글 부사장은 디자인회의 때 "나는 이게 좋다"는 문장을 쓰지 못하도록 한다. "나는 이 웹디자인이 좋다" 또는 "나는 이 제안이 너무 마음에 든다"는 식으로 얘기를 하면 안 된다. 대신 "실험 결과 그 디자인을 채택하면 10% 더 높은 성과를 올리는 것으로 나타났다"는 식으로 얘기해야 한다.

회의를 주관하는 최고의사결정권자가 먼저 얘기를 하는 것도 경계해야 한다. 최고결정권자가 얘기를 듣지 않고 먼저 얘기를 꺼내거나 말을 많이 하면 회의참석자들은 입을 닫아 버린다. "회의해봐야 결론은 뻔하다"는 얘기가 나오는 이유다. 제프리 이멜트 GE 회장은 "회의를 하다 보면 의사결정 답이 머릿속에 떠오르는 경우가 있지만 참석자들이 정답을 찾아가거나 더 나은 방안을 찾아낼 수 있도록 조용히 듣고 있는 것이 더 효과적"이라고 말하기도 했다. 많은 CEO는 회의 때 말을 하고 싶은 유혹을 버리지 못한다. 오히려 회의 대부분을 훈계와 지시로 교육용으로 만들어버리는 경우가 허다한데 이것은 실로 최악이다.

인텔은 원 온 원(One on One)이란 회의방식을 도입해 상급자가 아무런 준비 없이 회의에 들어와 떠들어대는 일을 막는다. 이는 회의가 필요한 사람이 같이 회의가 필요한 사람에게 회의를 직접 요청하는 방식이다. 회의를 요청하는 사람은 회의의 어젠더부터 역할에 이르기까지 회의와 관련된 모든 걸 준비해야 한다. 원 온 원은 직위 고하를 막론하고 진행되며, 회의 요청을 받은 사람은 거절할 수 없다. "쓸데없는 회의는 최소한으로 줄이고, 직위를 막론하고 준비 없이 떠들어대는 일은 있을 수 없다"는 장점이 있다.

회의참석자들이 입을 닫는 또 다른 이유는 리스크를 짊어지기 싫기 때문이다. 회의 때 자칫 말을 잘못했다간 불이익을 받게 될 것이라는 걱정이 바로 이 리스크다. 회의는 복잡한 조직문화를 반영하고 있어 이런 문제를 없애는 건 쉬운 일이 아니지만 일부 익명성을 도입하는 방식으로 부분적으로 해소하는 기업도 있다. 실리콘밸리의 벤처기업 박스닷넷은 회의 때 7분 동안 직원들이 포스트잇에 가능한 한 많은 아이디어와 제안을 적도록 한다. 익명으로 쓴 포스트잇을 모두 벽에 붙인 후 직원들이 읽고 재배치하면서 솔루션을 찾아간다. 돈이 얼마나 드는 제안이든, 어처구니없는 제안이든 모든 아이디어를 모을 수 있는 방법이다.

효율적인 회의는 회의환경이나 물리적인 방식에 영향을 받기도 하는데, 이 때문에 기업마다 나름대로 독특한 회의문화가 있다. 선마이크로시스템스 CEO였던 스콧 맥닐리는 재임기간 중 회의 때 파워포인트를 금지했다. 그는 "파워포인트를 금지한 이후 기록적인 실적을 올렸다"고 말했다. 맥닐리는 한국에 방문했을 때 옛 OHP 방식의 슬라이드에 직접 손으로 그림이나 도표를 그려가며 설명을 하던 도중 "만일 내가 그리고 있는 도표나 그림을 파워포인트로 만들려고 했다면 엄청난 시간을 낭비했을 것"이라고 일갈하기도 했다. 딕슨 쉬와블 광고회사는 회의 때 직원들이 물총을 하나씩 가져오는데, 누구라도 상대방 얘기에 부정적인 코멘트를 날리면 바로 물총 세례를 받게 된다. "직원들이 비난받을 걱정을 하지 않고 마음껏 말을 하도록 하겠다"는 의도에서다.

그러나 이와는 완전 반대인 사례도 있다. 인텔의 창업자인 앤디 그로브는 회의의 중요성을 누구보다도 강조한 인물인데, 활발한 토론이 필요한 회의에서는 일부러 비판을 많이 하거나 격한 논쟁을 하는 직원을 참여시켜 토론을 유도하기도 했다.

출처 : 매일경제(2010. 10. 15)

2. 시사점

회사에서 어떤 문제를 해결할 때 가장 많이 활용하는 방법이 회의를 소집하는 일이다. 회의는 문제를 찾아내고, 분석하고, 결정하고, 아이디어를 개발하고, 아이디어를 선택하고 추진하는 과정에서 가장 중요한 역할을 하는 그룹 의사결정과정이다. 이처럼 회의에서 많은 일들이 논의되고 결정이 됨에도 불구하고, 회의의 품질이나 생산성에 대해서는 진지한 고민을 하지 않는다. 회의를 어떻게 진행해야 하는지, 회의를 주재하는 사람은 어떤 역할을 해야 하는지, 회의에 참가하는 사람들은 어떤 역할을 해야 하는지, 회의의 분위기를 어떻게 만들어가야 하는지, 회의를 통해서 어떤 결과를 도출해야 하는지 등에 대해서 진지한 검토가 필요하다.

다. 목표속성을 만족시켜라

창의적인 아이디어를 개발하는 또 다른 방법은 문제해결 목표의 속성을 만족시키는 방법이다. 목표의 속성을 만족시키는 방법이란, 문제를 해결해서 달성하고자 하는 목표의 속성들을 찾아낸 다음에, 이 속성들을 만족시키기 위한 아이디어를 개발하는 방법을 말한다.

목표의 속성이란 문제를 해결하고자 하는 목표가 가진 중요한 속성을 말한다. 예를 들어, 자동차 개발의 목표 속성은 안전성과 편리성, 속도 등이다. 목표 속성을 만족시키는 방법은 자동차의 중요한 목표 속성 중 하나인 안전성을 만족시키기 위해 안전벨트, 에어백 등과 같은 안전성을 높이는 데 필요한 아이디어를 개발하는 방법을 의미하는 것이다. 목표의 속성을 만족시키는 방법도 과거방법의 활용이나 그룹으로 개발하는 방법과 같이 기존의 아이디어들을 조금씩 개선해 나가는 수준으로, 활용하기가 상대적으로 쉬운 편이다.

목표속성 만족시키기에 사용되는 방법으로는 속성나열법, 형태학기법, 원형관계기법, 휴리스틱 아이디어기법 등이 있다.

사례 26 불황엔 기능 강조한 '속성마케팅' 먹힌다

1. 사례 본문

사양산업으로 인식돼온 신발산업에서 설립 4년 만에 매출을 700배로 끌어올린 기업이 있다. 앞 코에 구멍이 숭숭 뚫린 고무 신발을 파는 미국의 '크록스(Crocs).' 불황기의 위기극복전략으로 크록스의 성공 스토리와 창의적인 마케팅이 새삼 주목받는 이유다.

이장우 브랜드마케팅그룹 대표코치는 10일 서울 삼성동 인터콘티넨탈호텔에서 열린 전국경제인연합회 국제경영원 주최 최고경영자 월례조찬회에 강연자로 나서 "불황기일수록 합리적으로 따져 보고 고를 수 있는 브랜드가 각광받기 마련"이라며 "제품의 기능을 강조한 크록스의 마케팅 성공전략을 돌아봐야 한다"고 주장했다.

실제로 2003년 크록스의 매출은 120만 달러에 불과했다. 그러나 2007년 매출은 8억 4,740만 달러까지 성장했다. 순이익도 1억 6,820만 달러에 달했다. 물론 지난해엔 경기침체의 여파로 1억 8,360만 달러에 달하는 순손실도 기록했지만 우리나라에선 오히려 인기몰이가 한창이다. 유아 및 초등학생들에게 필수 아이템으로 자리잡으면서, 중국산 짝퉁 제품들도 적지 않을 정도다. 이러한 크록스의 인기는 무엇보다 제품력에 기인한다. 기포가 내재된 합성수지인 '크로슬라이트'라는 특수소재로 제작, 가볍고 편안한 것이 특징. 앞 코에 구멍이 뚫려 있어 통풍이 잘 되고, 레저활동에도 편리하다. 물이 쉽게 들어오나 또 금방 새 나가 빨리 마른다. '방수신발'이 아니라 아예 '누수신발'을 만든 '역발상'이라고 할 수 있다.

크록스의 또 하나 성공비결은 재미와 소비자 참여의 길을 열어 놓았다는 데 있다. 크록스는 신발 구멍에 '지비츠'(Jibbitz)라는 액세서리를 손 쉽게 떼고 붙일 수 있도록 했다. 세상에서 하나뿐인 자신만의 신발을 만들 수 있게 된 것. 창의성을 바탕으로 다양한 유통채널을 활용한 것도 성공에 한몫 했다. 신발전문 매장 및 백화점을 비롯한 전통적 신발유통채널 외에 인터넷은 물론이고 유동인구가 많은 곳에 간이판매대(키오스크)를 운영하고 있다. 우리나라에선 학교 앞 문방구에서도 판다. 그러나 이 대표코치는 이 같은 제품의 경쟁력 외에도 제품의 기능을 강조하는 '속성(屬性)마케팅'이 주효했다는 점을 강조했다. 그는 "크록스는 애플이나 할리 데이비슨처럼 감성을 내세운 마케팅을 편 게 아니라 제품의 특성을 알리는 데 주력했다"며 "미끄럽지 않고 바이러스에 강한 속성, 세탁의 편리성 등 제품의 특성을 한눈에 전하는 속성마케팅의 전형을 잘 보여줬다"고 설명했다.

이 대표코치는 이어 "최근 제품과 기술이 평준화하면서 기존의 감성마케팅으로는 소비자 주목을 끌 수 없다"며 "이젠 제품의 기능과 품질을 강조하는 속성마케팅으로 승부를 걸어야 한다"고 강조했다. 맛을 강조한 맥주 '맥스'와 성장호르몬을 촉진시키는 신발임을 선전하고 있는 프로스펙스의 'U공학 아동가방' 등도 이런 사례다. 불황기일수록 제품의 본질, 본성, 본심을 직접 강조하는 마케팅이 소비자들에게 더 호소력을 갖는다는 게 그의 주장이다.

출처 : 한국일보(2009. 7. 10)

2. 시사점

이 사례는 Back to the Basic을 연상시키는 사례이다. 고객이 원하는 니즈를 정확하게 찾아내고, 이를 충족시켜 주는 것이 기업경영의 핵심이다. 모든 문제해결에서도 문제를 해결해서 달성하고자 하는 목표의 속성을 정확하게 찾아내고, 이를 충족시켜 줄 수 있는 방안을 찾아내는 것이 문제해결의 핵심이다. 그러므로 문제를 해결할 때는 문제해결의 목표가 무엇인지, 목표의 구체적인 속성들이 무엇인지를 명확하게 찾아내어야 한다.

라. 아이디어를 변형하라

창의적인 아이디어를 개발할 때 가장 많이 활용하는 방법은 기존의 아이디어를 변형하는 방법이다. 아이디어를 변형하는 방법이란, 기존에 개발된 아이디어를 확대, 축소하거나, 통합하거나, 제거하는 등의 변화 과정을 통해서 새로운 아이디어를 개발하는 것을 의미한다. 예를 들어서, 기존 노트북이나 휴대폰의 기능을 확대, 축소, 추가, 제거, 대체 등의 과정을 통해서 새로운 제품을 개발하는 방법이다. 이 방법은 기존 아이디어를 다양하게 변화시키면서 새로운 아이디어를 쉽게 개발할 수 있기 때문에 아이디어 개발 과정에서 널리 활용하는 방법이다.

아이디어를 변형하는 방법으로는 SCAMPER기법, ERRC기법, 체크리스트기법, 제품개선 체크리스트기법 등이 있다.

마. 아이디어를 공격하라

창의적인 아이디어는 기존의 아이디어를 공격해서 개발할 수 있다. 아이디어를 공격하는 방법이란, 기존의 아이디어가 가진 가정, 약점, 타당성, 논리성을 공격하고, 그에 대한 대응방안을 찾아가면서 새로운 아이디어를 개발하는 방법을 의미한다. 예를 들어서, 고객만족도를 높일 수 있는 신규서비스를 개발한 다음에, 신규서비스의 문제점과 약점을 분석하면서 새로운 서비스에 대한 아이디어를 개발하는 방법이다. 아이디어를 공격하는 방법은 아이디어를 변형하는 방법과 마찬가지로 기존의 아이디어를 적극적으로 변화시켜 가면서 새로운 아이디어를 개발하는 방법이기 때문에 점진적인 방법이라고 할 수 있다.

아이디어 공격하기에 사용되는 방법으로는 악마의 옹호자기법, 변증적 질의기법, 아이디어왕관기법 등이 있다.

사례 27 日 히트상품… 거창한 혁신보다 고객 입맛 맞춰 대박

1. 사례 본문

한 해에만 수십만 개의 신상품이 쏟아지는 일본시장에서 작년 최고의 히트상품은 무엇일까? 그것은 첨단 전자제품이나 멋진 패션제품이 아니었다. 밥에 뿌려서 비벼 먹는 고추기름 '다베루 라유(食べる辣油)'였다. 식품업체 '모모야'가 내놓은 이 제품이 2010년 '닛케이 트렌디'가 선정한 히트상품 1위에 올랐다. 조금 매운 정도의 소스에 마늘과 양파, 채소 같은 건더기를 추가한다. 쌀밥과 절묘하게 어우러지는 그 맛이 일본인들의 밥상을 뒤흔들었다. 일본인은 예전부터 밥에 뿌려 먹는 감미료인 후리카케(ふりーかけ)를 즐겨왔다. 모모야는 이 점에 착안했다. 조리할 때 양념으로만 사용되던 고추기름의 성분과 맛을 변형해 후리카케처럼 바꿨다. 경쟁업체까지 가세하면서 라유시장이 1년 새 130억 엔에서 940억 엔으로 7배 커졌다. 고추기름의 '파생상품'도 인기를 끌었다. 훼미리마트는 '라유 삼각김밥'을 내놓았는데, 작년 한 해 동안 500만 개 이상 판매되는 돌풍을 일으켰다.

파나소닉이 내놓은 휴대용 전동 칫솔인 '포켓 돌츠(Pocket Doltz)'는 여성들에게 선풍적 인기를 끌었다. 소형 손가방(파우치)에 쏙 들어가는 돌츠는 전동칫솔은 집에서만 사용한다는 고정관념을 깨고 발매 6개월 만에 100만 개가 팔렸다. 마스카라 케이스를 닮은 고급스러운 컬러와 콤팩트한 디자인이 여심(女心)을 사로잡았다. 또한 가전제품 코너뿐 아니라 약국과 화장품 코너, 계산대 옆 등에도 배치해 쉽게 손이 가도록 했다. 이 제품의 등장으로 가정용 전동칫솔의 시장규모가 2배로 늘었다.

냄새와 연기 없이 간편하게 생선을 구울 수 있다면? 고바야시 제약이 출시한 '생선 굽는 팩'은 주부들의 이 같은 고민을 해결해 준 아이디어 상품이다. 팩에 생선을 싼 채 전자레인지에 넣고 3분만 돌리면 팩 내부의 특수 필름이 200도까지 올라가면서 바삭한 생선구이가 완성된다. 냄새와 연기가 나지 않고 사용 후엔 그냥 버리면 된다. 출시 1년 만에 450만 개가 팔리는 기록을 세웠다. 1~2인 가구가 급증하면서 소량의 간편한 조리음식을 선호하는 트렌드에 맞춘 게 적중한 것이다.

영국 가전제품 업체인 다이슨의 날개 없는 선풍기 '에어 멀티플라이어'와 소니의 디지털 카메라 'Nex'도 히트했다. '에어 멀티플라이어'는 일반 선풍기보다 5배나 높은 가격에도 불구하고 깔끔한 디자인과 편리함, 안전성에 힘입어 일반 선풍기만큼 팔렸다. Nex는 크기와 조작의 간편성은 일반 콤팩트 카메라와 비슷하면서 기능은 전문가용 디지털 카메라 수준으로 끌어올려 단숨에 디지털 카메라 부문 판매 2위에 올랐다.

이들 상품의 공통점은 획기적인 기술혁신의 산물이라기보다는 고객의 니즈에 맞춘 아이디어 제품이라는 것이다. 소비자 니즈에 맞춰 기존 제품의 기능을 확대하거나 바꾸었다. 시장에서 승자가 되는 길은 거창한 기술혁신에만 있는 게 아니라 시장의 니즈에 기민하게 대응하는 데에도 있다는 것을 보여준다.

출처 : 위클리비즈(2011. 1. 8)

2. 시사점

이 사례는 고객의 관점에서 기존의 제품과 서비스를 변화시키면 보다 독창적인 제품과 서비스를 개발할 수 있음을 보여주고 있다. 문제를 해결할 때 기존 아이디어들을 변형시키면 새로운 아이디어를 쉽게 만들 수 있다. 이처럼 우수한 아이디어를 가장 쉽게 만드는 방법 중 하나는 기존 아이디어를 변화시켜 가면서 개발하는 방법이다. 기존제품과 서비스를 체계적으로 변화시키고 변형시키는 방법인 SCAMPER기법, ERRC기법, 체크리스트기법 등을 효율적으로 활용할 수 있어야 한다.

바. 문제의 범위를 변화시켜라

창의적인 아이디어를 개발할 때 문제의 범위를 변화시켜서 아이디어를 개발할 수 있다. 문제의 범위를 변화시키는 방법이란, 문제의 영역과 범위를 변화시키거나, 문제의 구성요소들을 분할 혹은 분해하면서 새로운 아이디어를 개발하는 방법을 의미한다. 예를 들어서, 제품 개선의 문제를 고객만족도 향상이나 회사 경쟁력 강화 문제로 확대한다든지, 고객의 불만들을 영역별로 나누어가면서 각 영역별로 개선방안을 찾아내는 방법이다. 이 방법은 기존의 아이디어를 변화시키는 소극적인 방법에서 벗어나 영역과 범위를 확대해 봄으로써 보다 획기적인 아이디어를 개발하는 혁신적인 방법 중 하나이다.

문제의 범위를 변화하면서 아이디어를 개발하는 방법으로는 목표과장기법, 분할기법, 슬라이스 앤 다이스기법, 치통나무기법, 두 단어기법, 단어 다이아몬드기법, 문제범위 확대기법, 문제재정의기법, 전후계획법, 순차적 추상기법, Why method기법 등 매우 다양한 기법들이 있다.

사. 가정에 도전하라

창의적인 아이디어를 개발할 때 전통적인 가정에 도전하면 혁신적인 아이디어를 개발할 수 있다. 가정에 도전하는 방법이란, 기존의 가정이나 고정관념에 대해 과감하게 도전하거나, 현재와 정반대의 방법으로 생각함으로써 창의적인 아이디어를 개발하는 방법을 의미한다. 예를 들어서, 철도 역사에서는 기차만 타고 내린다는 가정에 도전해서 회의실 임대서비스를 제공한다거나, 고객이 대출서비스를 위해 은행을 찾아오는 기존 방식과 반대로 고객에게 찾아가는 대출서비스를 제공하는 아이디어 등이 바로 가정에 도전한 사례들이다. 이 방법은 혁신적인 아이디어를 개발하기가 쉬운 반면에 위험성이 크기 때문에 세밀한 접근이 필요하다.

가정에 도전해서 아이디어를 개발하는 방법으로는 가정의 반전기법, 역가정기법, 역발상기법 등이 있다.

사례 28 소비자 고정관념 깨니 '대박' 났네

1. 사례 본문

소비자들의 고정관념을 깬 제품들이 인기를 끌고 있다. CJ라이온은 최근 빨간색의 주방세제 '참그린 석류식초 설거지'를 출시했다. '주방세제=초록색'이라는 소비자의 고정관념에 도전한 것이다. 천연 석류식초를 함유하고 있는 이 제품은 석류의 붉은색을 반영해 투명한 레드 컬러를 띠고 있다. 세제의 향도 석류향이다. 이 제품은 9월 출시 후 한 달간 160만 개가 팔려 나갔다. 이 회사는 앞서 5월 '참그린 참숯' 주방세제에 함유된 천연 숯 성분을 20% 늘리면서 숯 특성을 잘 살릴 수 있도록 용기 색깔을 검은색으로 바꿨다. 이 제품은 용기 색깔을 바꾼 뒤 판매량이 종전보다 15% 늘었다. CJ라이온 참그린 브랜드매니저 전수경 대리는 "색깔을 통해 소비자들에게 제품의 특성을 명확하게 전달하는 데 성공했고, 각 제품의 알록달록한 색감이 시각적 즐거움을 제공해 소비자들로부터 좋은 반응을 얻고 있다"고 말했다.

오리온의 과자 브랜드인 '닥터유'의 신제품 '튀기지 않은 도넛'도 고정관념을 깬 경우다. 도넛은 단시간 안에 골고루 익히기 위해 가운데에 구멍이 뚫려 있고, 기름에 튀긴다. 하지만 이 제품은 떡처럼 스팀으로 쪄내는 방식으로 익히면서 제품 구멍도 막았다. 이 제품엔 친환경 무항생제 계란 · 오메가3 · 비타민B군 · 식이섬유 등 특이한 원료를 넣어 차별화를 꾀했다. 6월 출시 이후 비수기인 여름철에도 신제품 한 달 평균 매출액의 두 배 가까운 18억 여원의 매출을 기록하며 순항 중이다.

머리 감을 때 쓰는 샴푸를 발 전용으로 바꾼 제품도 있다. 이니스프리가 내놓은 발 전용 '쿨링풋 샴푸'는 지친 발의 피로를 풀어 주고, 발 피부를 매끄럽게 관리해 주는 항균샴푸다.

화장품은 완제품으로만 나온다는 발상을 깬 제품도 나왔다. 스킨푸드는 마시는 차처럼 사용할 때마다 티백을 우려내 사용하도록 하는 '오미자 화이트닝 토너'를 출시했다. 토너 뚜껑을 열고 오미자 티백을 토너에 1분 정도 우려낸 뒤 사용한다. 소비자가 직접 티백을 담그는 순간 완제품이 되는 셈이다. 즉석에서 신선하게 사용할 수 있다는 장점이 있어 제품 출시 이후 온라인을 중심으로 입소문이 나며 인기를 끌고 있다.

죽은 뜨겁다는 고정관념을 깬 차가운 죽도 있다. 죽 전문 프랜차이즈점 '죽이야기'는 '후르츠 냉호박죽'과 '웰빙초계냉반'을 내놓았다. 죽이야기 측은 "냉죽은 새로운 식사대용 아이템을 찾는 20~30대 여성들 사이에 특히 인기가 높다"고 말했다. 이외에 "아이스티는 달다"는 고정관념을 깨고 설탕 함량을 3분의 1로 줄인 동서식품의 아이스티 '티오'도 출시 후 인기를 끌고 있다.

출처 : 중앙일보(2010. 9. 25)

2. 시사점

창의적 아이디어를 개발할 때 가장 혁신적인 방법 중 하나는 관점을 달리 하는 것이다. 기존의 고정관념을 무너뜨린다거나, 기존의 방법과 반대로 한다든가, 기존의 가정을 극복한다든가 등의 방법을 활용하면 혁신적이고 독창적인 아이디어를 만들 수 있다. 단, 혁신적이고 독창적인 아이디어일수록 위험부담이 크고, 실현가능성이 적다는 점을 주의해야 한다.

아. 새로운 관점으로 보라

창의적인 아이디어를 개발할 때, 가장 유용한 방법 중 하는 새로운 관점으로 아이디어를 개발하는 방법이다. 새로운 관점으로 아이디어를 개발하는 방법이란, 문제를 기존의 관점이 아닌 다른 관점, 즉 다른 사람, 다른 시간, 다른 장소 등에서 바라보면서 아이디어를 개발하는 방법을 의미한다. 예를 들어서, 금융상품을 개발할 때 고객의 관점에서 개발한다든지, 성과평가시스템을 설계할 때 직원들의 입장에서 접근하는 방법 등이 새로운 관점으로 보는 방법이다.

이 방법은 문제를 바라보는 시각에 따라서 다양하고 독창적인 아이디어가 나올 수 있지만 가정에 도전하거나 문제의 범위를 변화시키는 방법과 마찬가지로 매우 혁신적인 방법이기 때문에 세밀하게 접근하는 것이 바람직하다.

새로운 관점으로 아이디어를 개발하는 방법으로는 역할연기법, 여섯색깔모자기법, CATWOE기법, 새로운 시각기법, 역할스토밍기법, 이해당사자기법, 타인의 관점기법 등이 있다.

사례 29 고객의 의자

1. 사례 본문

신한카드(이재우 대표)가 '2010 한국서비스품질지수' 신용카드부문 2년 연속 1위에 선정됐다. 신한카드 임원회의실 CEO 좌석 옆에는 '고객의 의자'가 있다. 또 모든 전자결재 양식에는 "최종 결재는 고객이 하십니다"라는 문구가 적혀 있다. 이는 모든 의사결정의 관점을 고객의 입장에서, 모든 목표는 고객가치를 실현하는 데 두겠다는 CEO의 강력한 의지를 나타낸 것이다. 또한, TV광고도 고객님께 받은 사랑을 다시 돌려드리겠다는 주제로 제작해 신한카드의 '고객중심' 메시지를 대외적으로 전달하고 있다. 신한카드는 회원 1,500만 명, 시장점유율 25%에 달하는 국내 최대 신용카드사다. 신한카드는 아시아 No.1, 글로벌 Top12인 카드사로 아시아를 넘어 글로벌 금융회사와 대등하게 경쟁한다는 목표로 양적 성장뿐만 아니라 질적 성장을 적극적으로 추진 중이다.

2010년 전략목표도 'Soft 경쟁력 차별화를 통한 시장주도권 강화'로 정하고 '고객중심'을 경영의 최고가치로 두고 '차별적인 고객만족 1등 카드사'가 되기 위해 끊임없이 노력하고 있다. 이러한 노력으로 신한카드는 2010년 상반기 한국표준협회에서 주관하는 한국서비스대상 '종합대상'을 수상했으며, 한국서비스품질지수(KS-SQI)조사에서도 2009년에 이어 2년 연속 1위 카드사로 선정되었다. 또한 한국에서 가장 존경받는 기업 3년 연속 1위, 한국의 우수 콜센터(KSQI) 1위, 글로벌 고객만족도(GCSI) 1위사로 선정되는 등 자산 및 경영실적뿐만 아니라 고객만족 등 질적 평가에서도 1등 카드사로 평가받고 있다.

신한카드는 마켓 리더십을 더욱 확고하게 구축하기 위해 후발 카드사와는 차별화된 고객만족경영전략과 실행방안이 필요하다고 판단해 2008년부터 '고객패널제도'를 운영하고 있다. 고객패널은 접점 MOT(Moment of Truth) 서비스 경험 후 품질평가 및 개선활동 도출, 청구서 홈페이지 등 MOT 개선 작업 시 직접 참여, 핵심적인 신상품/서비스 개발 아이디어 등 고객의 의견을 사전에 반영하는 등 상품 및 접점서비스 품질을 고객의 눈높이에 맞추고 있다. 또한, 고객이 원하는 대로 포인트 적립처를 직접 선택할 수 있는 '하이포인트 Nano카드'와 업계 최초로 금융그룹의 강점을 살려 적립된 포인트에 이자가 붙는 'S-More카드'를 출시해 고객들로부터 큰 관심과 사랑을 받고 있다. 그 중에서도 '하이포인트 Nano카드'는 지난해 출시 이후 1년여 만에 회원 수가 100만 명 가까이 늘어 '대박' 상품으로 자리매김했다. 최근에는 각 서비스 접점별로 고객들이 무엇을 원하는지 미리 분석해 고객만족도를 높이기 위한 활동을 시행 중이다. 즉, 고객들이 서비스를 접하는 장소, 시간, 상황별 경험과 기대수준을 파악해 아주 작은 것부터 개선할 점을 찾고 있다.

한편 이재우 대표이사는 "신한카드가 2010년 상반기 한국서비스대상 종합대상 수상에 이어 '한국서비스품질지수 1위사'로 2년 연속 선정되어 큰 영광으로 생각합니다. 앞으로 신한카드는 '글로벌 리딩 카드사'로의 도약을 준비하기 위해 1등 카드사로서 나아가야 할 길을 생각하고 실천하도록 더욱 노력하겠습니다"라고 말했다.

출처 : 중앙일보(2010. 10. 20)

2. 시사점

기업경영활동의 핵심은 고객이다. 고객의 관점에서 제품과 서비스를 개발하고, 고객의 입장에서 제품과 서비스를 제공하면 제품과 서비스는 자연스럽게 잘 팔리게 될 것이다. 그럼에도 불구하고, 많은 기업들은 고객중심이 아닌 기업중심의 경영활동을 하고 있다. 기업의 모든 경영활동을 기업중심이 아닌 고객중심으로 다시 한 번 재점검해 볼 필요가 있다.

자. 유추하라

창의적인 아이디어는 유추를 통해서 개발할 수 있다. 유추를 통한 아이디어 개발 방법이란, 문제와 관련이 없는 다른 문제의 해결방안을 유추해서 창의적인 아이디어를 개발하는 방법을 의미한다. 예를 들어서, 박쥐의 움직임에서 레이더시스템을 개발하고, 지네의 발을 보고 탱크의 캐터필터를 개발하거나 물고기의 비늘을 보고 방탄복을 만드는 방법 등은 유추를 통해서 아이디어를 개발한 사례들이다. 이처럼 동물이나 식물의 특성을 기반으로 새로운 제품과 서비스를 개발하는 방법은 대부분 유추를 통한 방법들이다. 유추를 통해서 개발된 아이디어들은 창의성이 매우 높지만 적용하기에 매우 어려운 특징을 가지고 있다.

유추에 사용되는 방법으로는 유추기법, 생물유추기법, 속성유추사슬기법, 창조공학기법, 속담기법, 고정대상기법, 슈퍼영웅기법, 가상상황기법 등 많은 기법들이 있다.

차. 연상하라

창의적 아이디어는 연상의 방법을 통해서도 개발할 수 있다. 연상을 통해서 아이디어를 개발하는 방법이란, '기차'를 생각하면 '여행'이 떠올려지는 것처럼 문제와 관련이 있는 단어나 사물, 사건에 대해 생각하면서 새로운 아이디어를 개발하는 방법을 의미한다. 예를 들어서, 고객이 좋아하는 단어들을 생각하면서 새로운 영화를 기획하거나 'slow'란 단어를 연상해서 올레길을 개발하는 방법은 모두 연상을 통해 아이디어를 개발한 사례들이다. 연상을 통해서 개발된 아이디어들은 유추를 통해서 개발된 아이디어들과 마찬가지로 창의성이 매우 높지만 적용하기가 어렵다는 특징을 가지고 있다.

연상을 통해서 아이디어를 개발하는 방법으로는 마인드맵핑기법, 만다라트기법, 명사수식어연상기법, 고정대상기법, 게임기법, 강제적용기법, 자유연상기법, 속담기법, 카탈로그기법 등이 있다.

사례 30 생명체는 기술 아이디어 보고

1. 사례 본문

독수리가 날개를 비틀거나 굽혀 바람 받는 각도를 바꾸는 데 착안해 라이트 형제가 글라이더를 설계했듯이 21세기 과학자들도 자연과 생명체에서 아이디어를 얻어 새로운 과학기술 개발에 나서고 있다. 생물체 기능을 공학적으로 실현하는 생체공학(Bioengineering)이 그것이다. 다만 예전보다 더 세밀하고 첨단화하면서 응용범위가 넓어지는 것이 특징이다. 인체 동작에서 전기를 얻어내는 연구도 그 중 하나다. 피부처럼 온도와 습도를 조절하는 건축물을 만드는 프로젝트도 있다.

■ **인체에서 전기 생산**

몸으로 전기를 만들어 저장했다가 지니고 다니는 전자기기를 작동할 수는 없을까? 김용준 연세대 기계공학부 교수팀은 인체 열에너지와 운동에너지 등을 전기로 만들어 축적하고 이를 활용해 스마트 의류에 장착된 소형 전자기기를 작동하게 하는 연구를 진행하고 있다. 이 기술이 활용되면 산에서 조난을 당했을 때 전기를 얻을 수 없는 상황에서도 등산복에 장착된 위치정보시스템(GPS)이 몸에서 에너지를 얻어 위치신호를 보냄으로써 구조요청을 할 수 있다. 기술이 더 발전하면 소형 정보기술(IT) 기기는 따로 충전을 하지 않아도 사용할 수 있다. 미세 기계전자시스템(MEMS)을 전공하는 김 교수는 "인간 몸을 이용해 전력을 생산하면 말 그대로 유비쿼터스를 실현할 수 있다"며 "고해상도 스크린으로 만든 안경, 바이오센서가 달린 속옷, 심장박동을 자동으로 체크해주는 모니터링 칩 등 유비쿼터스기기에 안정적으로 전력을 공급할 방안이 될 것"이라고 말했다. 김 교수는 인체 운동뿐만 아니라 체열과 진동에 따른 에너지도 에너지원으로 활용하고, 이를 효과적으로 저장·관리하고 사용할 수 있는 시스템을 개발하는 것에 초점을 맞추고 있다.

■ **새처럼 움직이는 비행기 날개**

까치 날개 특성을 비행기 날개에 응용해보려는 연구도 눈에 띈다. 12년째 까치를 연구하고 있는 이상임 서울대 정밀기계설계공동연구소 선임연구원은 까치 날개 모양은 비슷하지만 깃털이 생태주기와 성별 등에 따라 달라진다는 것을 발견했다. 갓 태어난 까치는 자기 영역을 확보해야 하기 때문에 장거리 비행에 적합한 깃털 형태를 갖추고 있지만 일단 자기 영역을 확보한 뒤에는 1㏊ 이상을 벗어나지 않는 단거리 비행만 하므로 그에 맞게 깃털 모양이 달라진다. 이 연구원은 날개 털의 미세한 차이를 통해 다양한 비행 상황에 적절하게 날개 모양을 바꾸는 비행기를 제작할 수 있다고 본다. 이미 지난해부터 한국연구재단 모험연구사업 지원으로 연구를 시작했다. 비행체 날개에 유연성을 강화하는 것은 전 세계 연구기관에서 주목하는 분야다. 미국 항공우주국(NASA)에서는 날개 면적이 50%로 줄었다가 늘어나는 등 변형이 가능한 비행기(모핑 항공기)를 개념화했다. 모핑 항공기는 날개 각도를 변경하는 수준에 머물지 않고 날개 모양을 여러 가지로 변형시킬 수 있다. 양력을 많이 받을 때는 활짝 펼쳤다가 앞으로 나아가는 힘이 필요하면 독수리 날개처럼 구부려 추진력을 만든다. 비행기 날개 모양을 바꾸기 위해 가장 중요한 것은 소재다.

또 나비 날개에서 초소형 카메라 셔터 기술의 답을 찾은 사례도 있다. 조영호 KAIST 바이오 · 뇌공학과 교수팀은 나비 날개를 본뜬 전자기력 플래핑(Flapping) 셔터를 개발했다. 초소형 · 저전력 · 고속 성능을 구현해 휴대폰 카메라에 적용할 수 있다. 나비는 작은 힘으로 큰 회전력을 유지하는 동시에 관성을 줄이기 위해 최소 에너지로 빠르고 큰 움직임을 만들어낸다. 조 교수팀은 이 같은 나비 날개 모양과 날갯짓 구동원리를 셔터 블레이드에 응용했다.

■ **피부 같은 건물벽**

루크 리(한국명 이평세) 미국 UC버클리 석좌교수(생명공학과)는 건축에 생체공학을 융합하는 R&D 프로젝트를 진행하고 있다. 리 교수는 건축분야 전문가와 함께 스스로 제어하는 건물 외벽 개발에 나섰다. 땀 증발로 체온을 조절하는 땀샘구조를 건물 외벽에 적용해 온도, 습도, 바람, 햇빛, 등 환경에 반응하는 건물 피부를 개발하는 셈이다. 새로운 물질을 적용한 건물 표면은 뜨거워지면 스스로 바람을 통하게 하고 나쁜 공기는 알아서 걸러낸다. 습한 지역에서는 습기를 빼내고 건물 내 박테리아도 줄일 수 있다. 에너지는 태양 등 자연에서 얻어 외부에너지는 최소화한다. 윤헌주 교육과학기술부 기초연구정책관은 "미지의 질서와 원리에 따라 체계적이고 효율적으로 움직이는 생태계를 모티브로 삼는 생체공학은 가능성이 무궁무진하다"며 "성공가능성이 높진 않지만 실현되면 활용도가 높은 기초 · 원천기술에 대한 지원을 더욱 확대할 것"이라고 말했다.

출처 : 매일경제(2011. 1. 5)

2. 시사점

자연과 생명체에서 새로운 아이디어를 얻는 방법을 유추방법 혹은 통섭이라고 한다. 자연계의 동물 및 식물시스템은 창의적 아이디어를 얻는 가장 큰 보고 중 하나이다. 인간의 문명발전의 대부분의 아이디어는 자연계에서 왔다고 해도 과언이 아니다. 이처럼 세상만사의 모든 것이 배울 것이고 이를 통해서 지혜를 얻을 수 있음을 알아야 한다. 따라서 동물과 생물시스템을 체계적으로 관찰하고 연구해서 활용하는 노력이 필요하다.

2. 아이디어 개발기법의 이해

문제해결과 의사결정의 4단계인 창의적 아이디어를 개발하는 단계에서 활용할 수 있는 기법들을 설명하고 있다.

번호	기법	개요와 핵심용어
27	베스트프랙티스기법	• 과거의 성공 또는 실패사례에서 아이디어를 개발하는 기법 • 과거사례, 성공사례, 실패사례, 아이디어 개발
28	브레인스토밍기법	• 여러 사람이 모여서 창의적인 아이디어를 개발하는 기법 • 그룹, 자유, 아이디어 개발
29	속성나열기법	• 달성하고자 하는 특성을 찾아내고, 이를 달성하는 방법을 찾음으로써 새로운 아이디어를 개발하는 기법 • 전통적인 방법으로 개발, 목표속성, 속성나열법
30	SCAMPER기법	• SCAMPER의 이니셜을 중심으로 아이디어를 변화시켜서 새로운 아이디어를 개발하는 기법 • 아이디어를 변화시켜서 개발, 구성요소 변화, SCAMPER
31	ERRC기법	• ERRC의 이니셜을 중심으로 아이디어를 변화시켜서 새로운 아이디어를 개발하는 기법 • 아이디어를 변화시켜서 개발, 구성요소 변화, ERRC
32	악마의 옹호자기법	• 악마의 역할을 통해 아이디어의 객관성과 논리성을 높이는 기법 • 아이디어를 변화시켜서 개발, 아이디어의 약점 공격
33	단어 다이아몬드기법	• 문제의 단어들을 변형시켜가면서 아이디어를 만들어 내는 기법 • 문제를 변화시켜서 개발, 단어 변화, 단어 다이아몬드기법
34	분할기법	• 문제의 특성을 나타내는 두 단어의 속성들을 개선할 수 있는 아이디어를 만들어내는 기법 • 문제를 변화시켜서 개발, 영역과 범위 변화, 속성
35	역가정기법	• 문제에 관련된 역가정에 도전할 수 있는 방법을 찾아서 아이디어를 만들어내는 기법 • 다른 관점에서 개발, 가정과 제약조건, 역가정
36	역할연기법	• 문제에 관련한 이해당사자의 역할을 연기하면서 아이디어를 만들어내는 창의적인 기법 • 다른 관점에서 개발, 관점 변화, 이해당사자
37	유추기법	• 문제와 전혀 다른 문제의 해를 찾아서 그 해를 의사결정하고자 하는 문제에 적용하는 기법 • 다른 분야에서 개발, 유추
38	마인드맵핑	• 문제와 관련한 단어들 간의 관련성을 구조화하고, 이를 기반으로 새로운 아이디어를 개발하는 기법 • 다른 분야에서 개발, 연상, 마인드맵핑
39	만다라트기법	• 문제의 주제어와 관련한 아이디어들을 자유롭게 연상하여 아이디어를 개발하는 기법 • 다른 분야에서 개발, 연상, 만다라트

기법 27. 베스트프랙티스기법

가. 개념

베스트프랙티스기법(Best practice)이란, 과거의 성공사례 또는 실패사례에서 사용되었던 아이디어를 현재의 문제에 적용시켜 가면서 새로운 아이디어를 개발하는 방법이다. 기업에서 문제를 해결하기 위한 아이디어를 개발할 때 현재 문제와 유사한 과거 문제를 우선적으로 찾아보게 된다. 베스트프랙티스기법을 활용해서 과거 문제를 해결할 때 사용되었던 아이디어의 성공사례나 실패사례를 기반으로 현재 해결하고자 하는 문제에 적용시키면 쉽게 아이디어를 개발할 수 있다.

예) • 신사업 기획
• 마케팅전략 수립
• 경쟁전략 수립

나. 적용단계

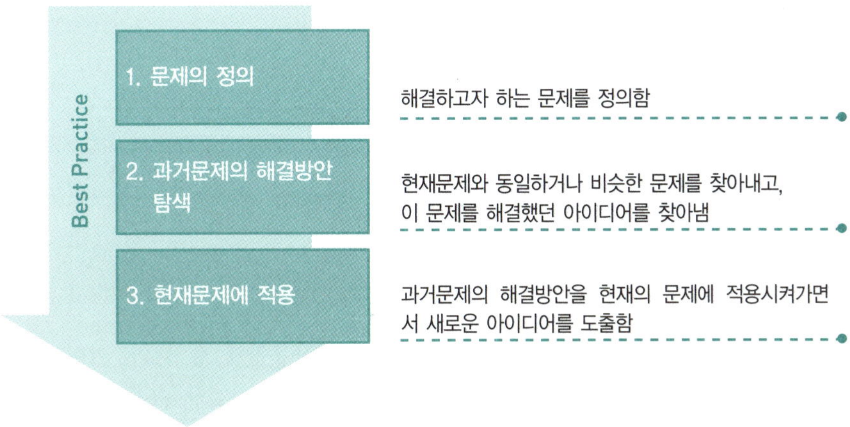

다. 활용사례

휴대폰사업부를 담당하고 있는 정대호 본부장은 유럽시장으로 진출하는 문제를 가지고 고민하고 있다. 정 본부장은 이 문제를 해결하기 위해 베스트프랙티스기법을 활용해 보기로 하였다.

1. 먼저 현재 해결하고자 하는 문제를 "휴대폰사업부의 유럽시장 진출"이라고 정확하게 정의해 보았다.
2. 그 다음에, 휴대폰사업부 해외시장진출의 대표적 성공사례였던 중국시장 진출 사례에 관해 분석해 보았다. 정 본부장은 중국시장에 진출할 때 활용했던 시장세분화전략, 유통망구축전략, 광고전략 등을 세밀하게 분석해 보았다.
3. 분석 결과를 기반으로 유럽 시장을 진출할 때 비슷하게 활용할 수 있는 시장세분화전략, 유통망구축전략, 광고전략 등을 도출할 수 있었다.

문제	과거문제	현재문제
문제의 특성	휴대폰사업부의 중국시장 진출	휴대폰사업부의 유럽시장 진출
아이디어	• 시장세분화전략 : 중국 시장에서 베이징과 상하이와 같은 대도시에 집중하였음	• 시장세분화전략 : 전체 유럽시장 중에서 핵심시장인 영국과 독일시장에 집중함
	• 유통망구축전략 : 취약한 유통망을 보완하기 위해 현지 유통업계와 제휴하였음	• 유통망구축전략 : 영국 및 독일 유통업체와 제휴를 통한 시장 진출
	• 광고전략 : 베이징올림픽 대회에 집중적으로 광고를 추진하였음	• 광고전략 : 영국과 독일의 프로축구 경기에 집중해서 광고를 추진함

기법 28. 브레인스토밍기법

가. 개념

브레인스토밍기법(brainstorming)은 여러 사람이 자유롭게 창의적인 아이디어를 제시하고, 이를 결합하고 개선해서 많은 아이디어를 만들어내는 기법이다. 이 방법의 기본 출발점은 한 사람보다 다수인 쪽이 제기되는 아이디어가 많고, 아이디어 수가 많을수록 질적으로 우수한 아이디어가 나올 가능성이 많다는 것이다. 이 기법을 진행하는 과정에서 회의를 진행하는 리더는 새로운 아이디어가 많이 창출될 수 있도록 분위기를 조성하고, 아이디어가 고갈되었을 때 아이디어를 창출시키고, 다른 사람의 아이디어에 비판을 나오지 않게 하는 등의 역할을 수행한다.

이 기법은 창의적인 아이디어가 필요할 때 가장 널리 이용하는 기법이고, 문제진단이나 아이디어 선택 과정에서도 이용이 가능하다. 브레인스토밍기법의 변형으로 brain sketching, brain writing, brain writing 635, brain writing pool, idea card method, brain writing game, constrained brain writing과 같은 다양한 방법들이 개발되어 왔다.

예) • 신제품의 기능 개선
- 고객서비스 개선
- 직원사기 향상

나. 적용단계

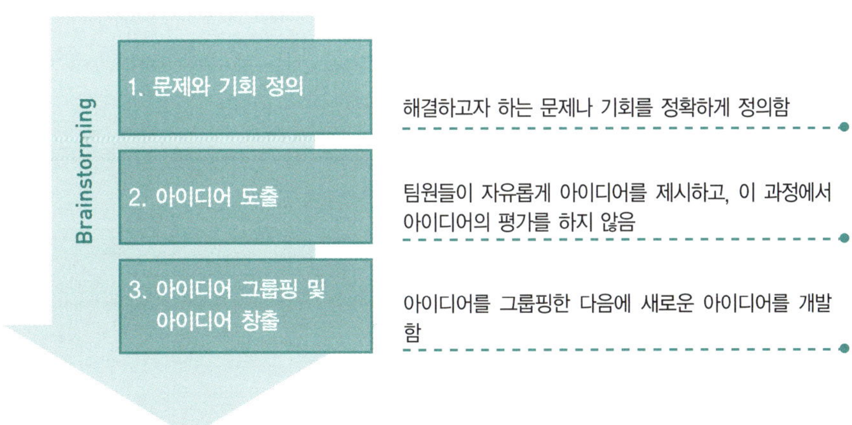

다. 활용사례

대형 전자회사를 경영하는 유형호 사장은 지난 분기의 판매 부진으로 인해 고민하고 있다. 이에 대한 대책을 수립하기 위해서 브레인스토밍기법을 사용해 보기로 하였다.

1. 먼저 "판매부진 해결방안"이라고 문제를 정의하고 마케팅, 기술개발, 홍보, 생산, 전략, 고객대표 등 여러 분야의 담당자로 문제해결팀을 구성하였다.
2. 기업의 현 상황을 설명하고, 판매부진에 대한 아이디어를 찾기 위해서 다양한 의견을 제시하도록 하였다. 이 과정에서 각 구성원은 서로 비판 없이 자유롭게 의

견을 개진하게 하였다.

3. 많은 아이디어들을 그룹핑한 결과 제품, 원가, 판매, 시장과 같은 공통점을 가진 주요 요소들을 도출할 수 있었고 이를 중점적으로 검토하면서 새로운 아이디어들을 개발하기로 하였다.

문제	아이디어	아이디어의 그룹핑	
판매부진 해결방안	• 가격을 인하한다 • 상품의 디자인을 변경한다 • 물류시스템을 개선한다 • 신제품을 개발한다 • 생산성을 향상하여 원가를 절감한다 • 해외시장을 개척한다 • 광고비를 증가시킨다 • 유통망을 강화한다	제품	• 신제품 개발 • 상품 디자인 변경
		원가	• 물류시스템 개선 • 생산성 향상 • 가격인하
		판매	• 영업사원 보강 • 유통망 강화 • 광고비 증액
		시장	• 해외시장 개척 • 광고 확대

기법 29. 속성나열기법

가. 개념

속성나열기법(attribute listing)은 새로운 제품, 서비스, 시스템을 만들 때 달성하고자 하는 특성을 찾아내고, 이를 달성하는 방법을 찾음으로써 새로운 아이디어를 개발하는 방법이다. 이 기법은 제품이나 프로세스의 개선방안을 수립할 때 사용되는 기법으로서 value engineering, morphological analysis와 같은 방법의 출발점이다.

예) • 고객서비스 개선 방안
• 업무 프로세스의 재설계
• 직원사기 향상 방안

나. 적용단계

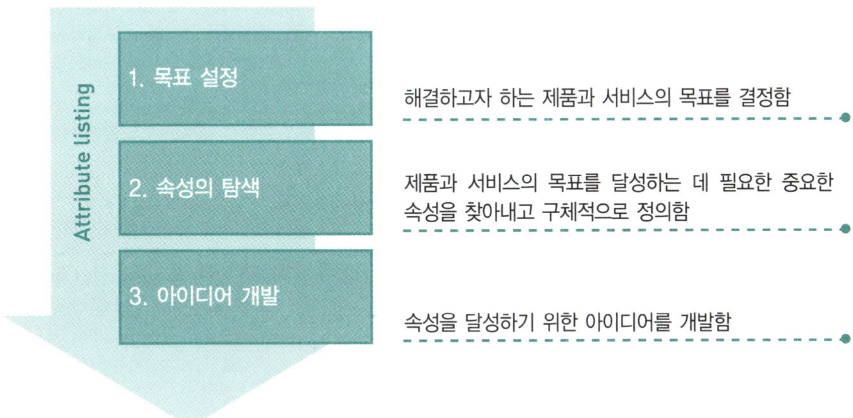

다. 활용사례

최근 자동차손해보험 업계의 중요한 경쟁 무대는 서비스 경쟁이기 때문에 한 손해보험회사에서는 고객들에게 서비스를 강화할 방안을 찾고 있다. 먼저 보험회사에서는 고객들이 원하는 서비스가 무엇인지를 분석하기 위해서 속성나열법을 적용하였다.

1. 먼저 해결하고자 하는 목표를 "자동차보험 고객서비스 강화 방안"이라고 정의하였다.
2. 그 다음에 자동차보험 고객들이 원하는 서비스의 속성이 무엇인지를 분석하였다. 그 결과 고객들이 원하는 서비스는 신뢰, 편리, 다양, 저렴한 서비스의 네 가지 속성을 갖는 것으로 분석되었다.
3. 고객이 원하는 네 종류의 서비스의 속성을 다음과 같이 정의하였다.
   - 서비스 내용, 가격, 품질, A/S 등 고객이 100% 신뢰할 수 있는 서비스
   - 서비스 신청서부터 종료까지 고객에게 가장 편리한 서비스
   - 자동차 운행과 관련된 다양한 종류의 서비스
   - 경쟁사나 경쟁 업종의 다른 서비스보다 저렴한 서비스
4. 이러한 속성을 달성하기 위한 수단들을 중심으로 자동차보험 서비스를 강화할 수 있는 아이디어를 개발하였다.

해결 목표	주요 속성	속성의 정의	아이디어의 예
자동차 보험고객 서비스 강화 방안	신뢰	서비스 질, 가격, 품질, A/S 등 고객이 100% 신뢰할 수 있는 서비스	책임보증제를 실시하고 보험약관에 구체적으로 명시함으로써 신뢰도를 높임
	편리	서비스 신청부터 종료까지 가장 편리한 서비스	인터넷예약, 전화예약서비스를 통해 온라인상에서 대부분의 보험업무를 처리함
	다양	자동차 운행과 관련된 다양한 종류의 서비스	성별, 연령별, 차종별로 다양한 보험상품을 개발하여 보험료를 차등적용함
	저렴	경쟁사나 경쟁업종의 다른 서비스보다 저렴한 서비스	신규고객 할인, 장기고객 할인 등 다양한 보험료 할인 프로그램을 개발함

기법 30. SCAMPER기법

가. 개념

SCAMPER기법(SCAMPER technique)은 SCAMPER의 이니셜을 중심으로 기본 아이디어를 대체(substitute), 결합(combine), 적용(adapt), 수정(modify), 타 용도 사용(put to other use), 제거(eliminate), 재배치(rearrange) 등의 방법을 활용하면서 새로운 아이디어를 찾는 기법이다.

예) • 신제품의 기능 개선방안
• 고객서비스 개선방안
• 업무프로세스의 재설계

나. 적용단계

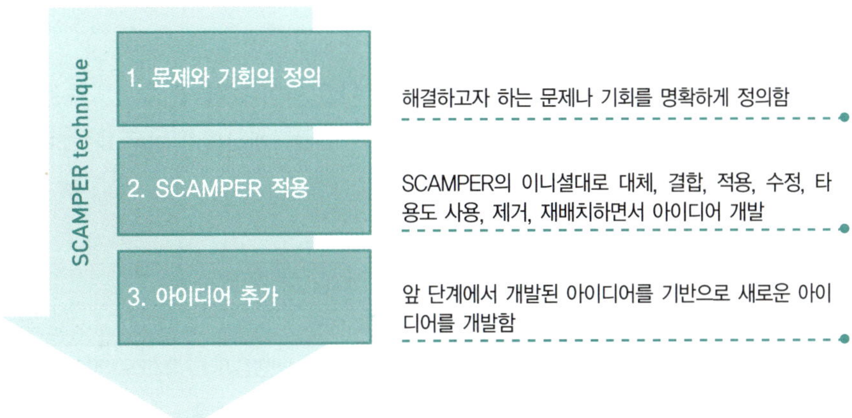

다. 활용사례

창문은행은 경쟁이 날로 치열해지고 있는 금융산업에서 경쟁사들과 차별화된 고객서비스를 제공하기 위해 고민하고 있다. 이 은행의 한 지점장은 고객서비스를 개선할 수 있는 아이디어를 찾기 위해서 SCAMPER 기법을 적용하기로 하였다.

1. 먼저 고객관리팀, 상품개발팀, 영업팀, 시장조사팀, 고객을 중심으로 한 문제해결팀을 구성하고 해결하고자 하는 문제를 "창문은행의 고객서비스 개선 아이디어"라고 정의하였다.
2. 그 다음에 SCAMPER의 이니셜에 따라서 다양한 아이디어를 만들어 보게 하였다. 그 결과 다음과 같은 아이디어들이 도출되었다.
   - Substitute : 은행창구에서 행해지는 많은 서비스를 인터넷뱅킹이나 ATM으로 대체
   - Combine : 보험과 예금을 결합하여 우대금리를 제공하는 상품개발
   - Adapt : 놀이시설을 은행창구에 설치하여 주부 고객들에게 편의제공
   - Magnify or Minify : 복잡한 인증절차 및 대출승인절차를 간소화시킴
   - Put to other use : 은행의 홈페이지를 금융지식을 제공하는 교육사이트로 활용함
   - Eliminate or Elaborate : 주민등록증 대신에 지문인증서비스를 도입해서 주

민등록증 지참을 없앰

- Rearrange or Reverse : 은행업무를 사전에 신청해 놓고, 은행에서 대기시간을 줄임

3. 개발된 아이디어들을 평가해 보았고 앞에서 나온 아이디어들을 중심으로 추가적으로 아이디어를 개발하였다. 그 결과 고객서비스를 개선하기 위한 다양하고 효과적인 아이디어들이 개발되었다.

문제	창문은행의 고객서비스 개선 아이디어	
아이디어 개발 방법	아이디어	평가
대체(Substitute)	은행창구에서 행해지는 많은 서비스를 인터넷뱅킹이나 ATM으로 대체	보통
결합(Combine)	보험과 예금을 결합하여 우대금리를 제공하는 상품개발	우수
적용(Adapt)	놀이시설을 은행창구에 설치하여 주부 고객들에게 편의제공	우수
수정(Magnify or Minify)	복잡한 인증절차 및 대출승인절차를 간소화시킴	낮음
타 용도 사용 (Put to other uses)	은행의 홈페이지를 금융지식을 제공하는 교육사이트로 활용함	보통
제거 (Eliminate or Elaborate)	주민등록증 대신에 지문인증서비스를 도입해서 주민등록증 지참을 없앰	보통
재배치 (Rearrange or Reverse)	은행업무를 사전에 신청해 놓고, 은행에서 대기시간을 줄임	우수

기법 31. ERRC기법

가. 개념

ERRC기법(ERRC technique)은 블루오션전략의 방법으로서 ERRC의 이니셜을 중심으로 기본 아이디어를 Eliminate(제거), Raise(증가), Reduce(감소), Create(창조) 등의 방법으로 변화시켜 가면서 새로운 아이디어를 개발하는 기법이다.

예) • 신제품의 기능개선 방안
• 고객서비스 개선방안
• 업무 프로세스의 재설계

나. 적용단계

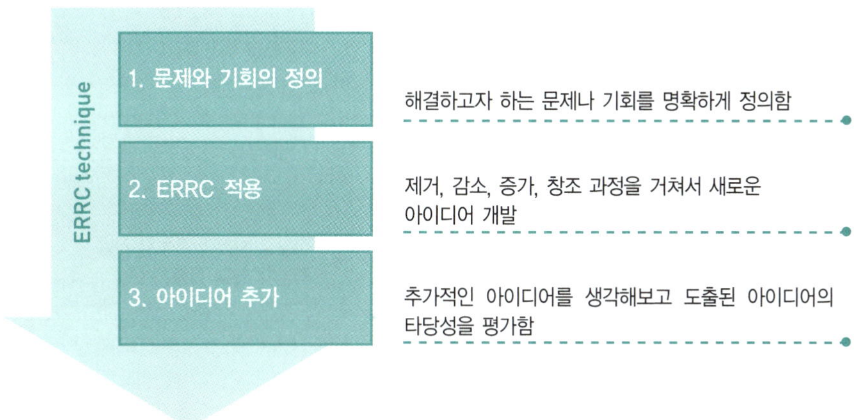

다. 활용사례

창문자동차는 갈수록 경쟁이 치열해지고 자동차산업과 생산비용이 끊임없이 증가하는 상황 속에서 수익성을 향상하기 위한 아이디어를 찾고 있다. 하종태 이사는 수익성을 향상하기 위한 아이디어를 찾기 위해서 ERRC기법을 적용하기로 하였다.

1. 먼저 생산관리팀, 구매팀, 연구개발팀, 영업팀을 중심으로 문제해결팀을 구성하고 해결하고자 하는 문제를 “창문자동차의 수익성 향상방안”이라고 정의하였다.
2. 그 다음에 ERRC의 이니셜에 따라서 다양한 아이디어를 만들어 보게 하였다.
   - Eliminate : 수익성이 낮은 자동차라인을 제거하고, 불필요한 인력을 감축
   - Raise : 브랜드 파워를 향상하고 자동차의 A/S망을 강화
   - Reduce : 부품 불량률을 감소시키고, 부품조달비용을 절감함
   - Create : 친 환경 차세대 자동차를 개발하고 자동차의 A/M(After Market)에 진출함
3. 개발된 아이디어들을 중심으로 추가적인 아이디어를 계속해서 찾아낼 수 있었고 아이디들의 타당성도 검토해 보았다. 그 결과 수익성을 향상하기 위한 다양한 아이디어들이 개발되었다.

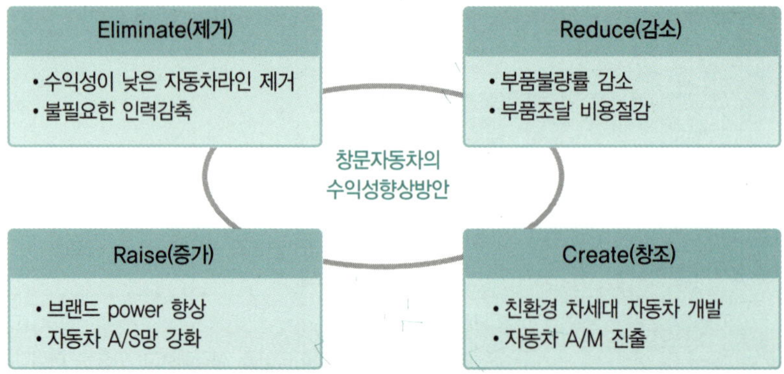

기법 32. 악마의 옹호자기법

가. 개념

악마의 옹호자기법(devil's advocates)은 그룹으로 아이디어를 개발하고, 평가할 때 한두 사람이 악마의 역할을 맡아서 각 아이디어의 약점을 공격하고, 객관적인 자료를 요구하면서 각 아이디어의 객관성과 논리성을 높이는 기법이다. 이 기법은 복잡하고 불확실성이 높은 문제의 아이디어를 개발할 때 그룹 내의 다른 사람들의 영향을 줄이면서 아이디어의 타당성과 논리성을 강화할 수 있는 유용한 기법이다.

예) • 수요예측
• 인수합병
• 신시장 진출방안

나. 적용단계

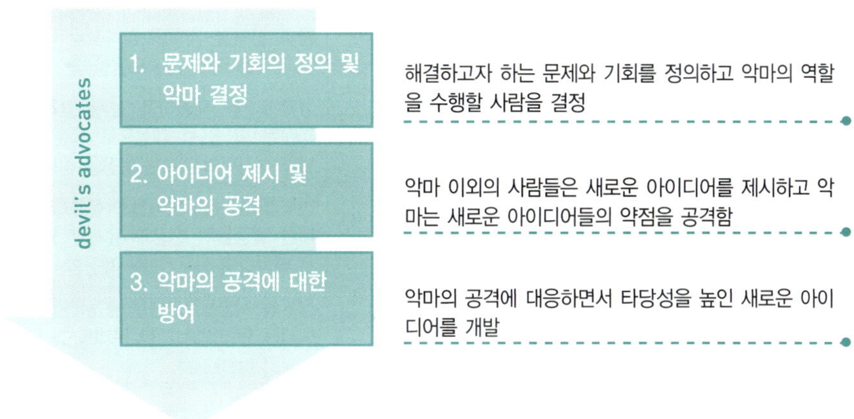

다. 활용사례

한 대학에서는 교육시장의 환경 변화에 따라 경쟁력을 강화하기 위한 전략을 개발하고 있다. 이 전략이 매우 중요하고 불확실성이 많기 때문에 전략을 개발하는 과정에서 악마의 옹호자기법을 이용하기로 하였다.

1. “창문대학교의 경쟁력 강화방안”이라고 문제를 정의하고 악마의 역할을 할 사람을 결정하였다.
2. 악마 이외의 토론자들은 대학의 경쟁력을 강화하기 위한 방안으로 ‘국제화추구’와 ‘산학연계’라는 두 가지 아이디어를 제시하였다.
3. 두 가지 아이디어에 대해 악마는 타당성이 있는지, 현실가능한 아이디어인지를 집요하게 공격하였고 토론자들은 아이디어의 근거와 타당성을 설명하면서 대응하였다.
4. 이 같은 과정을 통하면서 두 가지 아이디어의 타당성, 객관성, 논리성을 자연스럽게 검증하게 되었다.

문제	아이디어	악마의 공격	대응
창문 대학교의 경쟁력 강화	외국인 학생을 늘려 국제화를 추구	외국인 학생을 늘린다고 국제화가 된다는 보장이 있는가?	다양한 국가의 학생들을 접하다 보면 언어와 문화에 노출되고 외국인 학생들과 협력할 기회도 많아져서 국제적인 감각을 키우는 데 도움을 줌
		우수한 외국인 학생을 어떻게 유치할 것인가?	장학혜택을 제공하고 현지 학교에서 추천된 학생들을 대상으로 직접 인터뷰를 실시하여 우수한 학생을 선발함
	산학연계를 통해 학생들의 실무경험 향상	학생들의 전공과 관련된 업무를 배울 수 있는가?	산학협력업체를 업종별로 분류하고 최대한 학생들의 전공과 유사한 업종으로 배치하여 실무기회를 제공함
		기업에서 인건비의 문제로 인해 꺼려하지 않겠는가?	정부의 지원프로그램을 활용하면 기업에서는 인건비에 대한 문제를 크게 걱정하지 않아도 됨

기법 33. 단어 다이아몬드기법

가. 개념

단어 다이아몬드기법(word diamond)은 문제를 구성하는 네 개의 단어나 문구를 변형시켜 가면서 다양한 아이디어를 만들어내는 기법이다. 이 기법은 두 단어 기법과 유사하나, 두 단어 기법에 비해서 최소 네 개의 단어가 필요하기 때문에 복잡한 문제의 아이디어를 찾을 때 유용하다. 이 기법은 적용하기가 쉽고, 제한된 시간에 체계적으로 많은 아이디어를 얻을 수 있으며, 새로운 아이디어를 창출하거나 문제를 새로운 각도에서 조명할 때 유용하다.

예) • 마케팅전략 수립
• 고객서비스 개선방안
• 신제품 개발

나. 적용단계

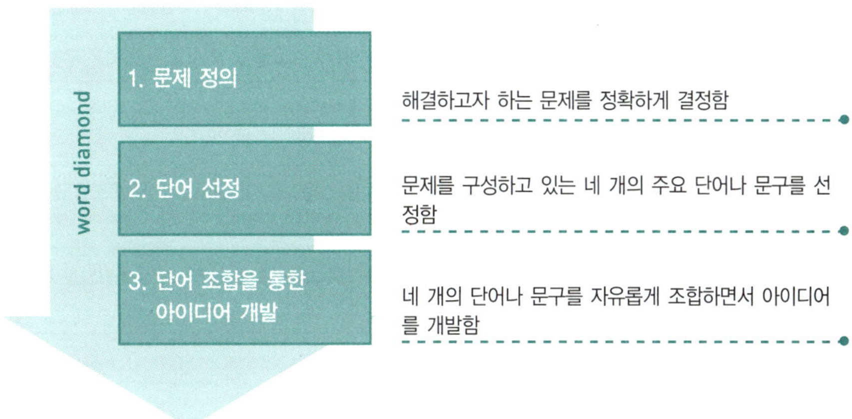

다. 활용사례

전자회사의 사업 본부장은 판매실적이 떨어지고 있어서 이에 대한 해결방안을 찾고 있다. 이 문제를 해결하기 위한 혁신적인 아이디어를 찾기 위해서 단어 다이아몬드 기법을 이용하기로 하였다.

1. 먼저 문제를 "판매량을 높일 수 있는 마케팅 전략은 무엇인가?"로 정의하였다.
2. 이 문제에서 네 개의 핵심단어를 고객, 만족도, 판매량, 마케팅믹스로 정하고 단어 다이아몬드를 만들었다.
3. 그런 다음에 단어 다이아몬드의 네 개의 단어 중 두 개를 선정해서 새로운 아이디어를 만들어 보기 시작했다.
   - 고객+만족도 : 고객의 만족도를 높일 수 있는 방안은 무엇인가?
   - 유통+만족도 : 유통채널을 다양하게 해서 고객만족도를 높일 수 있는 방안은 무엇인가?
   - 제품+만족도 : 제품의 품질을 향상해서 고객만족도를 높일 수 있는 방안은 무엇인가?
   - 광고+고객 : 광고로 고객접촉을 늘릴 수 있는 방안은 무엇인가?
4. 이처럼 다이아몬드에 배치된 단어를 조합하면서 새로운 아이디어를 만들어낼 수 있었다.

<table>
<tr><th>단어 다이아몬드</th><th>문제의 정의</th><th colspan="4">판매량을 높일 수 있는 전략은 무엇인가?</th></tr>
<tr><td rowspan="5">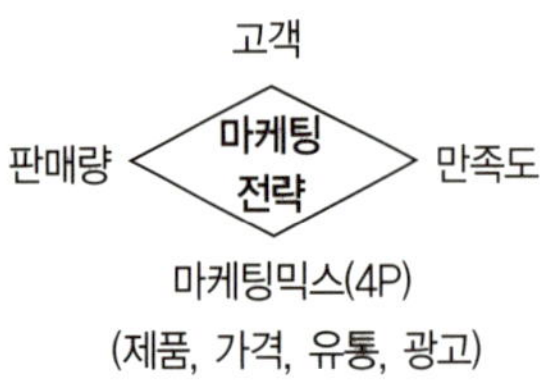
</td><td>네 개의 단어 선정</td><td>고객</td><td>만족도</td><td>판매량</td><td>마케팅 믹스</td></tr>
<tr><td>고객 + 만족도</td><td colspan="4">고객의 만족도를 높일 수 있는 방법은 무엇인가?</td></tr>
<tr><td>유통 + 만족도</td><td colspan="4">유통채널을 다양하게 해서 고객만족도를 높일 수 있는 방안은 무엇인가?</td></tr>
<tr><td>제품 + 만족도</td><td colspan="4">제품의 품질을 향상해서 고객만족도를 높일 수 있는 방안은 무엇인가?</td></tr>
<tr><td>광고 + 고객</td><td colspan="4">광고로 고객접촉을 늘릴 수 있는 방안은 무엇인가?</td></tr>
</table>

기법 34. 분할기법

가. 개념

분할기법(fractionation)은 문제의 특성을 나타내는 두 개의 단어로 분할하고, 이들 두 단어에 관련한 속성들을 찾아낸 다음, 이들 속성들을 개선할 수 있는 새로운 아이디어를 만들어 내는 기법이다. 이 방법은 단어 분할을 통해 문제의 영역과 범위를 변화시켜서 다양한 아이디어를 개발할 수 있는 방법이다.

예) • 제품기능 개선
• 업무프로세스 개선
• 고객만족도 향상

나. 적용단계

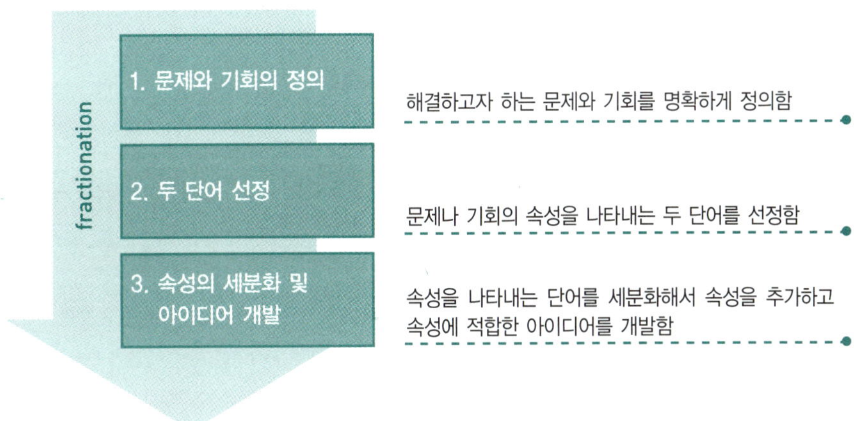

다. 활용사례

경영교육 콘텐츠를 개발하는 한 회사에서는 가상 기업을 경영하면서 자연스럽게 기업경영을 이해할 수 있는 새로운 개념의 경영 시뮬레이션 게임을 개발하였다. 그러나 이 콘텐츠는 국내에서 최초로 개발되었기 때문에 여러 가지 개선방안들이 필요하였다. 이러한 개선방안들을 찾기 위해 분할기법을 사용하였다.

1. 먼저 "경영시뮬레이션 게임의 개선방안"이라고 문제를 정의하고, 경영 시뮬레이션 게임의 속성을 나타내는 두 단어를 '경영교육'과 '게임'으로 분할하였다.
2. 경영교육은 다시 '실용'과 '교육생'이라는 단어들로 분할해 보았다. 또한 게임은 '재미'와 '팀'이라는 단어들로 분할하였다.
3. 이렇게 분할된 각각의 핵심단어를 중심으로 아이디어를 개발하였다.
   - 실용 : 산업의 특성을 반영한 게임 개발
   - 교육생 : 교육생들의 편의성을 높일 수 있는 기능 개발
   - 재미 : 재무성과뿐만 아니라 다른 성과지표를 도입해서 재미를 추가함
   - 팀 : 팀 내 역할분담 및 커뮤니케이션 도구 제공
4. 이러한 단어 분할 과정을 통해 많은 아이디어들을 개발할 수 있었고 경영시뮬레이션 게임에 반영할 수 있었다.

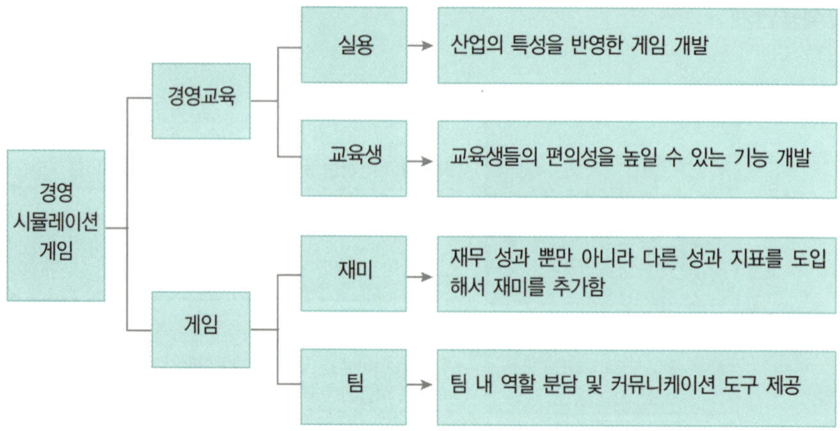

기법 35. 역가정기법

가. 개념

역가정기법(Reverse Assumptions)은 문제에 관련된 가정을 역으로 만들고 역 가정에 도전할 수 있는 방법을 찾아서 창의적인 아이디어를 만들어내는 기법이다. 문제를 해결할 때 가장 영향을 주는 요소가 가정이다. 그런데 문제의 가정이 잘못될 수 있기 때문에 가정에 도전해서 문제를 해결해보면 과거와 다른 혁신적인 해결책이 될 수 있다.

이 기법은 비정형화된 문제의 아이디어를 개발하는 데 적합한 기법이지만 매우 혁신적인 방법이기 때문에 신중하게 접근할 필요가 있다.

예) • 업무프로세스 개선
• 고객만족도 향상
• 직원사기 향상

나. 적용단계

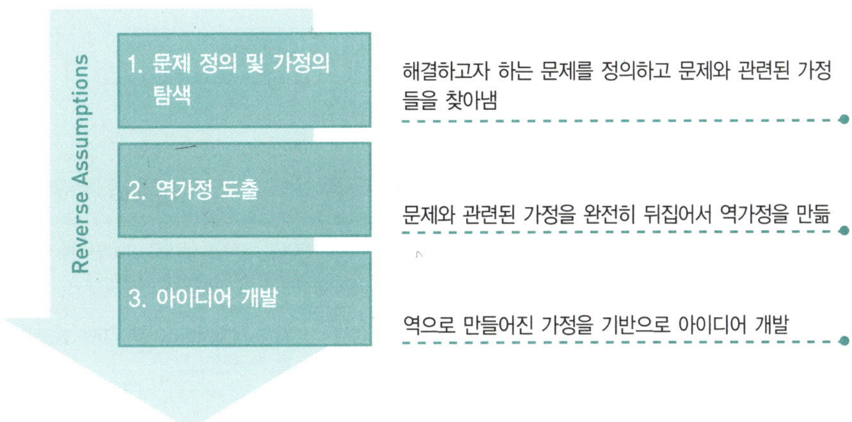

다. 활용사례

어느 은행에서는 늘어나는 고객불만을 해결하고 경쟁 은행보다 좀 더 나은 서비스를 제공하기 위한 방안을 찾고 있다. 그 방법 중 하나로 기존에 은행들이 가지고 있던 보편적인 가정을 찾아보고 그 가정에 도전해 보기로 하였다.

1. 먼저 "은행서비스 개선"이라고 문제를 정의하고, 은행서비스와 관련되어 전통적으로 가지고 있는 가정들을 찾아보았다.
   - 예금이 많을수록 이자가 높다.
   - 고객이 대출을 받기 위해서는 은행을 찾아야 한다.
   - 고객의 대기시간이 길면 고객의 불만은 늘어난다.
2. 이러한 가정들을 완전히 뒤집어 역가정을 만들어 보았다.
   - 예금이 적어도 높은 이자의 지급이 가능하다.
   - 고객은 대출을 위해 은행을 방문하지 않아도 된다.
   - 고객의 대기시간이 길어도 고객불만은 늘어나지 않는다.
3. 역가정을 기반으로 다음과 같은 아이디어들을 개발하였다.
   - 20대 이하의 고객을 확보하기 위해 100만 원 이하의 금액에 우대금리를 적용한다.
   - 고객이 대출을 할 때 은행을 방문하지 않아도 인터넷을 활용하거나 은행원이

직접 찾아가는 서비스를 제공한다.

- 다양한 정보와 재미를 제공하여 대기시간을 고객에게 유익한 시간으로 여기게 한다.

4. 역가정에 도전한 아이디어를 개발해 봄으로써 이전보다 훨씬 혁신적인 아이디어들을 개발할 수 있었다.

문제	가정	역가정	아이디어
은행 서비스의 개선	예금이 많을수록 이자가 높아야 한다.	예금이 적어도 높은 이자의 지급이 가능하다.	20대 고객을 상대로 100만 원 이하의 예금에 우대금리를 적용한다.
	고객은 대출을 받기 위해서 은행을 방문해야 한다.	고객은 대출을 위해 은행을 방문하지 않아도 된다.	인터넷 대출서비스, 찾아가는 방문서비스를 제공한다.
	고객의 대기시간이 길면 고객불만이 늘어난다.	고객의 대기시간이 길어도 고객불만은 늘어나지 않는다.	대기시간 동안 고객에게 도움이 되는 다양한 정보와 재미를 제공한다.

기법 36. 역할연기법

가. 개념

역할연기법(Role Playing)은 의사결정자가 문제에 관련된 이해당사자의 역할을 연기하면서 자유롭게 아이디어를 만들어내는 창의적인 기법이다. 예를 들어서, 경영전략을 수립할 때 고객, 경쟁사, 협력업체, 직원, 주주 등의 입장이 되어 아이디어를 만들면 다양하고 참신한 아이디어를 얻을 수 있게 된다. 이 기법은 의사결정자가 이해당사자의 역할을 수행하면서 다른 사람의 관점에서 문제를 보기 때문에 다양한 측면의 아이디어를 만들어 낼 수 있는 장점이 있다.

예) • 신제품 개발
• 경쟁전략 수립
• 비즈니스 프로세스 설계

나. 적용단계

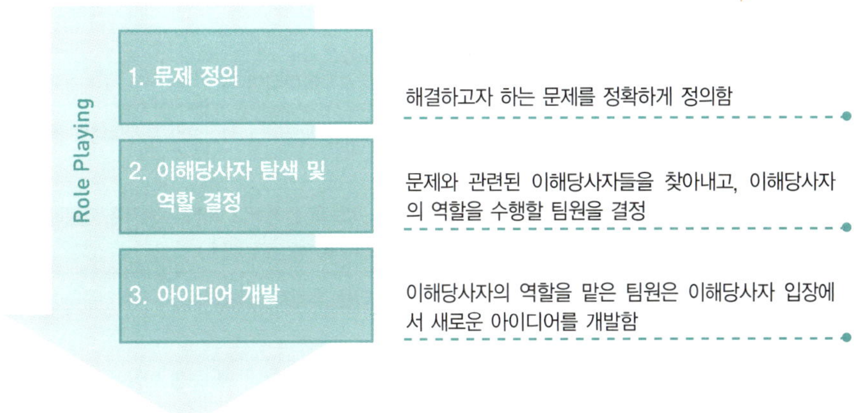

다. 활용사례

신성장 동력 확보에 고심하고 있는 한 제조업체는 포화 상태에 있는 국내시장의 한계를 깨닫고 해외시장 진출이라는 문제를 가지고 고민하고 있다. 해외 시장 진출 문제에는 많은 이해 당사자들이 포함되어 있기 때문에 각각의 이해 당사자들의 입장이 되어 아이디어를 생각해 보기로 하였다.

1. 먼저 "해외시장 진출 전략" 이라고 문제를 명확하게 정의하였다.
2. 그 다음에 이 문제와 관련된 이해당사자들을 탐색해 보았다. 그 결과 주주, 직원, 협력사, 현지정부라는 대표적인 이해당사자들을 찾을 수 있었다.
3. 회의 구성원들은 각 이해당사자들의 역할을 하나씩 맡아서 이해당사자의 관점이 되어 이 문제를 접근해 보았다.
4. 역할을 맡은 구성원들은 이해당사자의 입장이 되었을 때 나올 수 있는 문제를 생각할 수 있었고 다음과 같은 아이디어들을 도출할 수 있었다.
   - 주주 : 주주들의 이익보호를 위해 과감한 투자보다는 점진적인 투자확대를 통해 리스크를 최소화 한다.
   - 직원 : 직원들의 현지근무에 어려움이 없도록, 안전하고 쾌적한 환경을 제공해야 하고, 원할 경우 가족들이 정착할 수 있도록 지원한다.
   - 협력사 : 부품의 품질 확보 및 원활한 공급을 위해서 협력업체들과 동반진출하여 협력관계를 지속한다.

• 현지정부 : 현지정부의 투자유치정책을 활용하여 다양한 인센티브를 이끌어 낸다.

문제	이해당사자	아이디어
해외시장 진출전략	주주	주주들의 이익보호를 위해 과감한 투자보다는 점진적인 투자확대를 통해 리스크를 최소화한다.
	직원	직원들의 현지근무에 어려움이 없도록 안전하고 쾌적한 환경을 제공해야 하고, 원할 경우 가족들이 정착할 수 있도록 지원한다.
	협력사	부품의 품질확보 및 원활한 공급을 위해서 협력업체들과 동반진출하여 협력관계를 지속한다.
	현지정부	현지정부의 투자유치정책을 활용하여 다양한 인센티브를 이끌어 낸다.

기법 37. 유추기법

가. 개념

유추기법(analogy)은 해결하고자 하는 문제와 전혀 다른 문제에서 아이디어를 찾아내고 그 아이디어를 해결하고자 하는 문제에 적용함으로써 창의적이고 혁신적인 아이디어를 개발하는 기법이다. 예를 들어서 직원의 생산성을 높이는 아이디어를 찾고자 할 때, 이와 관계가 없는 유치원 아이들이 학교를 좋아하게 하는 방법을 찾아서 직원의 생산성을 높이는 문제와 연계시켜 아이디어를 찾는 방법이 한 예이다. 이 기법은 돌고래의 생태를 연구해서 잠수함의 기능을 향상하는 사례, 박쥐의 움직임을 분석해서 레이더의 기능을 향상하는 사례들과 같이 과학분야에서 널리 사용되는 창의적인 문제해결기법으로서 최근에는 사회현상이나 경영문제에 적용되기 시작하였다.

이 기법은 창의적이고 혁신적인 대안이나 아이디어가 필요할 때 활용할 수 있는 기법이며, 복잡한 문제를 분석하는 과정에서도 활용할 수 있다.

예) • 제품의 기능 개선
• 내부프로세스의 혁신

• 신제품 개발

나. 적용단계

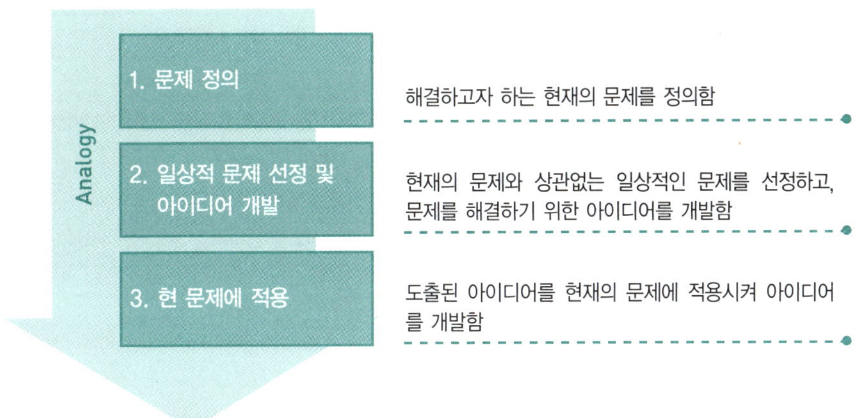

다. 활용사례

소비재 전자제품을 생산 · 판매하고 있는 중소기업의 고영웅 사장은 큰 고민을 하고 있다. 그 이유는 고 사장이 20년간 사업을 해 온 소비재 전자제품 시장이 빠르게 성장함에 따라서 한 대기업이 이 시장에 진출하려고 한다는 소식을 들었기 때문이다. 따라서 대기업의 시장진출에 대한 경쟁전략을 수립하기 위해서 유추방법을 적용하기로 하였다.

1. 먼저 직원들에게 "대기업의 중소기업 시장 진출에 대한 대응방안" 문제를 정의해주고 자사가 어떻게 대응할 것인지에 대한 방안을 찾아야 한다고 알려주었다.
2. 그 다음에 이 문제와는 관련 없는 일상적인 문제인 '옆집에 사는 큰 개가 우리 집 개의 먹이를 빼앗아 먹는 문제' 를 선정하고 그에 대한 해결방안을 제시해 보도록 하였다.
3. 그 결과 다양한 의견이 제시되었다. 예를 들어서 "우리 집 개를 없앤다", "큰 개의 주인에게 묶어 달라고 한다", "우리 집도 큰 개를 키운다", "경찰에 신고한다" 등의 다양한 의견이 제시되었다.
4. 다음에 이 아이디어들을 이용해서 현재 부딪히고 있는 문제에 적용해 보기로 하였다. 그 결과, "시장을 과감하게 포기하고 다른 제품을 개발한다", "대기업과 타

협을 시도한다" "다른 대기업과 제휴를 시도한다", "언론 및 정부기관에 부당함을 호소한다" 등의 아이디어들이 제시되었다.

일상문제	현재문제
옆집 큰 개가 우리 집 개의 먹이를 빼앗아 먹는 문제	대기업의 중소기업 시장 진출에 대한 대응방안
해결방안	**현재문제에 적용**
우리 집 개를 없앤다	시장을 과감하게 포기하고 다른 제품을 개발한다
큰 개의 주인에게 묶어 달라고 말한다	대기업과 타협을 시도한다
우리 집도 큰 개를 사서 키운다	다른 대기업과 제휴를 시도한다
경찰에 신고한다	언론 및 정부기관에 부당함을 호소하고 건의한다

기법 38. 마인드맵핑기법

가. 개념

마인드맵핑기법(Mind mapping)은 문제와 관련한 단어들을 자유롭게 나열한 다음, 이들 단어들 간의 관련성을 구조화하고, 이를 기반으로 새로운 아이디어를 개발하는 기법이다. 이 기법의 특성은 문제에 관련한 다양한 생각들을 그림으로 표현하면서 마음속에 있는 다양한 아이디어를 도출해서 비주얼화한다는 것이다. 이 기법은 연상을 통한 아이디어 개발 방법에 많이 활용된다.

예) • 제품의 기능 개선
• 업무프로세스 개선
• 고객만족도 향상

나. 적용단계

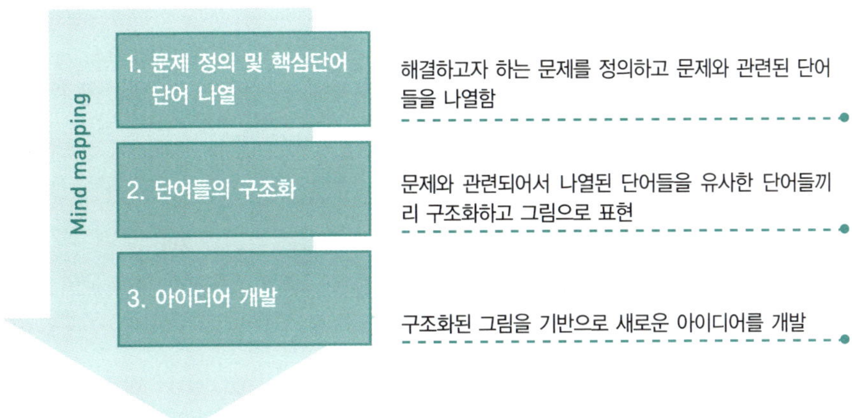

다. 활용사례

교육 콘텐츠를 개발하고 있는 한 회사는 창의적 문제해결과 의사결정능력 향상을 위해 국내 최초로 3D게임 기반의 기술을 활용하여 '콜럼버스의 창의적 문제해결 모험' 이라는 창의적 문제해결 게임을 개발하였다. 이 콘텐츠는 국내에서 처음 개발된 콘텐츠이기 때문에 여러 가지 측면에서 개선방안들이 필요하였다. 이러한 개선방안을 찾기 위해서 팀원들과 마인드맵핑기법을 활용하기로 하였다.

예) • 제품개선 방안
• 마케팅 기획
• 고객서비스 강화 방안

1. 먼저 "콜럼버스의 창의적 문제해결 모험"이라는 단어를 칠판의 한 가운데에 적었다.
2. 그 다음에 주제와 관련된 단어들을 모두 나열해 모았다. 3D기술, 팀, 인터넷, 체험, 창의적 문제해결방법론, 미션, 피드백, 기법, 재미, 오락, 중 · 고등학교, 경쟁, 직장인, 대학생, 초등학교, 사례 등의 다양한 단어들이 찾아졌다.
3. 나열된 단어들을 유사한 특성들을 가진 단어들로 구분하여 그룹핑하였다.
   • 교육 : 창의적 문제해결 방법론, 기법, 사례, 미션, 피드백

- 흥미 : 체험, 재미, 팀, 개인, 오락, 경쟁
- 기술 : 3D 기술, 인터넷
- 이용자 : 직장인, 대학생, 중 · 고등학교, 초등학교

4. 그룹핑한 단어들의 관계를 찾아서 창의적 문제해결 게임의 개선방안에 관한 다양한 아이디어들을 얻을 수 있었다.

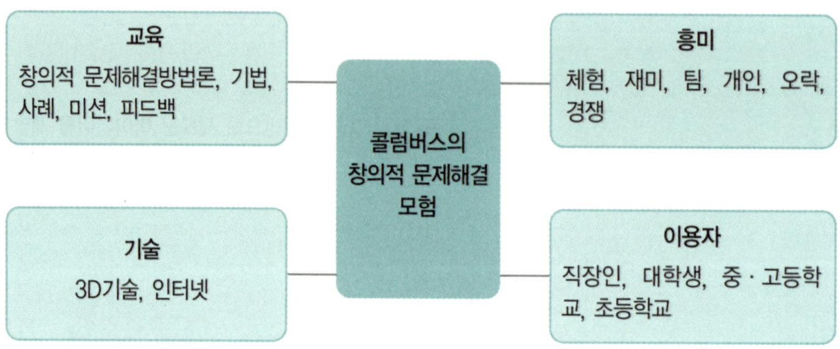

기법 39. 만다라트기법

가. 개념

만다라트기법(Mandal-Art)은 3×3이나 5×5 매트릭스를 만들어 그 중앙에 해결하고자 하는 문제의 주제어를 적고, 주제어와 관련한 아이디어들을 자유롭게 연상하여 빈 칸에 채워가면서 새로운 아이디어를 개발하는 방법이다. 만다라트는 manda+la+art가 결합된 용어로서 manda+la는 목적을 달성한다는 의미이고, art는 도구이기 때문에 목적을 달성하는 기술 혹은 도구를 의미한다. 이 기법은 사용하기 쉽고, 여러 아이디어를 한 번에 볼 수 있기 때문에 아이디어를 기반으로 새로운 아이디어를 만들어 낼 수 있다. 또한 매트릭스의 빈 칸을 채워야 하는 강제성을 가지고 있기 때문에 새로운 아이디어를 만들어 내기 쉽다. 이 기법은 일본 디자이너인 이마이즈미 히로아키가 개발한 발상기법이다.

예) • 신제품 개발
• 디자인
• 마케팅 기획

나. 적용단계

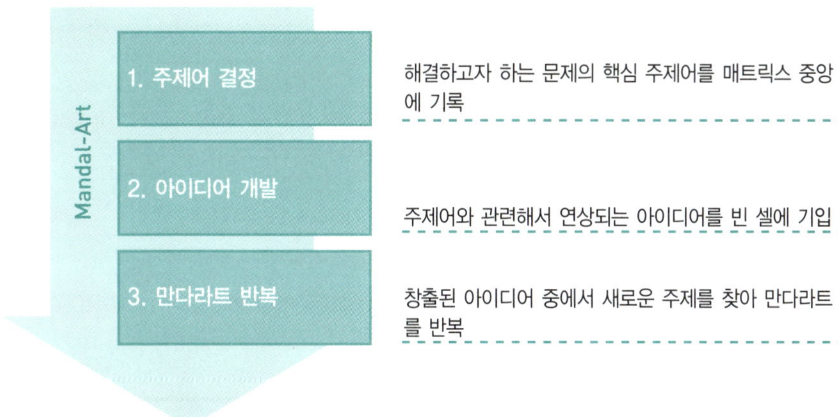

다. 활용사례

한 이동통신회사에 근무하는 김정모 팀장은 휴대폰 기반의 새로운 통신상품을 기획해 보라는 지시를 받고 고민 중에 있다. 김 팀장은 팀원들을 모아 놓고 만다라트기법을 활용해서 아이디어를 개발해 보기로 하였다.

1. 먼저 통신서비스 상품의 핵심 주제어를 '휴대폰'이라고 정하고 매트릭스의 중앙에 기록하였다.
2. 팀원들은 휴대폰이라는 주제어를 기반으로 통화, 게임, MP3, 카메라, 인터넷, 문자, 애플리케이션, 요금제 등과 같은 다양한 단어들을 채워 나갔다.
3. 이 중에서 인터넷이라는 단어를 뽑아 정보검색, 이메일, Wi-Fi, 데이터요금, 재미, 트위터, 메신저, 커뮤니티 등의 단어들을 다시 채울 수 있었다.
4. 이러한 단어들을 기반으로 '휴대폰 전용 인터넷 포털 개발'이라는 새로운 아이디어가 도출되었다.

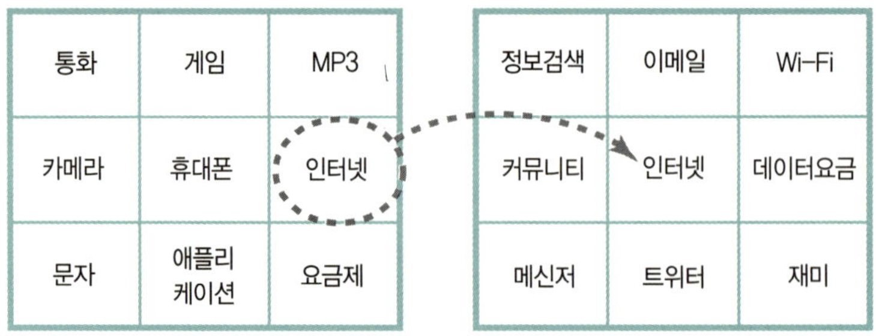
통화
게임
MP3
카메라
휴대폰
인터넷
문자
애플리케이션
요금제
정보검색
이메일
Wi-Fi
커뮤니티
인터넷
데이터요금
메신저
트위터
재미

제5장

아이디어 결과추정단계

아이디어를 개발한 다음에는 아이디어를 실행했을 때 발생할 수 있는 결과를 추정해야 한다. 아이디어를 실행했을 때 일어날 수 있는 결과를 모르는 상황에서 아이디어를 선택할 수 없다.

기업에서 아이디어의 결과를 정확하게 추정하지 못하면 전혀 예상치 못한 엉뚱한 결과들이 발생해서 문제해결이 실패할 가능성이 높다. 예를 들어서, 새로운 공장을 건설할 때 일정과 예산을 정확하게 추정하지 못하면 일정이 지연되거나 추가적인 비용이 발생해서 실패할 가능성이 많다. 또한 신제품을 개발할 때 시장규모를 너무 크게 추정해서 원하는 수익을 창출하지 못하는 경우도 아이디어 결과를 정확하게 추정하지 못해서 실패한 사례들이다. 따라서 아이디어를 선택하기 전에, 아이디어를 실행했을 때 발생할 수 있는 결과와 위험을 정확하게 추정해야 한다.

현실적으로, 아이디어의 결과를 100% 정확하게 추정하는 것은 불가능하나 아이디어의 결과를 모르는 상태에서 아이디어를 실행할 수 없다. 그러므로 아이디어를 실행했을 때 예상되는 결과를 체계적이고 과학적인 방법으로 가능한한 정확하게 추정해야 한다. 모든 것이 불확실한 경영환경에서 아이디어의 결과와 위험을 정확하게 추정하는 능력은 기업과 개인의 핵심경쟁력이다.

제5장에서는 아이디어를 실행했을 때 발생할 수 있는 결과를 추정하는 방법에 대해 설명하고 있다.

사례 31 대박 노린 바이오단지… '깡통단지' 전락

1. 사례 본문

#장면 1 : 15일 경북 안동의 경북 바이오일반산업단지. 말끔히 포장된 도로 위엔 차선과 건널목 표시페인트가 선명했다. 2004년 조성이 시작된 이 산업단지에 들어간 돈은 747억 원. 그렇지만 공장이 들어서야 할 땅은 텅 비어 있었다. 인플루엔자 백신 제조 컨소시엄을 만들겠다는 계획도 3년 넘게 겉돌고 있다.

#장면 2 : 16일 경남 진주의 진주 바이오클러스터. 공장은 잘 보이지 않고 진주시가 지은 바이오21센터 4개 동만 널찍이 자리 잡았다. 바로 옆에는 생물산업전문농공단지(바이오밸리)에 들어가 있는 소규모 기업 몇 개만 듬성듬성 자리 잡고 있었다.

■ **입주 꺼리는 기업들**

2000년 이후 전국 방방곡곡에서 지방자치단체들이 주도한 바이오단지들이 우후죽순 격으로 조성되고 있지만 입주기업을 유치하지 못해 아까운 세금만 낭비하는 텅 빈 단지가 속출하고 있다. 일각에서는 바이오단지가 '신성장동력 산업단지'가 아닌 '깡통단지'로 전락했다는 비판도 내놓고 있다. 한국산업단지공단과 각 지자체 등에 따르면 현재 지자체가 바이오 관련 기업을 유치하겠다고 조성한 단지는 전국에 약 17개. 그런데 본보가 확인한 결과 이 중 다수의 바이오단지, 특히 경북, 경남, 전남 등 남부지역 단지 상당수는 조성에 막대한 예산이 들어갔지만 텅 비어 있었다. 단지조성비의 경우 경북 안동의 경북바이오단지 747억 원, 경북 상주한방단지 520억 원, 경남 진주생물산업전문단지 180억 원 등이다. 3군데 단지 조성에만 국비와 지방비를 합쳐 모두 1,447억 원이 투입됐다. 그렇지만 생산활동은 거의 없다고 해도 과언이 아니다. 그나마 입주기업이 있는 진주 생물산업전문단지도 생산액이 미미해 지자체가 한국산업단지공단에 생산액을 아예 보고조차 하지 않을 정도다. 진주시의 경우 10여 년 전부터 바이오클러스터 조성을 추진하면서 단지 조성비를 포함해 총 1,000억 원에 가까운 돈을 투자했다. 특히 2006~2008년에 매년 110억 원가량 투자했다. 이는 시의 연간 총산업지원비 중 7%에 달한다. 그런데 입주 계획을 밝힌 회사는 20여 개에 불과하고, 이나마 연평균 매출액이 30억 원 안팎인 작은 업체들이다.

■ **실패의 이유**

이처럼 남부지역 바이오단지가 찬밥 신세인 이유는 전국적으로 바이오단지가 '공급과잉' 상태인 데다 남부로 갈수록 수도권으로부터 거리가 멀어 여러 가지 측면에서 경쟁력이 떨어지기 때문이다. 김성경 경북도청 경제과학진흥국장은 "경북 북부에 우수한 한약재가 많아 한방바이오, 건강식품이 산업잠재력이 있다고 봤는데 수도권에서 멀리 떨어져 있다는 이유로 들어오겠다는 바이오기업을 찾기 힘들다"며 "추풍령 이남엔 기업이 오려고 하지 않는다"고 말했다.

또 다른 원인은 국내 바이오산업의 규모가 작다는 점. 산업연구원 정종석 연구위원은 "연매출 8,000억 원 정도(2009년 기준)인 동아제약이 국내 제약사 중에선 가장 큰 규모"라며 "국내 제약사들의 규모가 크지 않은 상황에서 이들 회사에 추가 대규모 투자를 기대하기는 힘들다"고 말했다.

지방 바이오단지 주변에 산·학·연 인프라가 제대로 구축돼 있지 않다는 점도 걸림돌이다. 현재 국내 바이오 기술 수준은 초기단계에 머물고 있다. 그런데 지방의 기술적 역량은 더욱 떨어지는 상황이다. 지식경제부와 지자체가 함께 세운 '지역바이오특화센터'의 경우 전국 19개 센터 중 상당수에는 건강식품, 화장품, 미생물 농약제조사들이 자리 잡고 있다. 홍삼진액, 청국장을 이용해 건강식품을 만들어 파는 회사가 흔하고 김치나 장류, 절임류, 주류를 만드는 가공식품협회, 복분자주를 만드는 전통주 제조사가 입주한 센터도 적지 않다. 지방의 바이오 수준을 보여주는 대목이다.

■ **지자체들 의욕만 앞세워**

그럼에도 각 지자체가 중앙정부의 통제를 받지 않고 바이오단지를 대거 조성할 수 있는 이유는 일반 산업단지나 농공단지의 지정, 조성, 관리 권한이 지자체에 있기 때문이다. 현재 바이오 관련 주무부서인 지경부와 보건복지부는 지방의 일반산업단지까지 관리하지 않고 있다. 이에 따라 지자체의 바이오 산업단지 조성이 인기영합주의에서 비롯됐다는 지적도 나오고 있다. 이신호 한국보건산업진흥원 보건의료산업본부장은 "지자체가 명확한 수요예측 없이 무작정 단지를 만들어 실패한 사례가 많다"며 "지자체들이 너무 의욕만 앞세우고 있다"고 우려했다. 전문가들은 이미 조성이 완료된 바이오단지뿐만 아니라 현재 조성이 진행 중인 일부 바이오단지도 '실패의 전철'을 밟기 쉽다고 경고하고 있다. 정종석 연구위원은 "좋은 산업단지의 요건은 우수 연구인력 유치가능성, 연구개발기관과 산업체의 집적도"라며 "지자체가 의욕을 보이고 있어도 이 같은 요건을 갖추지 못하면 성공할 수 없다"고 말했다. 현재 조성이 진행 중인 충북 옥천의 옥천의료기기·전자농공단지나 전남 장성의 장성나노기술단지 등에 대해서도 성공 가능성에 회의적인 눈길을 보내는 전문가들이 많다. 정 연구위원은 "자기 몸에 맞지 않는 옷을 입고 있는 바이오단지가 여러 곳 있다"며 "식품, 농업 등 지역 역량에 맞는 산업을 찾아 특화시켜야 살아남을 수 있다"고 말했다.

출처 : 동아일보(2010. 4. 22)

2. 시사점

지역자치단체에서 바이오단지를 조성할 때는 많은 기업들이 입주해서 지역경제를 활성화시킬 수 있을 것으로 예상하였으나, 실제로는 그러지 못하였다. 이 사례는 아이디어의 결과를 정확하게 추정하는 일이 얼마나 중요한지를 보여 주고 있다. 문제를 해결하기 위한 창의적 아이디어를 개발한 다음에는, 그 아이디어가 가져다 줄 결과를 정확하게 예측해야 한다. 아이디어의 예상 결과를 모른다든지, 결과를 잘못 예측하면 문제해결은 실패하게 된다. 그러므로 창의적 아이디어를 만드는 창의성과 함께 아이디어의 결과를 정확하게 예측할 수 있는 과학적 분석능력이 필요하다.

1. 아이디어의 결과를 추정하는 방법

가. 아이디어를 구조화하라

아이디어의 결과를 추정할 때는 제일 먼저, 아이디어들을 구조화해야 한다. 아이디어 개발과정을 거쳐서 도출된 아이디어들 중에는 현실성이 없거나, 경제성이 없는 아이디어가 있을 수 있고, 중복된 아이디어들이 있을 가능성도 많다. 그러므로 아이디어 구조화 과정을 통해서 아이디어들을 체계적으로 정리할 필요가 있다. 아이디어의 구조화란, 다양한 아이디어들 중에서 타당성이 없거나 경제성이 없는 아이디어들을 제거한 다음에, 유사한 아이디어들을 조합해서 아이디어들을 체계적으로 정리하는 방법을 의미한다.

아이디어들을 구조화하기 위해서는 다음과 같은 과정이 필요하다. 제일 먼저, 아이디어들 중에서 타당성이 없는 아이디어들을 제거해야 한다. 타당성이 없는 아이디어란 문제를 해결할 수 없는 전혀 현실성이 없는 아이디어들을 의미한다.

둘째, 경제성이 없는 아이디어들을 제거해야 한다. 경제성 없는 아이디어이란 문제를 해결하는 데 투입되는 비용이 해결해서 얻게 되는 이익보다 너무 커서 경제적인 가치가 낮은 아이디어를 의미한다.

셋째, 타당성이 없고 경제성이 없는 아이디어들을 제거한 다음에는 유사한 특성을 가진 아이디어들끼리 조합해야 한다. 아이디어들을 조합하면 아이디어들을 보다 간소화할 수 있다. 예를 들어서 신제품 개발에 관한 아이디어들이 개발되었을 때 타당성이 없거나 경제성이 떨어지는 아이디어들을 제거한 후, 제품개발, 마케팅계획, 생산계획 등과 같은 범주로 아이디어들을 조합해서 체계적으로 정리하면 아이디어들이 크게 간소화된다.

넷째, 아이디어들을 상호 배타적인 아이디어(mutually exclusive)들로 분류해야 한다. 예를 들어서 광고전략을 수립할 때 특정 매체에 광고비를 증액하는 아이디어와 광고 매체를 선정하는 아이디어는 서로 중복되어 있다. 이들 아이디어들이 조합되면 새로운 아이디어들이 만들어질 수 있게 되는데, 이렇게 되면 아이디어 선택 과정이 복잡해지게 된다. 따라서 아이디어들을 예산증액 아이디어와 광고 매체 선정아이디어로 분리할 필요가 있다.

마지막으로 그런 다음에, 아이디어들의 내용을 분석해서 아이디어들의 논리적 순서를 정해야 한다. 예를 들어서 예산증액 아이디어와 예산분배 아이디어를 비교해 보면, 예산증액 문제가 예산분배 문제보다 시간적으로 빠르기 때문에 먼저 검토되어야 한다.

아이디어를 구조화하기 위해서 활용할 수 있는 방법들은 아이디어구조화기법, MECE기법 등이 있다.

사례 32 꼬리 내린 '내 집앞 눈 과태료'

1. 사례 본문

소방방재청이 올해부터 시행하기로 했던 '내 집앞 눈치우기 과태료 부과방안'을 유보하기로 했다. 행정편의주의적 발상이란 여론에 밀리자 결국 시기를 미루는 방식으로 슬며시 철회한 셈이다. 방재청은 1일 국토부 등 관계부처와 협의를 거친 올 겨울 설해대책을 발표하면서 내 집앞 눈치우기 과태료 부과는 일단 유예하고 내년 봄까지 홍보에 주력하기로 했다고 밝혔다.

■ **언론 · 인터넷 통해 집중 홍보**

방재청 관계자는 "먼저 언론 · 인터넷을 통해 집중 홍보를 펼친 뒤 그래도 문제가 된다고 판단되면 내년부터 시행하기로 가닥을 잡았다"고 밝혔다. 이를 위해 전광판 광고, 방재청 트위터 등을 최대한 활용하고 지자체에도 자체 캠페인 협조를 당부할 계획이다. 이 관계자는 "G20 정상회의 때 차량 2부제 강제시행을 놓고도 논란이 인 끝에 결국 자율실시로 의견이 모아졌다"면서 "눈쓸기도 주민 자율참여를 유도하는 쪽이 좋지 않겠느냐는 내부 의견이 커졌다"고 말했다. 당초 방재청은 과태료 부과에 강력한 의지를 보였지만 행정 편의주의적 발상이라는 비난에 결국 '주민계도 먼저'로 방향을 수정하게 됐다. 앞서 지난 1월 폭설에 무방비로 노출된 방재대책이 여론 도마에 오르자 방재청은 "자연재해대책법 벌칙 조항을 개정해 내 집 · 점포 앞 눈치우기를 활성화하겠다"고 밝혔다. 특히 과태료 기준을 최대 100만 원으로 설정하겠다고 발표하면서 여론의 뭇매를 맞았다. 시민단체 관계자들은 과태료 부과방안 철회가 예정된 수순이었다고 지적했다. 시 · 군 · 구 지자체가 주민협력을 통한 캠페인을 먼저 펼쳐야 한다는 것이다.

고계현 경실련 정책실장은 "과태료 안은 유례없는 폭설 사태에 허둥지둥 급조된 정책"이라면서 "시행된다고 해도 적용범위가 모호해 반발이 컸을 것"이라고 비판했다. 고 실장은 "한국 특성상 주택 대부분을 차지하는 공동주택의 경우 중간지점 제설의무자가 논란이 될 뿐 아니라 소유자가 치울지 실제 거주자가 치울지도 법리적 쟁점거리"라고 덧붙였다. 한국재난안전네트워크 관계자도 "폭설시 현장 공무원 비상조치 체계나 제설장비 구축, 주민협조 확보 등이 먼저"라면서 "과태료 부과는 일반 주민들에게 책임을 전가한 측면이 크다"고 지적했다.

■ **상습정체 취약지구 200곳 선정**

한편 이 날 발표된 설해대책에 따르면 수도권에 눈이 5㎝ 이상 쌓일 때 스노체인을 하지 않은 차량은 입체교차로, 고갯길 등지의 통행이 금지된다. 방재청은 폭설 때 상습정체가 일어나는 진입램프, 고가도로 등 취약지구 200곳을 선정해 장비장착 차량만 통행을 허가키로 했다. 수도권 지하철은 적설량이 8~10㎝를 기록하면 동원가능한 차량을 모두 운행해 배차간격을 줄이고 막차시간은 1시간 늦추기로 했다. 학교 등 · 하교 시간조정 및 휴교 결정도 신속해진다. 대설경보가 내려지면 지방교육청이 먼저 휴교 등 조치를 하고 중앙재난안전대책본부에 통보하면 본부가 언론을 통해 발표하게 된다. 10㎝ 이상 기습폭설이 왔을 때는 중대본이 교육청과 전화 협의해 등 · 하교시간을 조정한 뒤 바로 발표한다.

출처 : 서울신문(2010. 12. 2)

2. 시사점

이 사례는 문제를 해결할 때 아이디어의 타당성과 현실성이 얼마나 중요한지를 보여 주고 있다. 폭설이 오는데 누가 집집마다 다니면서 눈을 치우지 않는다고 벌금을 매길 수 있는가? 참으로 어처구니없는 아이디어이면서 실현가능성이 없는 아이디어이다. 이처럼 아이디어를 개발할 때는 실현가능성이 없는 아이디어는 가급적 제안하지 말고, 설사 제안된다 하더라도 초기단계에서 제거하는 것이 바람직하다.

나. 아이디어의 결과를 예측하라

아이디어들을 체계적으로 정리하고 구조화한 다음에는 아이디어의 결과를 예측해야 한다. 아이디어의 결과를 예측한다는 것은 각 아이디어들을 실행했을 때 예상되는 결과들을 체계적으로 추정하는 것을 의미한다. 아이디어를 실행했을 때 발생하는 결과를 모르는 상황에서는 아이디어를 선택할 수 없기 때문에 아이디어의 결과를 예측하지 못하면 문제해결에 실패할 수밖에 없다. 예를 들어서 새로운 금융상품을 개발했을 때 새로운 금융상품으로 인해 어느 정도의 고객이 확보될 것인지, 매출과 순이익에는 어느 정도 영향을 미칠 것인지를 알지 못한다면 아이디어를 선택하기 어려울 것이다. 그러므로 아이디어의 결과를 100% 정확하게 추정하기는 힘들지만 정보를 수집하고, 분석해서 아이디어의 결과를 정확하게 추정하도록 노력을 해야 한다. 아이디어의 결과는 주관적인 방법과 객관적인 방법으로 예측할 수 있다.

■ 주관적 추정방법

주관적 추정방법은 의사결정자나 전문가의 주관적인 판단과 경험을 기초로 아이디어의 결과를 측정하는 방법으로서 정보가 부족하고 불확실한 전략적 의사결정에서 많이 이용된다.

- 의사결정자의 판단과 직관(Jury of Executive Opinion) : 문제를 해결하는 의사결정자의 판단과 직관을 통해서 아이디어의 결과를 추정하는 방법
- 영업사원추정기법(sales force estimation) : 고객과 가까운 영업채널에 있는 사원이나 대리점의 추정치를 기반으로 예측하는 방법
- 델파이기법(Delphi method) : 전문가들이 서로 영향을 받지 않은 상태에서 아이디어의 결과를 예측하는 방법
- 의사결정나무(decision tree analysis) : 아이디어와 아이디어에 따른 결과를 나무 형태로 표현하고 발생 확률과 그에 따른 비용과 성과를 추정하면서 아이디어의 결과를 예측하는 방법
- 교차효과(cross impact technique) : 전문가들의 주관적인 판단을 기초로 미래의 불확실성을 예측하는 기법으로서 미래에 발생할 사건들은 상호 관련이 되어 있다는 가정하에 한 사건의 변화가 다른 사건에 어떤 영향을 주는지를 분석하는 방법

• Bayesian의 조건확률방법(conditional probabilities) : 한 사건의 확률을 조건으로 다음 사건의 확률을 추정하면서 미래의 변화를 예측하는 방법

■ 객관적 추정방법

객관적 추정방법은 계량적 모형을 기초로 아이디어의 결과를 객관적으로 측정하는 방법으로서 수학, 통계학, 경영과학의 지식을 필요로 하고 있다.

• 시계열예측기법(extrapolative method) : 이동평균법(moving average), 지수평활법(exponential smoothing), 분할법(decomposition)과 같이 과거 자료를 기반으로 모델링한 후 이를 기반으로 미래의 값을 예측하는 기법
• 통계분석기법(inferential statistical method) : 회귀분석기법(regression method)과 계량경제적 기법(econometric method)과 같이 인과관계(원인과 결과)를 이용해서 미래를 예측하는 방법
• 시뮬레이션(simulation) : 현재 상황을 모델링한 후 여러 변수들과 상황을 변화시켜 가면서 미래의 값을 예측하는 방법

위의 방법들 이외에도 아이디어의 결과를 예측하기 위해서 활용할 수 있는 방법들은 비용편익분석기법, 장/단점나열법, 이해당사자 대차대조표기법, 노력/성과표기법, PMI기법, 동인요소기법, NPV기법, IRR기법, BEP기법, 미래의 수레바퀴기법, 시나리오계획기법 등이 있다.

사례 33 빗나간 시장전망에 멍드는 통신업계

1. 사례 본문

디지털기술 발전으로 융합이 진전되면서, 통신기업들이 시장을 전망하기가 더욱 어려워지고 있다. 보통 정보통신정책연구원(KISDI)이나 한국전자통신연구원(ETRI)의 통계나 직접 설문지를 돌려 얻은 서베이 결과에 기반해 시장을 예측하나, 빗나가기 일쑤다. 특히 올해 광풍처럼 휘몰아친 스마트폰의 경우 시장전망을 잘못한 LG U+에 뼈아픈 경험이 됐으며, 제4 이동통신사업을 준비 중인 한국모바일인터넷(KMI)도 시장 예측 논란에 휩싸여 있다. KMI는 스마트폰 대중화로 데이터에 기반한 와이브로 사업에 탄력이 붙을 것으로 예상하지만, 논란이다.

■ **올해 스마트폰 400만대?...LG U+ 예측 빗나가**

LG U+ 정일재 개인사업부문(PM) 사장은 3월 11일 일반폰 사용자를 위한 무선인터넷 '오즈2.0'을 발표하면서 "올해 스마트폰 이용자가 최대 400만 명 수준으로 확대될 것이라는 전망이 나오지만, 그럼에도 3천400만 명의 이동통신 가입자들은 여전히 피쳐폰(일반폰)을 이용하게 될 것"이라고 말했다. KT가 아이폰을 내놓은 뒤 SK텔레콤이 대항마인 갤럭시S 출시를 준비하면서 전쟁에 대비할 때, LG U+는 거꾸로 일반폰 강화 전략을 편 것이다. 이상철 LG U+ 부회장 역시 일명 '이상철폰'으로 불린 옵티머스Q를 6월에 내놓으면서 스마트폰 대응에 나섰지만, 시장예측 실패라는 평가에선 자유롭지 못하다. 그는 지난 해 "아이폰은 기껏해야 20~30만대에 그칠 것"이라고 전망하기도 했다. 그러나 LG U+의 예측과 달리, 11월 10일 현재 SK텔레콤의 스마트폰 가입자는 300만, KT는 220만 명을 넘어 연말까지 600만 명이 무난한 상황이다. 빗나간 전망은 LG U+의 급속한 실적악화 요인이 됐다. 3분기까지 스마트폰에서 6%(약 30만 명)의 점유율을 올리는 데 그쳐 우량 가입자 유치에 실패한 것이다. 이 때문에 3분기 가입자당평균매출(ARPU)은 3만 2천209원으로 전년 동기(3만 4천561원) 대비 6.8%나 줄었다. LG U+ 관계자는 "KISDI나 ETRI 등 국책연구기관의 자료나 과거 매출성장률에 근거한 시장전망은 의미가 없어지고 있다"면서 "이용자들이 실제로 어떻게 서비스를 이용하는지에 근거한 새로운 시장 전망 방법론이 필요하다"고 말했다. 그는 "얼마전 제일기획에서 발표한 '일상점유(Life Share)' 방법론을 참고하고 있다"면서 "소비자들이 TV를 보면서 어떤 과자를 먹는지, 과자를 안 먹으면 휴대폰을 갖고 노는지 등을 살펴보자는 것"이라고 덧붙였다. LG U+는 29일 와이파이 공유모델을 기반으로 하는 신개념의 'ACN(AP Centric Network)' 전략을 발표하면서, 사람들이 와이파이를 찾아 접속하는 지 아니면 이미 와이파이 인프라가 충분해 아무렇게나 접속하는지 등을 살피고 있다.

■ **와이브로시장 전망도 빗나가...KMI, 새롭게 제시**

옛 정보통신부는 2004년 와이브로를 도입하면서 가입자 규모를 상용화 원년인 ▲ 2006년 60만 7천 명 ▲ 2008년 454만 명 ▲ 2010년 850만 명에 육박할 것으로 전망했었다. 그러나, KT와 SK텔레콤의 와이브로 가입자수는 30만 명 안팎에 불과하다. 와이브로가 실패한 이유는 기존 이동통신 사업자에게 주파수를 주고, 음성탑재를 허용하지 않는 등 정책이 잘못됐기 때문이다. 이런 가운데, 제4이동통신사업 재허가를 신청한 한국모바일인터넷(KMI)은 2011년 10월 서비스를 시작한 뒤 5년 만에 가입자 800만 명을 넘어설 것으로 예상해 시장예측이 맞을 지 주목된다. 이는 지난 번 허가심사 때(700만 명대)보다 다소 증가한 것으로, 회사 측은 9월 말부터 두 차례에 걸쳐 시장조사를 한 결과라고 밝혔다. KMI 관계자는 "와이브로는 음성전화 역시 데이터여서 스마트폰 가입자 증가세와 함께 갈 수 있다"고 말했다. KT 관계자는 "한솔PCS가 처음 휴대폰 사업을 시작했을 때 휴대폰 가입자수가 곧 500만 명을 뛰어넘을 것이라고 예측하자 업계에선 비웃었다"면서 "하지만 국내 이동전화 가입자 수는 폭증했고, 스마트폰 역시 예상을 훌쩍 뛰어넘었다. 정확히 시장을 전망하기란 정말로 쉽지 않다"고 말했다.

출처 : 아이뉴스(2010. 11. 24)

2. 시사점

이 사례는 아이디어의 예측능력이 얼마나 중요한지를 보여주고 있다. 모든 것이 급변하는 최근 경영환경하에서 미래 시장수요를 정확하게 예측하는 일은 매우 어렵다. 특히 제품의 라이프사이클이 짧은 전자 및 통신산업에서 예측능력은 기업 생존을 결정하는 핵심능력이다. 시장수요를 정확하게 예측하는 일이 어렵지만 안할 수가 없기 때문에 모든 정보와 지식을 활용해서 미래 변화를 예측해야 한다. 이처럼 아이디어 결과를 예측하는 일이 중요함에도 불구하고 예측을 하지 않거나 주먹구구식으로 하는 경우가 많다. 이는 바로 문제해결과 의사결정의 실패로 연결된다.

다. 아이디어의 위험을 추정하라

아이디어의 결과를 추정한 다음에는 아이디어의 결과가 어떻게 변화하는지를 추정해야 한다. 아이디어의 결과는 미래에 발생하는 것이기 때문에 많은 위험과 불확실성이 존재한다. 그러므로 아이디어를 선택했을 때 아이디어의 결과가 어떻게 될 것인지도 중요하지만 아이디어가 어떻게 변화할 지 분석하는 것은 더욱 중요하다. 아이디어의 결과가 어떻게 변화하느냐를 추정할 때 위험(risk)과 불확실성(uncertainty) 개념이 혼용된다. 위험은 아이디어의 결과가 발생할 확률을 아는 경우이고, 불확실성은 아이디어의 결과가 발생할 확률을 전혀 모르는 상황이다.

의사결정자가 아이디어의 결과를 평가할 때 세 가지 상황 중 하나에 부딪히게 된다. 세 가지 상황은 아이디어의 결과가 어떻게 되는지를 100% 아는 경우, 아이디어의 결과가 발생할 수 있는 확률을 아는 경우, 아이디어의 결과가 어떻게 될 것인지 전혀 모르는 경우로 나누어진다.

■ 확실한 상황

첫 번째 상황은 의사결정자가 아이디어의 결과가 무엇이 될 것인지를 100% 확신할 수 있는 상황이다. 이 상황에서는 아이디어의 결과를 100% 정확하게 알 수 있기 때문에 아이디어를 선택하기가 쉽다.

■ 위험하의 상황

두 번째 상황은 아이디어의 결과를 100% 확신할 수 없지만 아이디어의 결과가 발생할 수 있는 확률분포를 알고 있는 경우이다. 이 같은 상황에서는 기댓값(expected value)을 이용해야 한다. 예를 들어서 아이디어가 성공했을 때 이익이 100억이고 발생확률이 50%, 실패했을 때 이익이 −50억이고, 실패할 확률이 50%이면 이 아이디어의 기댓값은 25억(=100억×0.5+(−50억)×0.5)이다. 아이디어 결과의 발생 확률은 시장조사, 통계학, 시뮬레이션, 의사결정론 기법과 같은 분석적 기법을 이용해서 객관적으로 추정하거나 의사결정자가 주관적으로 추정해야 한다.

■ 불확실한 상황

세 번째 상황은 아이디어의 결과가 발생할 수 있는 확률을 전혀 모르는 상황이다.

아이디어의 결과가 어떻게 발생하는지를 전혀 모르기 때문에 의사결정하기가 매우 어렵다. 모든 사람이 불확실한 상황에서 의사결정 하기는 어렵다. 역으로 이 같은 상황에서 경쟁기업이나 다른 사람들에 비해서 의사결정을 잘한다면 그만큼 경쟁력이 높아지게 될 것이다.

아이디어의 위험을 추정하기 위해서 활용할 수 있는 방법들은 아이디어 결과의 시나리오 분석기법, 리스크 매트릭스기법, 시뮬레이션기법, 위험요인 평가기법 등이 있다.

사례 30 스마트폰 '데이터 하마족' 어쩌나

1. 사례 본문

#사례 : "이번 달엔 7기가바이트밖에 쓰지 못해 속상해요. 다음 달엔 더 분발해야 할 듯 ^^;" "갤럭시S로 14기가 쓰셨다는 분도 계시던데 동영상만 보셨나봐요" "꺼졌다 켜졌다 하는 무선랜(Wi-Fi) 때문에 아예 3세대(3G)망만 써요" 최근 한 스마트폰 카페에 올라온 사용자들의 말이다.

데이터 무제한요금제를 '충실히' 사용하는 이른바 '데이터 하마족'들이 늘어나고 있다. 통신사들은 서비스품질(QoS : Quality of Service) 정책으로 이들의 데이터 사용에 제한을 걸겠다는 입장이지만 실제 효과가 있을지는 미지수다. 일부에선 통신사들의 무리한 경쟁으로 도입된 데이터 무제한 요금제가 결국 단명할 것이라는 관측도 나온다. 13일 관련업계에 따르면 국내 통신 3사의 지난해 9월 모바일 인터넷 트래픽은 총 1580테라바이트(TB)였다. 지난해 9월은 SK텔레콤에 이어 KT도 무제한 데이터 요금제를 도입한 달이다. 이후 불과 두 달 뒤인 지난해 11월에는 데이터 사용량이 두 배 이상 늘어난 3182TB를 기록했다. 아이폰3GS가 처음 도입된 2009년 11월 데이터 트래픽은 331TB였고 2010년 7월 데이터 트래픽은 891TB였다. 무제한 데이터요금제가 도입되기 전 국내 총 데이터 트래픽이 약 3배 늘어나는 데 8개월이 걸렸다면, 도입 이후에는 2배 늘어나는 데 불과 2개월밖에 걸리지 않았던 셈이다. 무제한요금제(5만 5,000원 이상) 가입자비율이 KT는 약 60%, SK텔레콤도 65% 이상인 것으로 알려진다.

데이터 무제한요금제 가입자들이 많아지면서 '데이터 하마족'들도 늘어나고 있다. 이들은 대부분 주문형비디오(VOD)나 주문형음악(MOD)을 주로 활용하는 사용자들이다. 적게는 매월 2기가에서 많게는 10기가 이상씩 쓰는 사용자들도 늘고 있다. 최근엔 인터넷으로 동영상을 볼 수 있는 에어비디오, 다음 TV팟 등 각종 응용프로그램(애플리케이션)들이 다수 나오면서 데이터 트래픽은 향후에도 빠른 속도로 늘어날 전망이다. 통신사들은 약관에 고지된 대로 '데이터 하마족'의 데이터 사용량에 제한을 걸겠다고 나서고 있다. KT와 LG U+는 지난해 12월부터 일별 데이터 용량을 넘어선 사용자들에게 속도제한을 할 수 있다는 메시지를 보내고 있다. SK텔레콤은 당장 제한에 들어갈 계획은 없지만, 약관엔 QoS를 명시해두고 있다. QoS는 가입한 요금제에 따라 일정 데이터 사용량을 넘어설 경우 속도를 제한하는 규정이다. 예를 들어 5만 5,000원짜리 요금제 가입자인 경우 75메가바이트 이상 사용시 인터넷 속도를 떨어뜨리는 식이다. 하지만 QoS가 '데이터 하마족'들의 데이터 사용을 근본적으로 막는 데는 한계가 있을 전망이다. QoS는 망 과부하가 발생했거나 우려되는 경우, 또는 특정 기지국하에서 정해진 데이터 사용량 이상의 데이터를 사용한 두 가지 경우가 모두 충족돼야 발동된다. 이동 중이어서 사용 기지국이 바뀌면 QoS는 발동되지 않는다. 서울에는 수천 개의 기지국이 있으며, 이동하면서 사용하는 휴대폰의 특성상 QoS가 실제 발동되는 경우는 많지 않을 전망이다. 통신사 관계자는 "QoS는 몇 가지 조건이 모두 맞아떨어졌을 때 발동된다. 이동으로 인해 기지국이 바뀌는 경우엔 QoS는 작동하지 않게 된다"고 말했다.

업계에선 통신사들이 결국 무제한 데이터 요금제를 폐지할 것이라는 전망이 나온다. 이미 해외에선 포기한 서비스가 국내 통신사들의 과당경쟁으로 인해 도입된 만큼 수명이 길지 않을 것이라는 관측이다. 미국 통신사 AT&T는 지난해 6월 무제한요금제를 철폐했다. 버라이즌도 다음 달부터 데이터 사용량 상위 5%에 인터넷 속도제한을 일률적으로 적용할 계획이다.

출처 : 파이낸셜 뉴스(2011. 2. 13)

2. 시사점

미래를 예측할 때 미래가 어떻게 변화하는지를 예측하는 일도 중요하지만, 미래 변화의 발생 가능성을 예측하는 일도 매우 중요하다. 예를 들어서 스마트폰이 처음 등장했을 때 이에 대한 수요가 늘어날 것이라고 모두들 예측했으나 실제수요를 정확하게 예측한 기업은 많지 않았다. 스마트폰은 기업들의 수요예측을 훨씬 뛰어넘는 엄청난 양이 판매되었다. 이처럼 아이디어의 결과를 예측할 때는 아이디어의 결과뿐만 아니라 결과가 어느 정도로 변화하는지, 그에 대한 발생가능성을 추정해야 한다.

라. 아이디어의 리스크를 프로파일링하라

아이디어의 결과와 위험을 추정한 다음에는, 아이디어를 실행하는 과정에서 발생할 수 있는 리스크들을 찾아내어서 프로파일링해야 한다. 의사결정에는 다양한 유형의 불확실성과 위험이 포함되어 있기 때문에 이들 위험과 불확실성을 체계적으로 분석해야 한다. 이 같은 과정을 아이디어 리스크 프로파일링이라고 한다. 아이디어의 리스크 프로파일링이란, 아이디어를 실행하는 과정에 영향을 줄 수 있는 위험과 불확실성 요소들을 모두 찾아내고, 이들 요소별로 프로파일링해서 아이디어에 어떠한 영향을 주는지 체계적으로 분석하는 방법을 의미한다.

아이디어 리스크 프로파일링은 다음과 같은 단계를 거쳐서 진행되어야 한다.

제일 먼저 의사결정에 영향을 줄 수 있는 위험과 불확실성 요소를 모두 찾아낸 다음에 각각의 위험요소별로 프로파일링을 한다. 예를 들어서 해외시장 진출이라는 아이디어를 추진하는 데 영향을 줄 수 있는 예산, 인력, 경쟁사의 참여 여부 등의 위험요소들에 대한 정보를 체계적으로 수집하고 관리한다.

둘째, 각 위험과 불확실성 요소가 일어날 수 있는 상황을 모두 찾아내고 이를 정의

한다. 예를 들어서 해외시장 진출에 영향을 줄 수 있는 예산이라는 위험요소가 일어날 수 있는 상황은 예산이 부족한 상황과 예산이 충분한 상황으로 나누어질 수 있다.

셋째, 각 위험과 불확실성 요소들의 상황별로 발생가능성을 측정한다. 예를 들어서 예산이 부족한 상황과 예산이 충분한 상황이 일어날 수 있는 발생가능성을 30% : 70%라고 추정해 본다. 위험요소의 발생가능성은 기존정보를 활용하거나, 새로운 정보를 수집하거나, 불확실성을 분해하거나, 전문가의 의견을 활용하거나, 개인의 판단을 이용해서 추정한다.

넷째, 위험요소가 실제로 발생했을 때 각 아이디어들이 목표에 어떠한 영향과 결과를 주는지를 분석한다. 예를 들어서 예산이 부족한 상황과 예산이 충분한 상황이 실제로 발생하면 해외시장 진출 프로젝트에 어떤 영향을 주는지를 분석해 본다.

마지막으로, 아이디어, 불확실성, 발생상황, 가능성, 결과를 의사결정나무(decision tree)를 활용해서 하나의 그림으로 표현한다. 분석한 상황을 의사결정나무와 같은 도구로 시각적으로 표현하면 구성원들 간의 의사소통이 활발해질 수 있다.

아이디어의 리스크를 프로파일링 하는 데 활용할 수 있는 방법에는 리스크 프로파일링 기법, 위험 분석 기법 등이 있다.

리스크프로파일링 프로세스

1. 위험과 불확실성 요소 분석	의사결정에 영향을 줄 수 있는 위험과 불확실성 요소를 모두 찾아낸 다음에 각 위험요소별로 프로파일링 함
2. 위험과 불확실성 상황 분석	각 위험과 불확실성 요소가 일어날 수 있는 상황을 모두 찾아내고 이를 정의함
3. 상황의 발생가능성을 추정	위험과 불확실성 요소들의 상황별로 발생가능성을 측정함
4. 상황 발생에 따른 결과 추정	위험요소가 실제로 발생했을 때 각 아이디어들이 목표에 어떠한 영향과 결과를 주는지를 분석함
5. 의사결정나무로 표현	아이디어, 불확실성, 발생상황, 가능성, 결과를 의사결정나무(decision tree)를 활용해서 그림으로 표현함

사례 35 대한해운 "딱 한번 공격적 투자했는데…"

1. 사례 본문

단 한 번의 판단 착오에 43년 역사의 한국 대표 해운사가 무너졌다. 국내 4위 해운사이자 2위 벌크선업체 대한해운이 25일 서울중앙지방법원에 회생절차 개시(법정관리)를 신청했다. 대규모 주주배정 유상증자로 자금을 수혈한 지 꼭 한 달만이다. 이 때문에 대한해운의 회생절차 개시 신청은 다소 빠른 선택인 것으로 판단된다. 대한해운은 "보유현금은 남아 있지만, 버티기보단 빠른 회복을 위해 회생절차 개시라는 결단을 내렸다"고 설명했다. 이어 "법원이 회생절차 개시 결정을 내려주면 조속한 경영정상화가 가능할 것"이라며 "기다려달라"고 당부했다.

■ **업황부진보단 '빌린 배'가 문제**

대한해운이 실적부진의 늪에 빠진 이유는 표면적으론 업황악화다. 실제 대한해운이 구가하는 벌크선 영업은 금융위기 이후 좀체 회복을 못하고 있다. 26일 해운업계에 따르면 벌크선운임지수(BDI)는 지난 2007~2008년만 해도 1만포인트를 웃돌았다. 그런데 현재는 1300포인트 수준. 10분의 1에 가까운 수준까지 떨어졌으니 업황이 나쁘다고 판단할만하다.

하지만 대한해운에 보다 치명적 타격을 입힌 것은 바로 무리한 공격적 투자였다. 대한해운은 금융위기 직전 해운업이 한창 호황일 당시 공격적으로 배를 늘렸다. 그것도 대부분 빌린 배, 즉 용선이었다. 지난해 3분기 기준 대한해운은 37척의 사선을 갖고 있고, 142척의 용선을 운용 중이다. 전체 매출에서 용선이 차지하는 비중이 75%에 달하는 것. 당시 대한해운은 높은 운임료만 믿고 고가의 선박을 3년, 5년의 장기계약으로 빌렸다. 배를 빌린 뒤 다시 다른 선주들에게 빌려주는 사업까지 벌렸다. 해운업계 관계자는 "대한해운이 무리할 정도로 공격적 결정을 내린 게 사실"이라며 "더 큰 문제는 금융위기에 빠지면서 경쟁사들이 반선에 나설 때도 대한해운은 사세 확장을 선택했다는 점"이라고 설명했다. 업계 관계자들에 따르면 대한해운은 분기당 4,000억 원 정도를 용선료로 지급하고 있다. 분기매출이 5,000억 원대임을 감안하면 거의 전부를 용선료에 쏟아붓는 셈. 이 때문에 대한해운은 선주들에 용선료를 인하해달라"는 요구를 하기도 했다.

■ **BDI지수 3000P 넘어야… 당분간 버티기 나설듯**

대한해운이 회생하기 위해선 일단 업황이 회복돼야 할 것으로 판단된다. 증권가에선 벌크선운임지수가 3000포인트를 웃돌아야 대한해운이 수지타산을 맞출 수 있을 것으로 보고 있다. 하지만 현재로서는 벌크선운임지수가 갑작스레 오르길 기대하긴 힘든 상황이다. 선박 과잉공급에다 석탄, 곡물가격 급등으로 물동량이 둔화되는 분위기이기 때문. 대한해운 측 역시 "당분간 회복되길 기대하긴 어렵다"면서 "지난 2007~2008년 호황은 중국발 수요 덕분이었는데 이걸 기대하기도 힘든 분위기"라고 설명했다. 결국 법원이 회생절차 개시 신청을 내릴 경우 강도 높은 구조조정으로 비용을 줄이고, 장기계약이 끝나는 2~3년 뒤까지 어떻게 버티기에 나서느냐가 관건이 될 것으로 분석된다. 한편 회생절차에 돌입하면 대한해운은 해외선주사, 금융권 등에 지급할 채권채무가 모두 중단된다. 빚 때문에 위기에 빠진 대한해운의 경우 당장은 숨통이 트일 전망이다.

출처 : 이데일리(2011. 1. 26)

2. 시사점

이 사례는 기업경영에서 위험을 관리하는 일이 얼마나 중요한지를 보여주고 있다. 모든 일에는 위험이 따르게 된다. 특히 창의적이고 혁신적인 아이디어일수록 예상하지 못한 많은 위험요소들이 존재한다. 위험을 관리하지 않고는 창의적이고 혁신적인 아이디어를 추진할 수 없다. 그러므로 창의적인 아이디어에 관련한 수많은 위험요소들을 찾아내고, 이들의 위험을 관리할 수 있는 방안을 수립해야 한다.

»» 2. 아이디어 추정기법의 이해

문제해결과 의사결정의 5단계인 아이디어의 결과 추정단계에서 활용할 수 있는 기법들을 설명하고 있다.

번호	기법	개요와 핵심용어
40	아이디어 구조화기법	• 아이디어들을 제거하고 조합해서 아이디어를 구조화하는 기법 • 타당성, 경제성, 구조화
41	비용편익분석	• 비용과 편익을 비교해서 아이디어의 타당성을 평가하는 기법 • 비용과 편익, 타당성, 경제적 가치
42	장/단점나열법	• 아이디어의 좋은 점과 나쁜 점을 찾아서 타당성을 평가하는 기법 • 정성적 요소, 찬성/반대그룹, 검토그룹
43	의사결정나무분석	• 아이디어 결과들의 확률과 성과를 추정해서 아이디어의 기대이익을 분석하는 기법 • Decision tree, 확률, 성과
44	아이디어 결과의 시나리오분석	• 아이디어의 결과가 일어날 수 있는 3가지 상황에서 발생할 수 있는 결과를 추정해서 위험을 분석하는 기법 • 최고의 상황, 일반적 상황, 최악의 상황
45	리스크 매트릭스기법	• 위험요인들을 발생가능성과 영향력의 측면에서 분류해서 아이디어의 위험을 평가하는 기법 • 위험요인, 매트릭스, 시각화
46	위험분석기법	• 아이디어의 위험요소를 찾아내고, 위험의 정도를 평가해서 이를 관리할 수 있는 방안을 수립하는 기법 • 리스크, 위협(threat), 대응방안
47	리스크 프로파일링 기법	• 아이디어 실행상의 위험과 불확실성 요소를 모두 찾아내고, 각 요소에 따른 상황, 발생가능성, 결과를 분석하는 기법 • 리스크, 불확실성, 프로파일링

기법 40. 아이디어 구조화기법

가. 개념

아이디어 구조화기법(structuralization)은, 개발된 아이디어들 중에서 타당성과 경제성이 없거나, 통제할 수 없는 아이디어들은 제거한 다음에, 유사한 아이디어들을 조합해서 아이디어들을 체계적으로 구조화하는 기법이다. 아이디어 개발과정을 통해 도출된 아이디어들은 경제성이 없거나 타당하지 못하거나 통제할 수 없는 아이디어들이 존재할 수 있다. 이 기법을 통해서 아이디어들을 체계적으로 구조화할 수 있다.

예) • 광고예산의 활용
• 신제품개발의 타당성분석
• 해외시장 진출전략

나. 적용단계

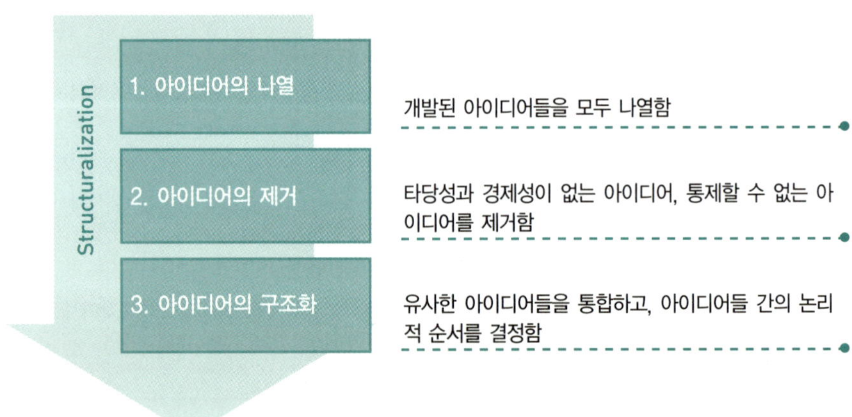

다. 활용사례

창문전자의 노트북사업부는 매출액 향상을 위해 올해 광고비를 50억 원을 책정하고 이를 어떻게 활용할 것인지에 대한 다양한 아이디어들을 개발하였다. 많은 아이디어들 중에서 어떤 아이디어들을 추진해야 하고 어떤 순서대로 추진해야 할 것인지를 결정하기 위해 아이디어 구조화 기법을 활용해 보기로 하였다.

1. 먼저 '창문전자의 광고비 50억을 활용하는 아이디어' 개발 과정에서 나온 여러 가지 아이디어들을 나열해 보았다.
   - 광고예산을 70억으로 추가 증액
   - 신문광고의 크기를 줄여서 신문광고 횟수를 증가
   - 잡지광고 예산을 20억으로 증가
   - 잡지와 신문광고에 5억, TV광고에 40억 집행
   - 세 매체에 대한 예산을 현재로 집행
   - 신제품광고의 초점을 건강에 맞춤
2. 이 아이디어들 중에서 타당성, 경제성이 없고 통제할 수 없는 아이디어들을 제거하였다.
3. 이렇게 제거되고 남은 아이디어들을 유사한 그룹끼리 통합하고 아이디어들 간의 논리적 순서를 결정하였다. 그 결과 4단계에 걸쳐서 아이디어들을 구조화할 수 있었다.
   - 1단계 : 1번 아이디어는 광고예산 총액에 관한 아이디어로서 실행 불가능함.
   - 2단계 : 3, 4, 5번 아이디어는 광고예산의 분배 아이디어로 재구성
   - 3단계 : 6번 아이디어는 광고주제에 관한 아이디어로서 2단계가 끝난 다음에 논의
   - 4단계 : 2번 아이디어는 신문광고의 크기 아이디어로서 3단계가 끝난 다음에 논의

단계	아이디어의 종류	타당성	경제성	통제성
1. 아이디어 제거 단계	1. 광고예산을 70억으로 추가 증액	×	×	×
	2. 신문광고의 크기를 줄여서 신문광고 횟수를 증가	○	○	○
	3. 잡지광고 예산을 20억으로 증가	○	○	○
	4. 잡지와 신문광고에 5억, TV광고에 40억 집행	○	○	○
	5. 세 매체에 대한 예산을 현재로 집행	○	○	○
	6. 신제품광고의 초점을 건강에 맞춤	○	○	○
2. 아이디어 통합 및 논리적 순서	1단계 : 1번 아이디어는 광고예산 총액에 관한 아이디어로서 실행 불가능함			
	2단계 : 3, 4, 5아이디어는 광고예산의 분배 아이디어로 재구성			
	3단계 : 6번 아이디어는 광고주제에 관한 아이디어로서 2단계가 끝난 다음에 논의			
	4단계 : 2번 아이디어는 신문광고의 크기 아이디어로서 3단계가 끝난 다음에 논의			

기법 41. 비용편익분석

가. 개념

비용편익분석(cost/benefit analysis)은 아이디어를 추진하는 데 발생하는 비용(cost)과 아이디어를 추진해서 얻을 수 있는 편익(benefit)을 비교 평가해서 아이디어의 타당성을 평가하는 기법으로 모든 의사결정의 경제성을 평가하는 기본적인 평가기법이다. 이 기법을 이용할 때 이익과 비용은 유형적 요소(tangible factors)뿐만 아니라 측정하기 힘든 무형적 요소(intangible factors)들로 구성되어 있고, 이들 비용과 이익은 장기간에 걸쳐서 발생하고, 불확실성이 존재한다는 것을 주의해야 한다. 만약에 무형적 비용과 이익을 측정할 수 있다면 이 분석기법은 매우 객관적 기법이 될 것이다. 이 기법은 경제적 분석이 필요한 의사결정의 아이디어를 평가할 때 유용한 반면 무형적인 비용과 이익을 측정하기 힘들 때는 적용하기가 어렵다.

예) • 생산능력대안의 경제성분석
• 정보시스템의 타당성분석
• 신제품개발의 타당성분석

나. 적용단계

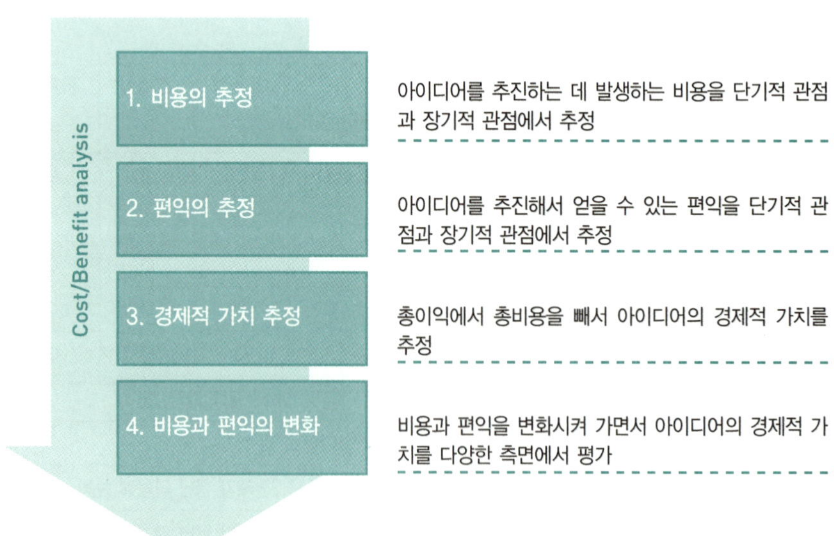

다. 활용사례

유통회사의 영업부서의 관리자는 컴퓨터시스템을 이용한 영업관리시스템을 도입하려고 한다. 그 부서는 컴퓨터가 몇 대 없고, 직원은 컴퓨터를 잘 모른다. 컴퓨터를 이용하는 영업관리시스템은 보다 많은 고객을 접촉할 수 있고, 고객에게 높은 수준의 서비스를 제공할 수 있을 것으로 기대하고 있다. 이 상황에서 이 아이디어를 평가하기 위해서 비용편익분석법을 이용하였다.

1. 투입비용을 단기적 관점과 장기적 관점으로 계산한 결과 컴퓨터장비 구입비, 교육 및 훈련비, 시스템 보수 및 수리비용, 라이선스비용의 총합은 1억 2천 600만 원이었다.
2. 아이디어를 추진했을 때 얻을 수 있는 편익은 우편물 관리비용 절감, 행정 및 관리업무 절감, 고객만족 및 고객유지, 고객정보관리의 정확성 측면에서 6억 원으로 추정되었다.
3. 투입비용과 편익을 비교한 결과, 이 아이디어는 비용 대비 편익이 4억 7천만 원가량 큰 경제성이 있는 아이디어였다.

<table>
<tr><th></th><th>단기적 관점</th><th>장기적 관점</th></tr>
<tr><td rowspan="2">1. 비용</td><td>• 컴퓨터 장비 구입 : Server, 소프트웨어
–Server 1대 구입비용 : 500만 원
–소프트웨어 구입비용 : 7,000만 원
• 교육훈련비 : 시스템사용법 교육
–1주일에 2회 8시간
–12명×300만 원=3,600만 원</td><td>• 시스템 보수 및 수리비용
200만 원/년×5년=1,000만 원(추정)
• 라이선스비용
100만 원/년×5년=500만 원(추정)</td></tr>
<tr><td colspan="2">비용총합 : 1억 2,600만 원</td></tr>
<tr><td rowspan="2">2. 편익</td><td>• 우편물 관리비용 절감
10,000만원/년(추정)
• 행정 및 관리업무 절감
20,000만 원/(추정)</td><td>• 고객만족 및 고객유지 편익
5,000만 원/년×5년=25,000만 원(추정)
• 고객정보관리 정확성
1,000만 원/년×5년=5,000만 원/년(추정)</td></tr>
<tr><td>편익총합 : 6억</td><td></td></tr>
<tr><td>3. 경제적 가치
(편익–비용)</td><td colspan="2">• 4억 7,400만 원(시스템 도입년도 편익추정금액)</td></tr>
</table>

기법 42. 장/단점나열법

가. 개념

장/단점나열법(listing pros/cons)은 아이디어의 좋은 점과 나쁜 점을 찾아서 아이디어의 타당성을 평가하는 기법이다. 이 기법은 아이디어의 결과를 계량화하기 힘들고, 정성적인 요소로 측정되는 아이디어의 장/단점을 비교 평가하는 데 유용하다.

예) • 신제품개발
• 임원선발
• 신사업진출

나. 적용단계

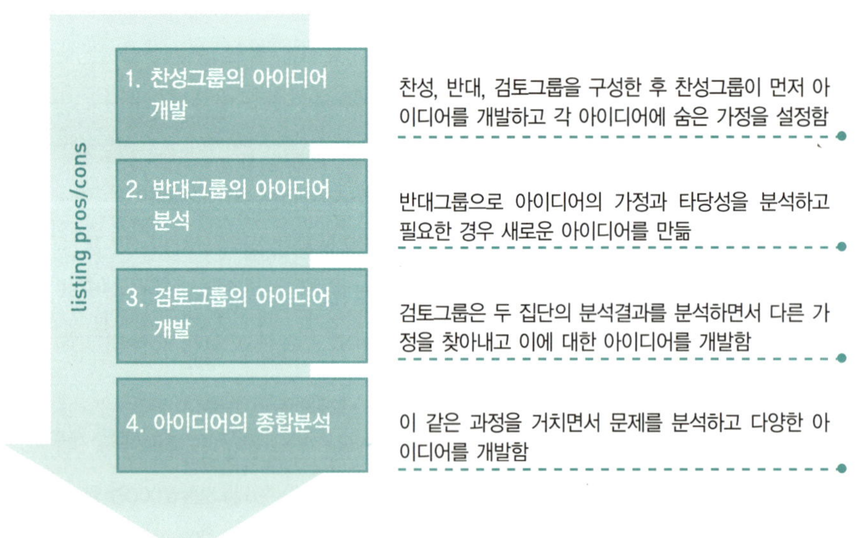

다. 활용사례

전자유통회사를 운영하는 한 경영자는 경영성과가 나쁜 사업부의 본부장을 해임하였다. 따라서 그 사업부를 이끌어 갈 본부장을 선발하는 방안으로 내부에서 선발, 외부에서 선발, 사장의 겸직 등 세 가지 아이디어들을 검토하고 있다. 각 아이디어의 특성을 분석하기 위해서 장/단점나열법을 이용하기로 하였다.

1. 먼저 각 아이디어의 pros/cons를 개발해서 다음과 같은 표를 작성하였다.
2. 각 아이디어의 pros/cons를 비교 분석한 결과 외부선발이라는 아이디어가 가장 적합한 것으로 나타났다.

구분	내부선발		외부선발		사장겸직	
	Pros	Cons	Pros	Cons	Pros	Cons
1	업무이해 높음	변화가능성 부족	변화가능성 높음	업무이해 부족	업무이행 높음	과한 업무 부담
2	선발 쉬움		조직혁신	조직동요 가능성	선발 쉬움	조직사기 낮음
3	조직사기 높음			시간소요		

기법 43. 의사결정나무분석

가. 개념

의사결정나무분석(decision tree analysis)은 아이디어를 추진했을 때 발생할 수 있는 결과를 추정하고, 아이디어 결과들의 확률과 성과를 추정해서 아이디어의 기대이익을 분석하는 기법이다. 이 기법은 아이디어 결과의 발생 확률과 그에 따른 성과를 계량적으로 측정하기 때문에 아이디어를 객관적으로 분석할 수 있는 장점을 가지고 있다. 이 기법은 아이디어와 결과가 여러 단계로 구성된 문제의 아이디어를 분석하는데 유용하며, 아이디어를 평가할 때 가장 널리 이용하는 방법 중의 하나이다.

예) • 신제품 개발분석
• 인수합병 의사결정
• 해외시장 진출전략

나. 적용단계

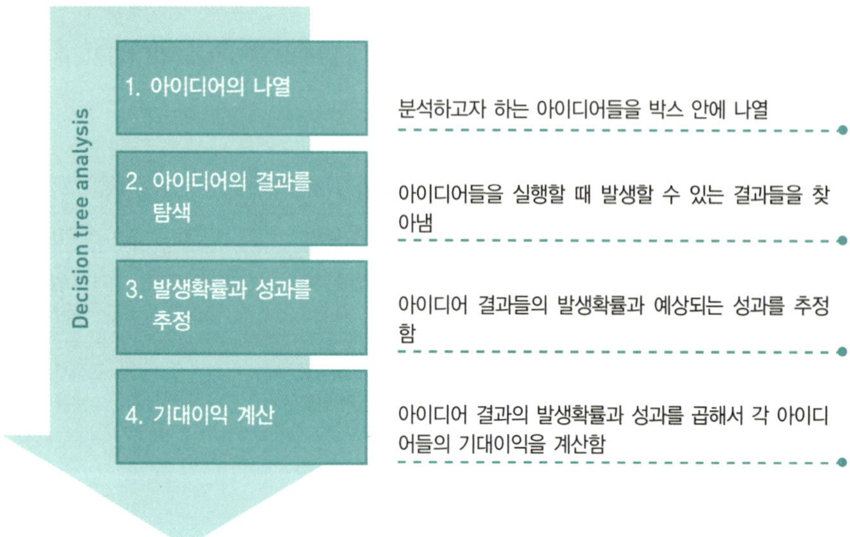

다. 활용사례

전자제품회사의 사장은 전년도 판매부진을 극복하기 위한 아이디어들을 평가하기 위해서 의사결정나무분석을 사용하기로 하였다.

1. 현재 이 회사가 선택할 수 있는 아이디어는 신제품 개발, 기존제품의 판촉 강화, 해외시장 개척의 세 가지이고, 각 아이디어는 성공과 실패 두 가지 결과로 나타날 것이다. 따라서 선택가능한 아이디어는 세 개이고, 각 아이디어가 발생할 수 있는 결과는 두 개다.
2. 다음에 각 아이디어에서 발생하는 성공과 실패확률을 추정하고, 각 결과에서 따라서 얻을 수 있는 성과를 계산하였다. 신제품 개발의 성공과 실패 확률은 각각 0.5, 0.5이고 성과값은 성공시 100억 원의 이익, 실패했을 때 50억 원의 손실이 발생하는 것으로 추정되었다. 판촉을 강화했을 때 성공과 실패확률은 각각 0.8과 0.2로 추정되었고, 성공시에는 20억 원, 실패시에는 10억 원의 손실이 발생하는 것으로 추정되었다. 또한 해외시장 개척의 성공 및 실패확률은 각각 0.6과 0.4로 추정되고, 성공과 실패했을 때 발생하는 이익과 손실은 각각 40억 원의 이익과 20억 원의 손실이 발생하는 것으로 추정되었다.

3. 이 같은 정보하에서 각 아이디어의 기댓값을 계산해 보았다.
   - 신제품 개발 = 0.5×100+0.5×(−50) = 50−25 = 25억 원
   - 판촉 강화 = 0.8×20+0.2×(−10) = 16−2 = 14억 원
   - 해외시장 개척 = 0.6×40+0.4×(−20) = 24−8 = 16억 원으로 추정되었다.
4. 마지막으로 아이디어를 비교 평가하여 추정한 확률과 성과값이 정확하다는 가정하에 신제품 개발이 가장 바람직한 아이디어로 평가되었다.

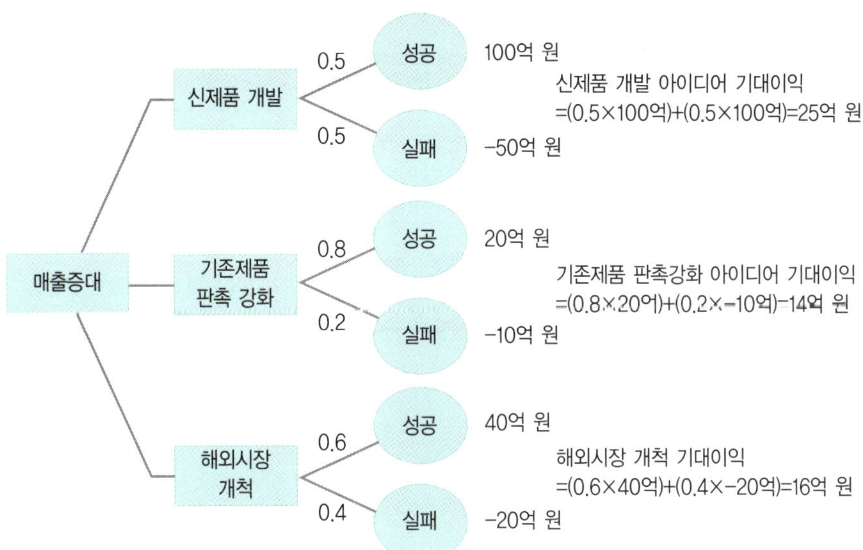

기법 44. 아이디어 결과의 시나리오분석

가. 개념

아이디어 결과의 시나리오분석은 아이디어를 실행할 때 아이디어의 결과가 일어날 수 있는 상황을 3가지 상황(최악의 상황, 일반적 상황, 최고의 상황)으로 분류한 다음에, 각 상황에서 발생할 수 있는 결과를 추정해서 아이디어의 위험을 분석해 보는 기

법이다.

예) • 투자 의사결정
- 인수합병 의사결정
- 공장 건설

나. 적용단계

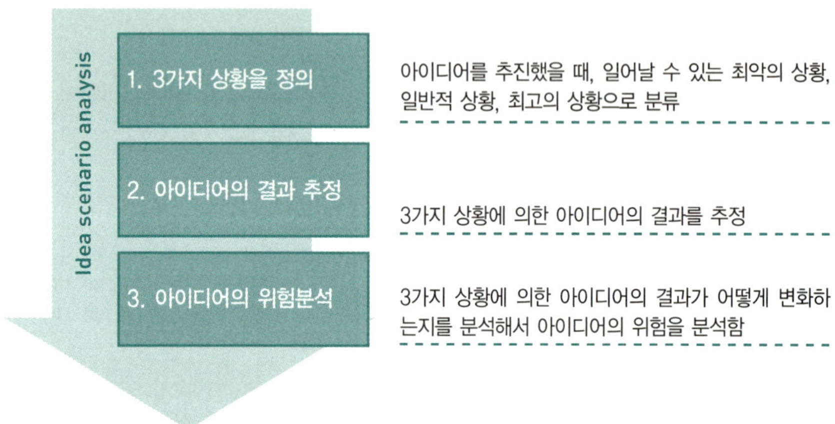

다. 활용사례

신제품 개발을 기획하고 있는 한 전자회사는 신제품을 개발하는 과정에 잠재되어 있는 위험요소들을 파악하기 위해 아이디어 결과의 시나리오분석을 실시하였다.

1. 먼저 신제품을 개발할 때 발생가능한 상황을 최악의 상황, 일반적인 상황, 최고의 상황으로 구분하고 각 상황들을 정의하였다.
   - 최악의 상황 : 신제품 개발실패, 신제품 출시 불가능
   - 일반적인 상황 : 신제품 정시개발, M/S 10% 달성
   - 최고의 상황 : 신제품 출시일정 단축, M/S 30% 달성
2. 그 다음에 각 상황이 벌어졌을 때의 아이디어의 결과를 추정해 보았다. 그 결과 최악의 상황에서는 50억 원의 순손실이 발생하고, 일반적인 상황에서는 50억 원의 순이익이 발생하였다. 최고의 상황에서는 200억 원의 순이익이 발생하는 것으로 추정되었다.

3. 이러한 분석을 토대로 아이디어의 결과 변화의 범위가 −50억 원에서 200억 원까지임을 알 수 있었다.

시나리오	발생가능한 상황 정의	아이디어의 결과
1. 최악의 상황 (the pessimistic scenario)	• 신제품 개발실패 • 신제품 출시 불가능	• −50억 원 순손실 발생
2. 일반적인 상황 (the most likely Scenario)	• 신제품 정시개발 • 신제품 M/S 10% (과거 신제품 평균)	• 50억 원 순이익 발생
3. 최고의 상황 (the optimistic Scenario)	• 신제품 출시일정 단축 • 신제품 M/S 30%	• 200억 원 순이익 발생
4. 아이디어 결과의 변화 범위	• 최소값 : −50억 원 • 보통 : 50억 원 • 최대값 : 200억 원	

기법 45. 리스크 매트릭스기법

가. 개념

리스크 매트릭스기법(Risk Matrix)은 아이디어를 실행하는 과정에서 발생할 수 있는 위험요인들을 발생가능성과 영향력의 측면에서 분류해서 아이디어의 위험을 평가하는 기법이다. 이 기법은 아이디어가 가진 위험요인들을 도식화하여 한눈에 알아볼 수 있는 장점이 있다.

예) • 투자 위험요소 평가
• 신제품 개발
• 공장 건설

나. 적용단계

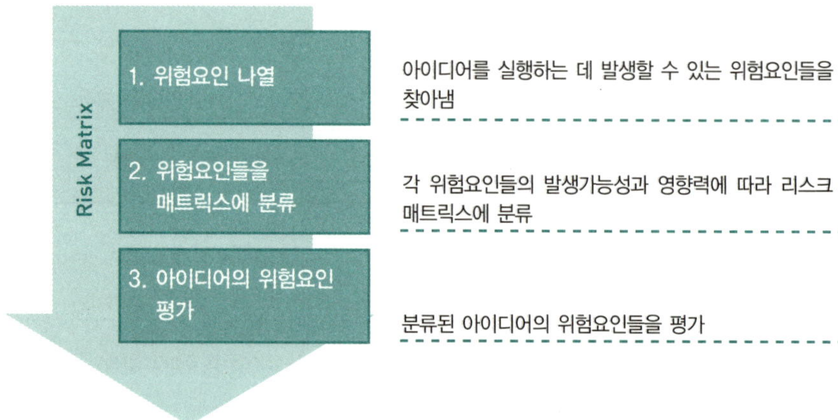

다. 활용사례

신모델 개발을 기획하고 있는 자동차회사에서는 새로운 자동차를 개발할 때 발생할 수 있는 있는 위험요소들을 파악하기 위해 리스크 매트릭스를 활용해 보기로 하였다.

1. 먼저 새로운 자동차를 개발하는 과정에서 발생할 수 있는 위험요인들을 모두 찾아 나열해 보았다. 그 결과 신제품 개발실패, 신제품 개발지연, 제품품질의 결함, 경기침체, R&D인력의 이탈, R&D예산의 축소, 경쟁제품 출시 등 다양한 위험요인들이 도출되었다.
2. 이들 위험요인들을 리스크 매트릭스를 활용하여 발생가능성과 영향력에 따라서 분류하였다.
3. 매트릭스상에 분류된 위험요인들을 토대로 발생가능성이 가장 높고 영향력이 가장 큰 위험요인은 제품품질결함이라는 것을 알게 되었고 이에 대한 대비책을 수립하기로 하였다.

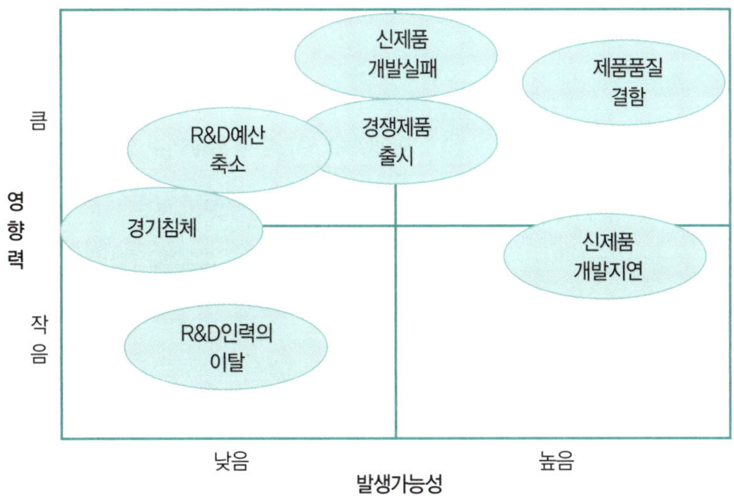

기법 46. 위험분석기법

가. 개념

위험분석기법(risk analysis)은 아이디어를 선택할 때 부딪힐 수 있는 위험요소를 찾아내고, 그에 따른 위험의 정도를 평가해서 이를 관리할 수 있는 방안을 수립하는 기법이다. 아이디어를 추진할 때 만나게 되는 위험요소는 외부환경요소(경제, 정치 · 규제, 사회 · 문화, 경쟁사, 고객, 협력사, 대체재)와 내부환경요소(인력, 자원, 조직문화, 전략, 기술)로 나누어질 수 있다. 이 기법은 아이디어를 추진할 때 영향을 줄 수 있는 위험요소들을 찾아서 어떻게 대응해야 하는지를 분석할 수 있게 해준다.

예) • 해외시장 진출
• 정보시스템의 도입
• 인수합병

나. 적용단계

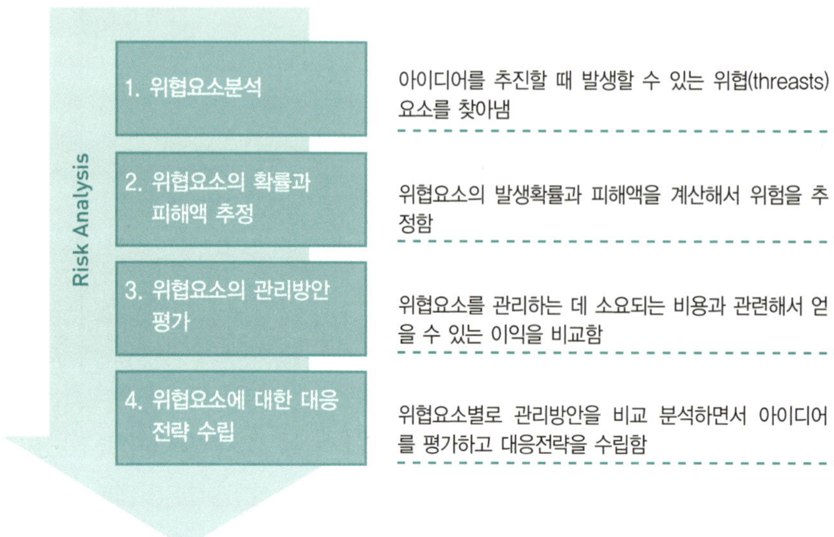

다. 활용사례

소프트웨어 개발 회사를 운영하고 있는 박충현 사장은 신규 소프트웨어 개발 프로젝트에 관련해서 발생할 수 있는 위험을 위험분석을 이용해서 분석하였다.

1. 신규 소프트웨어 개발 프로젝트에 관련한 위협요소는 크게 기술개발의 실패, 기술개발 인력의 이직, 마케팅의 실패의 세 개로 분류되었고, 각각의 요소가 발생할 확률을 추정해 보니 각각 40%, 20%, 50%이었다.
2. 각 사건이 실제로 발생해서 입을 손실을 계산해 보니, 기술개발 실패는 5억 원, 기술개발 인력 이직은 1억 원, 마케팅 실패에 따른 손실은 10억 원으로 추정되었다.
3. 다음에는 각 위협요소에 대한 관리방안을 수립하였다. 기술개발 실패를 줄이기 위해서 우수한 인력을 보강하기로 하였고, 비용은 2억 원이 소요될 것으로 추정되었다. 그 결과 기술개발의 실패확률은 40%에서 20%로 줄일 수 있을 것으로 예상되었다. 따라서 기술개발 실패위험을 40%에서 20%로 줄이는 데 2억 원을 투자할 것인지를 결정해야 한다.
4. 이 같은 분석을 통해 기술개발 인력과 마케팅 실패의 위협요소에 적용함으로써

아이디어를 추진할 때 발생할 수 있는 위협요소를 관리할 수 있었다.

기법 47. 리스크 프로파일링기법

가. 개념

리스크 프로파일링기법(Risk profiling)은 아이디어를 실행하는 과정에 발생할 수 있는 위험과 불확실성 요소를 모두 찾아내고, 이들 요소들이 발생했을 때 일어날 수 있는 상황, 발생가능성, 결과를 체계적으로 분석하는 기법이다.

예) • 신제품 개발
• 인수합병
• 공장 건설

나. 적용단계

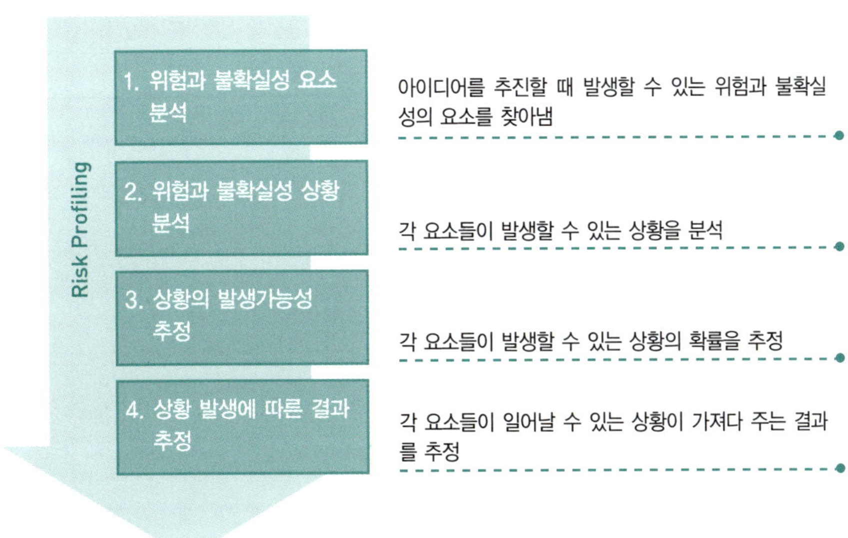

다. 활용사례

소프트웨어를 개발하는 한 벤처회사에서는 새로운 소프트웨어 개발을 준비하고 있다. 이 회사는 많은 투자가 필요한 소프트웨어를 개발함에 있어서 신중을 기하기 위해 리스크 프로파일링기법을 활용하여 위험과 불확실성 요소들을 분석해 보기로 하였다.

1. 먼저 새로운 소프트웨어를 개발할 때 발생할 수 있는 위험과 불확실성의 요소들을 찾아보았다. 그 결과 기술개발 예산, 기술개발 일정, 경쟁사의 동향이 가장 큰 위험과 불확실성의 요소들이었다.
2. 이들 요소들을 중심으로 발생할 수 있는 상황을 정의하여 보았고 각 상황의 발생 가능성을 추정해 보았다.
3. 마지막으로 각 상황이 발생했을 때의 결과를 분석해 보았고 이를 기반으로 각 상황별로 어떻게 대응해야 할지에 대한 계획을 수립할 수 있었다.

위험과 불확실성의 요소	발생할 수 있는 상황	발생 가능성	결과
1. 기술개발 예산	예산의 부족	30%	기술개발 실패, 목표일정 달성의 어려움
	충분한 예산확보	70%	기술개발 일정에 영향을 주지 않음
2. 기술개발 일정	일정의 지연	70%	기술개발 비용증가, 시장선점 실패
	일정달성	30%	기술개발 비용절감, 시장선점 가능
3. 경쟁사의 동향	신제품 출시	40%	판매경쟁 치열
	신제품 출시 없음	60%	독자적 제품 출시, 시장선점

제6장

아이디어 선택단계

1. 아이디어를 선택하는 방법
2. 아이디어 선택기법의 이해

기법 48. 가중치 평가기법
기법 49. 2차원 그리드기법
기법 50. What-if분석
기법 51. Goal-Seeking분석
기법 52. 아이디어 평가 매트릭스
기법 53. 바틀렛기법
기법 54. 불확실한 상황의 선택기준
기법 55. 아이디어 킬러 대응하기

사례 36. 결단의 순간… '팔것 팔고, 살것 사고'
사례 37. 통신 품질평가 '40억 헛돈'
사례 38. 기업들의 '시나리오 경영' 준비
사례 39. 의사결정의 황금비율
사례 40. SC제일은행, '전직원 연봉제' 도입 놓고 내홍 아이디어의 결과를 추정한 다음에는, 아이디어를 비교 분석해서 최종적으로 아이디어를 선택해야 한다. 아이디어는 불확실성이 높고, 정보가 충분하지 못하기 때문에 선택하기가 쉽지 않다. 아이디어를 선택할 때는 제일 먼저, 아이디어를 비교 평가해서 아이디어들의 우선순위를 결정해야 한다. 그런 다음에, 우선순위가 높은 아이디어들을 심층적으로 분석할 필요가 있다. 이렇게 심층분석된 결과를 토대로 최종적으로 아이디어를 선택해야 한다.

기업에서는 최적의 아이디어가 있음에도 불구하고 아이디어의 선택에 실패하는 경우가 종종 발생한다. 예를 들어서 문제를 해결할 수 있는 최적의 아이디어가 있음에도 불구하고 상사의 마음대로 아이디어를 선택해서 문제해결에 실패한다든지, 단기적인 성과에만 집착해서 장기적으로 좋은 아이디어를 선택하지 않는다든지, 혹은 기업혁신에 필요한 아이디어들이 구성원들의 이해관계로 인해 선택되지 못한다든지 등의 경우들이 아이디어 선택에 실패한 사례들이다. 이처럼 아이디어를 선택하는 능력은 기업과 개인의 핵심경쟁력이다.

제6장에서는 문제해결과 의사결정의 여섯 번째 단계인 아이디어의 선택에 관한 내용을 설명하고 있다.

사례 36 결단의 순간… "팔것 팔고, 살것 사고"

1. 사례 본문

이메일을 열어본 박용성 두산 회장은 고민에 휩싸였다. 수십년간 경영 일선에서 산전수전을 다 겪었지만, 이번 건은 쉽게 결심이 서지 않았다. "선택해야 한다, 결단을 내려야 한다…". 머릿속엔 온통 그 말만 맴돌았다. 박 회장의 컴퓨터 화면에는 박용만 두산인프라코어 회장이 보낸 메일이 띄워져 있었다. 장기적인 관점에서 그룹 성장을 위해선 대우조선해양 인수를 포기하는 것이 바람직할 것 같다는 내용이었다. 인수작업을 진행해 왔던 그룹 내 CFP(Corporate Finance Project)팀의 보고서도 첨부돼 있었다. 박용만 회장이 해외출장 중이라 직접 얼굴을 마주하고 대화할 수 없는 것이 답답했다. 하지만 메일 내용만으로도 충분히 분위기를 감지할 수는 있었다. "포기하는 것이 옳은 선택일까?"

종합중공업 그룹으로의 도약을 준비하고 있는 두산에게 대우조선해양은 매력적인 물건이었다. 시장에서도 인수시 가장 시너지가 날 것으로 보이는 기업으로 두산을 1순위에 꼽히고 있는 터였다. 그런데 포기라니. 아쉬웠고 아까웠다. 지난 2년간 대우조선해양 인수를 위해 진행했던 모든 일들이 생각났다. 그렇게 한 시간쯤, 박 회장은 마침내 결론을 내렸다. 그리고 이렇게 답신을 보냈다. "대우조선해양 인수 포기를 승인함"이라고.

■ **원천기술 확보에 집중한다**

지난해 늦더위가 기승을 부리던 무렵, 업계에는 충격적인 소식이 전해졌다. 대우조선해양 인수전에 강력한 후보로 떠오르고 있던 두산그룹이 포기하겠다고 밝히고 나선 것이다. 이미 증권사들은 각종 보고서에서 "대우조선해양을 인수할 경우, 가장 시너지가 나는 기업은 두산"이라고 호언장담했던 시기였다. 그랬기에 두산의 인수 포기소식은 업계는 물론, 시장에까지 더욱 충격으로 다가왔다. 두산은 "향후 그룹의 성장을 위해서는 새로운 사업에 투자하기보다 원천기술 확보에 주력하는 것이 옳다는 판단을 내렸다"고 밝혔다. 확보하고 있는 유동성을 중공업쪽의 원천기술 확보에 집중 투입하겠다는 의지를 밝힌 것이다. 그리고 같은 날, 두산은 이같은 의지를 입증이라도 하듯 굴절식 덤프트럭 제조업체인 노르웨이 목시(Moxy)社 인수를 선언했다. 목시는 굴절식 대형덤프트럭 관련 원천기술을 보유하고 있는 업체다.

몇달 후 두산의 선택은 적중했다. 두산이 대우조선해양 인수를 포기한 후 미국발 금융위기가 터졌다. 리먼브라더스가 쓰러졌고, 굴지의 세계적 금융사들의 부실이 드러나면서 전 세계 경기침체가 가시화됐다. 지난해 M&A 최대어로 꼽혔던 대우조선해양의 가치도 반토막 났다. 그리고 올해 초 결국 대우조선해양은 또 다시 선장 없는 항해를 계속하는 것으로 결론이 났다. 두산 고위 관계자는 "사실 대우조선해양 인수를 포기할 때만 해도 아쉬웠던 것이 사실"이라며 "하지만 그룹의 전략적인 목표를 고려했을 때 두산뿐만 아니라 국가를 위해서라도 현재 선진국 위주로 재편돼 있는 원천기술을 확보하는 것이 최우선이라 판단했다"고 밝혔다. 이 관계자는 또 "일각에서는 두산이 앞을 보는 선견지명이 있다고들 하는 데 과찬"이라면서 "우리는 여러 가지 가능성 중 장기적인 안목에서 무엇이 향후 우리에게 득이 될 것인지 판단하고 속도감 있게 행동에 옮겼을 뿐"이라고 설명했다.

■ **"과감한 결단과 집중투자로 승부"…안 되는 것은 버린다**

두산에게는 두산만의 독특한 기업문화가 있다. 바로 과감한 결단과 집중적인 투자를 통한 성장이다. 되는 것에 집중하고 안 되는 것은 과감히 버린다는 전략이다. 두산은 중공업그룹으로의 도약에 도움이 되지 않는 유통 같은 사업들을 정리해 왔다. 지난 2006년 종가집김치 매각을 필두로 출판사업, 테크팩 등은 물론 '처음처럼'으로 유명한 주류사업까지 매각했다. 두산이 가지고 있던 유통부문은 대부분 국내 소비자들에게 인정받는 브랜드들이었다. 그러나 두산의 생각은 달랐다. 유통사업이 인지도도 높고 시장에서 인정을 받고 있기는 하지만 중공업을 육성하기 위한 두산의 장기 비전에는 득이 되지 않는다는 판단이었다. 오히려 정상에 있을 때 팔고, 그 유동성을 중공업 원천기술 확보에 쏟아 붓는 것이 장기적으로 훨씬 이득이라는 판단을 내린 것이다. 한 IB업계 관계자는 "두산의 M&A는 정말로 대단하다. 팔릴만한 물건만을 내놓는다"고 감탄했을 정도다.

하지만 두산의 이 같은 방식이 언제나 승승장구한 것만은 아니었다. 지난해 두산은 지난 2007년 인수한 세계적인 건설장비 업체 밥캣(Bobcat)때문에 한바탕 홍역을 치렀다. 지난해 8월, 두산인프라코어와 두산엔진의 해외 자회사들이 총 10억달러의 유상증자에 참여키로 결정하자 시장에서는 밥캣의 실적이 저조해 지속적으로 추가비용을 투입해야 하는 게 아니냐는 우려를 제기했다. 이 무렵 두산은 하루 동안에만 시가총액 기준으로 2조1000억원이 빠지는 등 전 그룹이 '유동성 위기설'에 휩싸이며 한때 혼란을 겪기도 했다. 두산은 긴급진화에 나섰다. 시장과 언론과의 소통을 강화, 두산이 진행하는 각종 M&A는 '선제적 투자'라는 점을 각인시켰다. '불황에 대비해 선제적인 투자를 하는 기업'이라는 이미지를 심어줬다.

출처 : 이데일리(2009. 3. 30)

2. 시사점

이 사례는 기업경영에서 최고경영자의 의사결정능력이 얼마나 중요한지를 보여주고 있다. 최고경영자의 의사결정능력에 따라서 기업의 생존 여부가 결정되고, 경쟁력이 달라지게 된다. 그 누구도 모든 일에서 완벽하게 의사결정을 하는 최고경영자들은 없다. 그러므로 최고경영자는 항상 문제해결과 의사결정능력을 높이기 위해서 부단 없는 노력을 해야 한다. 우리 스스로 문제해결과 의사결정능력이 어느 정도 되는지, 얼마나 노력을 하고 있는지 점검을 해 볼 필요가 있다.

1. 아이디어를 선택하는 방법

가. 아이디어의 순위를 결정하라

아이디어의 결과를 추정한 다음에는, 아이디어를 비교 평가해서 아이디어들의 순위를 결정해야 한다. 아이디어를 비교 평가해서 순위를 결정할 때 평가기준과 평가방법이 없으면 많은 혼란이 일어날 수 있다. 예를 들어서 객관적인 평가기준과 평가방법이 없어서 상사가 독단적으로 아이디어를 선택하려고 하거나 이해당사자들이 서로 다른 평가기준과 방법을 가지고 각자의 이해를 최대화하려고 한다면 평가과정에서 큰 혼란이 발생할 수 도 있다. 그러므로 적절한 평가기준과 평가방법을 활용하여 아이디어의 결과와 발생가능성, 장/단점 등을 평가해서 아이디어들의 순위를 결정해야 한다.

아이디어의 평가기준이 하나이고 아이디어의 결과를 객관적으로 측정할 수 있는 상황에서는 아이디어의 순위를 결정하기 쉽다. 예를 들어서 금융상품을 선택할 때 위험도가 모두 동일한 경우에는 수익률이 가장 중요한 평가기준이기 때문에 수익률을 기준으로 금융상품들의 순위를 결정하면 된다.

아이디어의 평가기준이 여러 개이고 아이디어의 결과를 객관적으로 측정할 수 있는 상황에서는 평가기준들의 점수를 합친다든지, 평가기준에 따라 가중치를 달리해서 결정하는 방법을 활용해야 한다. 예를 들어서 새로운 협력업체를 선정할 때 납품가격, 매출규모, 불량률, 납기준수율 등의 다양한 평가기준들을 만들어서 이 평가기준들에 따른 점수의 합을 계산한다거나, 평가기준들 간에 서로 다른 가중치를 부여해서 점수를 계산하여 순위를 결정할 수 있다.

아이디어의 평가기준이 여러 개이고, 아이디어의 결과를 주관적으로 측정해야 하는 상황에서는 평가기준을 핵심과 비핵심기준으로 나누어서 순위를 결정하는 것이 바람직하다. 예를 들어서 핵심평가기준을 중심으로 합격과 불합격을 결정한 다음에, 비핵심평가기준을 서열척도(ordinal scale, 매우 좋음, 좋음, 보통, 나쁨, 매우 나쁨)로 해서 아이디어들을 평가하는 방식이다.

만약에 평가기준들 간의 가중치를 결정하기 어려울 때는 평가기준 간의 가치를 비교해서 교환하는 스와핑(swapping)을 해야 한다. 예를 들어서 아이디어 A는 시장점유율이 5%, 순이익이 100억 원 이고, 아이디어 B는 시장점유율이 10%, 순이익이 50억 원인 경우에 시장점유율 1%에 대해서 순이익을 얼마나 갈게 할 것인지를 결정할 필요가 있다. 이 같은 스와핑을 통해 평가기준의 가치 차이를 조정해서 아이디어들을 비교 평가할 수 있다.

아이디어의 순위를 결정하는 방법으로는 가중치평가기법, AHP기법, 2차원 그리드기법, 스티커투표, 짝비교기법, 그리드기법, 장/단점 평가기법, 노력성과표기법, 창의적 평가기법, 아이디어평가 매트릭스기법 등이 있다.

사례 37 통신 품질평가 '40억 헛돈'

1. 사례 본문

방송통신위원회가 40억 원을 들여 실시한 통신서비스 품질평가가 모호한 판단기준과 불필요한 평가항목 등으로 사업자들의 불만을 사고 있다. 무한경쟁시대를 맞고 있는 통신업계에서는 방통위의 품질평가가 초미의 관심사다. 발표 결과에 따라 회사 이미지에 적잖은 영향을 미치기 때문이다. 따라서 통신품질평가는 명확하고 공정한 기준을 통해 이루어져야 한다. 특정 사업자에게 유리하거나 불리하지 않아야 하고, 평가 결과는 소비자들이 올바른 선택을 할 수 있는 참고자료로써 활용돼야 한다.

하지만 이번 방통위의 통신서비스 품질평가 결과는 많은 아쉬움을 주고 있다. 그동안 통신업계에서는 국내 통신서비스의 품질이 세계 최고수준인데다 사업자별로 큰 차이가 없어 품질평가 자체가 무의미하다는 지적을 해왔다. 특히 이번 방통위의 품질평가 결과 발표는 업계의 반발을 더욱 부추기는 꼴이 됐다. 사업자별 품질평가 차이가 미미한데다 일부 불필요하거나 모호한 평가항목이 포함돼 특정 사업자에게 불리한 결과가 나왔다는 지적이다. 심지어 '혈세낭비'라는 비난과 함께 품질평가 자체를 폐지해야 한다는 목소리도 나오고 있다. 품질 차이가 미미해서 이를 순위로 매기는 것 자체가 불필요하다는 의견이 확대되고 있는 것.

무선통신의 경우 3세대(3G) 음성통화 성공률이 이동통신 3사 모두 95% 이상으로 나타났다. 사업자별 차이도 3% 이내다. 전국 읍·면·동 단위까지 세부적으로 진행된 3G 음성통화 성공률은 상대적으로 산간 및 도서지역에서 커버리지가 떨어지는 통합LG텔레콤이 가장 낮았다. 이에 통합 LG텔레콤은 커버리지가 100%에 가까운 도심에서는 통화품질 차이가 거의 없고 인구를 기준으로 할 때 99%에 해당하는 커버리지와 세계 최고수준의 통화품질을 보유하고 있다고 해명하기도 했다. 3G 음성통화 성공률은 시장 지배적 사업자인 SK텔레콤이 97.8%로 가장 높았으며, KT 96.3%, 통합LG텔레콤 95% 순으로 나타났다. 당연한 결과다. 투자여력이 상대적으로 높은 1위 사업자인 SK텔레콤이 주요 도시는 물론 산간·오지에도 기지국, 중계기 등을 더 많이 설치했기 때문이다. 결국 읍·면·동 등 전국을 기준으로 한 음성통화 성공률을 3G 음성통화 품질평가로 삼는 것은 특정 사업자에게 불리하게 작용할 수밖에 없다. 게다가 3G서비스의 건물 내 통화성공률은 사업자들이 제출한 자료를 기반으로 평가해 품질평가의 의미를 퇴색케 했다.

초고속인터넷의 경우 예전에 없던 전 구간 평가가 이루어져 관련 업체들이 불만을 쏟아내고 있다. 방통위는 이번 평가에서 초고속인터넷 품질에 대해 자사망 구간이 아닌 연동망과 웹서버 구간이 포함된 전구간을 대상으로 삼았다. 개별업체의 가입자 1명이 반나절 동안 측정한 초고속인터넷 속도를 전구간 속도로 공개한 것이 문제가 됐다. 방통위는 품질평가 발표 당일에는 전 구간 평가를 1명으로 했다는 설명이 없다가 업체들이 반발하자 품질평가를 공개한 인터넷 홈페이지에 뒤늦게 설명을 추가하며 수습에 나서기도 했다. SK브로드밴드의 경우 자사망 다운로드 속도가 평균 93.8Mbps인 데 반해, 전구간 속도는 10.1Mbps로 3위를 기록하는 수모를 겪었다. 초고속인터넷 품질은 자사망뿐만 아니라 사용 컴퓨터 사양, 연동망, 웹서버 등에 영향을 받기 때문에 서비스 질을 평가하는 기준이 모호해질 수 있다.

출처 : 아주경제(2010. 5. 25)

2. 시사점

이 사례는 평가기준과 평가방법이 명확하지 않으면 대안을 평가하기가 얼마나 어려운지를 보여 주고 있다. 평가기준과 평가방법이 없거나 애매모호하면 최적의 대안을 찾기가 매우 어려울 뿐만 아니라 많은 혼란을 만들어낸다. 그러므로 복잡한 문제를 해결하기 위해서는 체계적이고 입체적인 평가 기준을 찾아내고, 합리적인 평가방법을 개발해야 한다. 체계적인 평가기준과 평가방법은 문제해결 과정에서 중요한 가이드라인 역할을 하면서 애매모호함을 줄이는 중요한 도구이다.

나. 아이디어를 심층적으로 분석하라

아이디어들의 순위를 결정한 다음에는, 우선순위가 높은 2~3개의 아이디어들을 심층적으로 분석할 필요가 있다. 아이디어를 선택하기 전에 아이디어를 심층 분석하는 이유는 의사결정 환경이 변화함에 따라서 아이디어의 결과들이 달라지기 때문이다. 예를 들어서 생산능력을 향상하기 위해서 공장을 새로 건설하고자 할 때, 유가가 급등하는 상황이나 시장이 축소되는 상황에 따라서 신규공장 건설이라는 아이디어는 매우 위험할 수 있다. 이처럼 다양한 환경변화에 따라서 문제를 해결하는 아이디어의 결과가 변화할 수 있기 때문에 아이디어들을 다양한 관점에서 심층적으로 분석할 필요가 있다.

아이디어들을 심층 분석할 때는 What-if 분석과 Goal-seeking 분석의 두 가지 방법을 활용해야 한다. What-if 분석은 의사결정 과정에서 무엇(what)을 변화시켰을 때 아이디어의 결과가 어떻게(if) 변화하는지를 분석하는 방법이다. 예를 들어서 제품의 가격을 10% 올리면 매출액에 어떠한 영향을 주는지, 임금을 올리지 않을 때 직원의 사기 및 생산성에 어떠한 변화가 있는지, 원자재의 가격이 5% 증가하면 순이익에 어떠한 변화를 주는지 등의 분석이 what-if 분석방법이다. What-if 분석은 아이디어에 대한 이해를 높일 수 있고, 아이디어의 유연성을 높여 줄 수 있는 중요한 분석 과정이다. 이 분석은 의사결정환경, 가정, 의사결정변수, 제약조건과 같은 상황이 변화할 때 아이디어 결과가 어떻게 변화하는지를 분석하는 방법이기 때문에 forward chaining 분석방법이라고 볼 수 있다.

의사결정 환경 변화에 따라서 아이디어의 결과가 어떻게 변화하는지를 분석하는 것도 중요하지만 반대로 목표를 달성하기 위해서 의사결정 상황이 어떻게 변화해야 하느냐를 분석하는 것도 중요하다. 이 같은 문제분석 방법을 Goal-seeking 분석이라고 한다. 예를 들어서 기업의 목표인 순이익 5%를 달성하기 위해서 가격은 얼마가 되어야 하는지, 경제성장률이 5%가 되기 위해서는 유가가 얼마로 유지되어야 하는지와 같이 목표를 달성하기 위해서 어떠한 일들이 이루어져야 하는지를 역으로 분석하는 것이다. Goal-seeking 분석은 기업에서 목표를 설정하고 이를 달성하기 위한 전략과 정책을 개발하는 것과 동일하다. 이 분석은 What-if 분석과는 반대 방향으로 목표를 달성하기 위해서 가정, 제약조건, 의사결정변수, 변수들 간의 관련성이 어떻게 변화해야 하는지를 분석하는 방법이기 때문에 backward chaining 분석방법이라고 볼 수 있다.

아이디어를 심층적으로 분석할 때 활용할 수 있는 방법들은 What-if 분석기법, Goal-Seeking 분석기법 이외에도 민감도분석기법, 시나리오분석기법 등이 있다.

사례 38 기업들의 '시나리오 경영' 준비

1. 사례 본문

"경영진 보고를 앞두고 내년 사업계획 초안을 만들고 있는데 환율이 급등락해 난감하네요."(LG 관계자) "내년엔 통상 마찰이 빈번하게 발생할 수 있다는 분석이 나와 해외 법인별로 대응전략을 마련하도록 했습니다."(삼성 관계자)

요즘 대기업 재무 및 전략담당 부서마다 고민이 많다. 내년 사업계획을 짜야 하는데 대외변수가 워낙 많아서다. 가장 큰 변수는 환율이다. 일본이 지난달 외환시장에 개입했고, 양대 수출시장인 미국과 중국 간 환율분쟁 움직임으로 시장이 출렁이고 있다. 정보기술(IT)을 비롯한 주력 업종의 내년 경기 전망은 갈수록 어두워지고 있다. 2008년 말 글로벌 경기침체가 시작됐을 때처럼 또다시 월별·분기별 대응전략을 마련하려는 기업이 나온다.

■ 11, 12월 사업계획 일제히 확정

LG그룹은 이달 말부터 약 3주간 열리는 그룹 컨센서스 미팅(CM)에서 내년 사업계획을 확정하기로 했다. 1년에 두 차례 열리는 CM은 구본무 LG 회장과 주요 계열사 최고경영자(CEO)들이 각사 경영전략을 합의·결정하는 회의다. 문제는 환율 변화를 예측하기가 쉽지 않다는 점이다. LG 관계자는 "2차전지를 비롯한 화학부문은 내년에도 순조로울 것으로 예측되지만 환율변동을 비롯해 LCD(액정표시장치) 패널값의 지속적 하락, 스마트 대전 전열 정비 및 혁신적 제품 출시 등 풀어가야 할 경영과제가 적지 않다"고 전했다. SK 역시 이달 말부터 12월 10일께까지 사업계획을 세우기로 했다. 원유를 100% 수입하는 SK에너지의 기준 환율을 전 계열사 기준으로 삼고 있는 만큼, SK에너지 예측에 촉각을 곤두세우고 있다. SK에너지는 올해 초 환율을 달러당 1,138원으로 잡았는데, 당초 예상치를 크게 벗어나지는 않을 것으로 보고 있다. 현대·기아자동차는 내년 사업계획을 다음 달 말 1차로 확정지을 계획이다. 앞서 이달 중순 그룹 산하 한국자동차산업연구소로부터 계열사 사업계획 확정 때 참고할 수 있는 내년 예측 환율을 받기로 했다. 한화는 이달 중순 사업계획 수립에 들어가 12월 중순 완료하기로 했다. 내년 원·달러 환율이 완만하게 떨어져 올해 평균(1,155원 예상)보다 약 8% 낮은 1,060원 선이 될 것으로 예상했다. 일시적으로 달러당 970원까지 하락할 수 있을 것으로 보고 다양한 대응전략을 검토하고 있다. 한화 관계자는 "환율이 계속 떨어질 것으로 보고 해외직접투자 확대 등 대응책을 마련 중"이라고 말했다.

■ **"시나리오 대응전략 또 등장"**

대기업들은 2년 전처럼 월별 또는 분기별로 대응전략을 마련하는 방안도 강구 중이다. 환율 변화가 워낙 심한 데다 내년 경기를 놓고서도 전망이 엇갈려서다. 다만 미래 성장동력을 확보하기 위해선 연구·개발(R&D) 투자를 확대해야 한다는 공감대가 형성돼 있다. 삼성은 조만간 삼성경제연구소로부터 내년 사업기준 환율치를 받으면 이를 토대로 보수적인 시나리오별 경영전략을 작성할 계획이다. 해외 법인들에는 개별적인 대응전략을 짜되 환위험 회피(헤징) 방안을 적극 강구하도록 했다. 삼성은 잠정적으로 내년 환율이 올해보다 평균 3.5~7% 추가 하락할 것으로 보고 있다. 위안화 절상 등이 주 요인이다. 각국별 통상 마찰이 빈번해지면서 수출 타격이 있을 것으로 우려하고 있다. 앞서 삼성경제연구소는 지난달 15일 열린 사장단 회의에서 내년 원·달러 환율은 1,110원, 유가는 배럴당 72.4달러, 금리(3년 만기 회사채 기준)는 5.1%로 제시했다가 환율전쟁 등을 감안해 다시 조정하는 것으로 알려졌다. SK는 각 계열사별로 2개월 또는 분기별로 외부환경 변화에 따라 유연하게 대응하도록 할 방침이다. 그룹 관계자는 "요즘처럼 환율이 단기간 급·등락할 때는 시나리오 경영이 효과를 낼 수 있을 것"이라고 말했다. 현대·기아차 역시 환율 등 경영환경 변화에 대응할 수 있도록 하되 내년엔 올해보다 공격적인 판매 확대에 나선다는 기본 방침을 세웠다. 글로벌 자동차 경기만큼은 회복될 가능성이 높다는 판단에서다. 현대·기아차 관계자는 "중국과 브라질 등에 공장을 추가해 생산능력을 확충하는 한편 소형 신차 출시를 늘릴 것"이라고 전했다.

출처 : 한국경제(2010. 10. 11)

2. 시사점

이 사례는 대안을 선택하기 전에 의사결정 환경의 불확실성에 따라서 대안이 어떻게 변화하는지를 분석해야 함을 보여 주는 사례이다. 의사결정자는 문제해결과 의사결정을 할 때 많은 가정을 하게 된다. 예를 들어서 유가가 100달러이고 경제성장률이 3%라고 할 때 매출액을 증가시키기 위해서 새로운 공장을 건설한다고 가정하자. 이때 유가가 150달러가 된다든지, 경제성장률이 1%라고 하면 매출액을 높이기 위한 공장 건설은 위험한 대안이 될 수 있을 것이다. 이처럼 대안을 선택하기 전에, 의사결정 환경에 따라서 대안이 어떻게 변화하는지를 분석하는 과정이 절대적으로 필요하다.

다. 아이디어를 최종 선택하라

아이디어를 심층 분석한 다음에는, 최종적으로 아이디어를 선택해야 한다. 기업에서 아이디어를 잘못 선택하면 문제해결과 의사결정은 실패할 수밖에 없다. 예를 들어서 신사업 진출을 결정할 때 부서 간의 이해관계로 인해 최적의 아이디어가 선택되지 못해서 전혀 엉뚱한 사업에 진출한다든지, 마케팅전략을 수립할 때 단기적인 관점에서만 접근해서 비용 대비 효과가 적게 나타난다든지 등의 일들이 발생할 수 있다. 이처럼 아이디어를 최종적으로 선택하는 단계에서 최적의 아이디어가 있음에도 불구하고 비합리적인 아이디어를 선택할 수 있기 때문에 신중하고 정확하게 아이디어를 선택해야 한다. 아이디어를 최종적으로 선택할 때는 다음과 같은 사항들을 고려해야 한다.

■ 핵심평가기준에 초점을 둠

평가기준이 여러 개인 경우에는 달성하고자 하는 최종 목표인 핵심평가기준에 초점을 맞추어야 한다. 먼저 핵심평가기준을 중심으로 평가한 후, 이 기준을 만족한 아이디어들 중에서 덜 중요한 평가기준을 이용해 아이디어를 선택해야 한다. 모든 것을 다 만족시키고, 효용을 극대화할 수 있는 아이디어는 많지 않다는 것을 이해하고 핵심평가기준에 초점을 맞추어서 만족할 만한 아이디어를 선택해야 한다.

■ 위험에 대한 태도를 고려

아이디어를 선택할 때는 의사결정자의 위험에 대한 태도를 고려해야 한다. 동일한 상황이라고 해도 의사결정자의 스타일에 따라서 아이디어의 결과를 다르게 인식한다. 예를 들어서 복권에 대한 기댓값은 복권의 가격보다 훨씬 작은데도 불구하고 사람들은 복권을 구입한다. 이처럼 동일한 상황에 대해서 다르게 인식하는 것이 의사결정자의 스타일이다. 의사결정자의 스타일은 위험에 대한 태도에 따라서 위험중립자(risk neutral), 위험선호자(risk taker), 위험기피자(risk averter)로 나누어진다.

• 위험중립자(risk neutral) : 위험중립자 스타일은 확률에 의한 기댓값에 의해서 의사결정을 하는 의사결정자이다. 예를 들어서 성공과 실패 확률이 각각 0.5이고, 성공할 때 100원, 실패할 때 0원을 받는다고 할 때 기댓값은 50원인 게임하고 실제 50원하고 동일하게 가치를 느끼는 의사결정자이다.
• 위험선호자(risk taker) : 위험선호자 스타일은 확률에 의해서 얻을 수 있는 기댓값이 실제로 지불하는 값보다 적어도 위험을 감수하고 선택하는 의사결정이다. 예를 들어서 복권의 가격이 1만원이고, 1등 상금이 1억 원이고, 기댓값이 1,000원이라고 했을 때 기댓값이 실제 지불하는 돈보다 적은데도 위험을 감수하는 의사결정자이다.
• 위험기피자(risk averter) : 위험기피자 스타일은 확률에 의한 기댓값이 실제로 지불하는 값보다 훨씬 클 때만 선택하는 의사결정자이다. 예를 들어서 어떤 일의 기댓값이 1만 원일 때 실제로 지불하는 돈이 만원 미만일 때만 행동하는 위험을 기피하는 의사결정자이다.

동일한 상황이라도 위험에 대한 의사결정자의 태도에 따라서 선택이 달라질 수 있음을 고려해서 아이디어를 최종 선택해야 한다.

■ 아이디어 결과에 대한 시나리오 분석

의사결정을 할 때 의사결정자가 통제하기 힘든 많은 위험과 불확실성이 존재하기 때문에 이에 대한 대응방안을 수립할 필요가 있다. 미래에 아이디어의 결과가 어떻게 변화하는지를 분석할 때는 세 가지 시나리오를 설정해서 분석할 필요가 있다. 미래 상황을 최악의 상황(the pessimistic scenario), 일반적 상황(the most likely scenario), 최고의 상황(the optimistic scenario)의 세 가지 상황으로 나누어서 측정하면 아이디어 결과의 변화 범위를 추정해 볼 수 있다.

- 최악의 상황 : 가장 보수적이고 최악의 상황을 가정해서 그에 따라서 어떤 결과가 나올 수 있는지를 분석해 보는 것이다. 예를 들어서 신제품 개발 의사결정에서 최악의 상황으로서 하나도 팔리지 않을 때 어떤 일이 일어나는지를 분석하는 경우이다. 최악의 상황이라고 해서 발생할 가능성이 전혀 없는 상황을 가정하지 말고, 발생할 수 있는 상황 중에서 가장 나쁜 상황을 가정해서 분석해야 한다.
- 일반적 상황 : 우리가 접하게 되는 미래 상황에서 일어날 가능성이 가장 높은 상황을 가정해서 아이디어의 결과를 분석해 보는 것이다. 신제품 개발 의사결정에서 과거의 평균처럼 약 10만 개가 팔렸을 때 이익이 얼마가 될 것인지를 분석하는 경우이다.
- 최고의 상황 : 최고의 상황을 가정해서 각 아이디어별로 어떤 결과를 얻을 수 있는지를 분석함으로써 아이디어의 비전을 찾아볼 수 있다. 예를 들어서 신제품을 개발해서 100만 개가 팔렸을 때 이익이 얼마가 되는지를 분석해서 가장 낙관적인 상황을 조명해 보는 방법이다. 최악의 상황처럼 현실에 맞지 않는 환상적인 상황을 가정해서 분석하면 의미가 적게 되기 때문에 일어날 수 있는 상황 중에서 가장 좋은 상황을 가정해 분석해야 한다.

■ 그룹으로 결정

복잡한 전략적 의사결정의 아이디어는 그룹으로 결정하는 것이 바람직하다. 그룹으로 결정을 하면 아이디어를 합리적으로 선택할 가능성이 상대적으로 높다. 그러나 반대로 group think와 같은 요소 때문에 최적의 아이디어를 선택하지 못하는 경우도 있으므로 이를 줄일 수 있는 방안이 필요하다.

■ 기업의 관점에서 아이디어를 선택

기업의 전략적 의사결정을 해결하기 위한 아이디어를 선택할 때는 기업의 관점에서 접근해야 한다. 기업 관점에서 의사결정을 한다는 것은 장기적 비전과 단기적 목표, 조직의 업무 프로세스, 문화, 조직에 기초를 두고 의사결정을 하는 것을 의미한다. 이처럼 기업이나 조직이 무엇을 향해서 어떻게 가고 있는지를 이해하는 바탕에서 의사결정을 한다면 보다 나은 결과를 얻을 수 있고, 장기적으로 기업 경쟁력 향상에 크게 기여할 수 있을 것이다.

■ 의사결정자의 판단을 존중

아이디어를 최종 선택할 때 의사결정자의 판단능력을 존중할 필요가 있다. 아무리 과학적인 분석(science)을 통해서 아이디어를 개발하고, 평가한다고 할지라도 많은 부분은 인간의 판단에 의존할 수밖에 없다. 여기에 의사결정의 한 영역인 art 부분이 숨어 있다. 대부분의 경우 의사결정자는 해당 분야의 전문가로서 구체적으로 설명할 수 없는 경험과 직관을 가지고 있기 때문에 의사결정자의 판단과 직감을 존중할 필요가 있다.

■ 아이디어는 변할 수 있음

선택한 아이디어는 상황 변화에 따라서 변할 수도 있기 때문에 최종 선택이라고 받아들이지 말아야 한다. 새로운 정보, 사건, 상황에 따라서 새로운 아이디어가 선택될 수도 있다는 점을 이해해야 한다. 또한 처음 선택한 아이디어가 항상 최상이 아닐 수도 있음을 명심하고 다른 아이디어에도 시간을 할애할 필요가 있다.

■ 오류의 점검

의사결정을 할 때 의사결정자의 합리성은 제약을 받기 때문에 의사결정 과정에서 수많은 오류(bias, trap)를 범하게 될 가능성이 많다. 이 같은 오류는 의사결정을 왜곡시킬 수도 있고, 의사결정의 질을 떨어뜨릴 수가 있다. 특히 의사결정 과정에서 사람의 이해와 마음이 결합되기 때문에 이 같은 오류의 발생가능성이 높아진다. 그러므로 의사결정 과정상에서 오류들을 범하지 않았는지 확인하고 줄일 수 있는 방법을 찾아야 한다.

아이디어를 선택하는 과정에 활용할 수 있는 방법들은 바틀렛기법, 캐슬기법, 스캔투표기법, 전자투표기법, 균등교환기법, 계층분석기법, 불확실한 상황의 선택기준 등이 있다.

사례 39 의사결정의 황금비율

1. 사례 본문

최고경영자(CEO)는 하루에도 몇 번씩 중요한 의사결정의 순간에 맞닥뜨린다. 어떤 의사결정은 회사의 운명을 가를 정도다. 그때마다 CEO는 무엇을 토대로 결정할까? 맬컴 글래드웰 같은 학자들은 직관(Intuition)의 놀라운 힘을 말하지만 분석(Analytics)을 강조하는 학자도 많다. 데이터를 분석하면 의사결정의 근거가 되는 사실을 얻을 수 있는데도 상당수 경영자들이 감에 따라 의사결정을 한다며 안타까워한다. 토머스 데이븐포트 미국 밥슨칼리지 교수는 직관보다 분석에 방점을 찍는 대표적인 석학이다. 그는 최근 매일경제신문과의 이메일 · 전화 인터뷰에서 "사실에 기반한 의사결정(fact-based decision)이야말로 분석의 핵심"이라고 강조했다. 어느 순간 머리에 떠오른 직관보다는 사실을 찾아내고 분석해 의사결정의 근거로 삼으라는 뜻이다. 데이븐포트 교수에게는 "근거는 딱히 모르겠지만, 내면의 목소리인 직관을 따를 거야"라고 말하는 경영자들이 위험해 보인다. 그는 근거가 무엇인지 검토되지 않는 의사결정(unexamined decision)은 가치가 없다고 단언할 정도다. 토머스 데이븐포트 교수가 직관보다 분석을 강조한다고 해서 직관의 가치를 무시하는 것은 아니다. 그도 분석과 직관을 함께 사용해야 한다는 데 동의한다. 최근 저서 「일에서의 분석」에서도 "최고 의사결정자는 수량적 분석이라는 과학과 건전한 추론이라는 예술을 결합하는 사람"이라고 썼을 정도다.

▶당신이 말하는 예술은 무엇을 뜻하는가?

"직관적인 의사결정(intuitive decision-making)을 뜻한다. 직관이 들어맞으면 의사결정자 두뇌가 과거에 유사 상황을 경험했으며 그 결과가 어떠했는지 알고 있을 때다."

▶언제 분석을 사용하고, 언제 직관을 사용해야 하는가?

"데이터를 얻을 수 있거나 소규모로 실험할 수 있다면 분석을 사용해야 한다. 그런 상황이 아니라면 직관을 활용해야 한다. 특히 경험이 풍부한 분야에서는 직관이 들어맞을 가능성이 크다. 분석에 따른 의사결정이 맞는지 점검하기 위해 직관을 사용할 수도 있다."

오늘날은 정보기술 발달로 수많은 데이터를 얻을 수 있으며 데이터 분석기술도 고도로 발달해 있다. 데이터를 얻을 수 있다면 당연히 분석을 사용하라고 데이븐포트 교수는 충고한다. 그런 상황에서도 직관에 의존해 의사결정을 하는 것은 위험하다.

▶의사결정 시 분석과 직관을 사용하는 황금비율이 있을까?

"어떤 비율이 좋다고 특정할 수는 없다. 미국 소매업체인 베스트바이(Best Buy) 경영자들은 의사결정시 과학 70%, 예술 30%라는 공식을 적용하고 있지만 말이다." 직관의 순간은 섬광처럼 짧지만, 통찰력 있는 직관은 오랜 시간을 투자해야만 얻을 수 있다. 아무리 직관이 뛰어난 경영자라 해도 인수합병 · 마케팅 · 인사관리 등 다양한 분야에서 통찰력 있는 직관을 발휘하기란 애초부터 불가능하다. 분석이라는 도구를 놓쳐서는 안 되는 이유다.

출처 : 매일경제(2010. 10. 22)

2. 시사점

기업의 경영활동은 연속적인 의사결정으로 구성되어 있다. 이들 의사결정을 수행하기 위해서는 과학적 분석과 직관이 병행되어야 한다. 특히 정보가 부족한 전략적 의사결정에서는 과학적 분석을 하기가 어렵기 때문에 많은 부분을 직관에 의존할 수밖에 없다. 그렇다고 과학적 분석을 소홀히 하고, 직관에만 의존해서 의사결정을 수행하면 매우 위험하다. 그러므로 복잡한 전략적 의사결정을 수행할 때는 철저한 과학적 분석을 기반으로 직관을 활용해야 한다. 뿐만 아니라 복잡한 전략적 의사결정을 수행한 과정을 모두 기록하고 KMS에 저장을 해서 차후에 유사한 의사결정에 활용해야 한다.

라. 아이디어의 동의를 구하라

아이디어를 선택하는 마지막 단계에서는 아이디어를 실행하는 과정에 영향을 줄 수 있는 이해당사자들을 찾아내고, 이들의 동의를 구해야 한다. 기업에서 이해당사자들의 동의와 협조 없이는 아무리 혁신적인 아이디어라고 할지라도 추진하기가 어렵고 추진된다 하더라도 성과가 낮을 수밖에 없다. 예를 들어서 기업경쟁력을 높이기 위해서 경영혁신을 추진할 때 직원, 노조, 주주, 협력회사 등과 같은 이해당사자들의 동의를 구하지 않은 상태에서 무리하게 추진했다가 실패할 수도 있다.

특히 아이디어가 새롭고 혁신적인 경우에서는 기업 내의 반응은 생각보다 부정적일 가능성이 많다. 왜냐하면 아이디어 자체가 가지고 있는 불확실성이 높고, 아이디어가 혁신적이라면 기존의 이해당사자들에게 직 · 간접적으로 영향을 줄 가능성이 높기 때문이다. 혁신적이고 창의적인 아이디어가 제시되었을 때 일반적으로 다음과 같은 반응들이 자주 나타난다.

- 아이디어가 너무 혁신적이고 급진적이다.
- 과거에 사용하지 않은 방법이다.
- 회사정책에 위반된다.
- 아이디어의 실효성이 낮다.
- 아이디어의 결과를 입증할 수 없다.
- 아이디어의 불확실성이 너무 높다.

- 고객과 주주들은 동의하지 않을 것이다.
- 우리하고는 관련이 없다.
- …

따라서 아이디어를 최종 선택할 때는 의사결정에 관한 이해당사자를 찾아내고, 그들의 이해와 니즈를 분석해서 합의를 도출하는 과정이 필요하다. 이 과정에서 의사결정자는 많은 사람들의 생각과 이해관계를 조정할 수 있는 리더십과 조정능력을 가지고 있어야 한다. 아이디어에 대한 부정적 반응에 대해 대비하고 이해당사자의 동의를 구할 때는 다음과 같은 점들을 고려해야 한다.

- 먼저 누구에게 왜 동의를 구해야 하는지를 찾아내야 한다.
- 동의를 구하는 사람들의 관점과 이해관계를 찾아내야 한다.
- 무엇이 어떻게 수행되고, 추진될 것인지를 명확하게 설명해야 한다.
- 이이디어와 관련된 배경, 사실, 분석 결과, 전문가 소견 등을 설명해야 한다.
- 문제의 분석, 아이디어 개발, 선택 과정을 체계적으로 설명해야 한다.
- 아이디어가 무엇을 어떻게 달성할 수 있는지를 명확한 숫자를 가지고 설명해야 한다.
- 아이디어를 추진했을 때 어떠한 결과를 얻을 수 있는지를 분석해서 구성원에게 확신을 심어 주어야 한다.
- 문제의 영역이 크고 복잡할수록 다양한 의견과 반대 의견이 나올 가능성이 있기 때문에 이에 대한 준비를 철저히 해야 한다.
- 긍정적이며 낙관적으로 아이디어를 제시해야 한다.
- …

아이디어의 동의를 구할 때 활용할 수 있는 방법들은 아이디어킬러 대응하기기법, 점진적 조정기법, 워크아웃 프로그램, 지식파수꾼기법, 패널동의기법 등이 있다.

사례 40 SC제일은행, '전직원 연봉제' 도입 놓고 내홍

1. 사례 본문

SC제일은행이 전 직원을 대상으로 연봉제 도입을 추진하고 나서자 노조 반발과 직원들의 동요 등 내홍에 휩싸이고 있다. 일부 전문가들은 성과평가기준과 운용세칙 등을 촘촘히 완비하지 않은 가운데 직원들과 공감대 형성 없이 제도 도입에만 치중할 경우 부작용이 빚어질 수 있다고 지적하고 있다.

■ **전 직원 연봉제 득실 논란으로 시끌**

18일 은행권에 따르면 SC제일은행 경영진은 지난해 임금단체협상안으로 개별차등성과급제를 제안했다. 개인의 능력에 따라 임금인상률과 성과급을 차등화하자는 것으로 쉽게 말해 연봉제를 도입하자는 것이다. 현재 SC제일은행을 포함한 주요 시중은행들은 지점장과 본부장급을 제외하고는 근속연수에 따라 급여가 늘어나는 호봉제 방식을 택하고 있다. SC제일은행 경영진은 전 직원 연봉제를 내놓은 배경으로 생산성을 높이기 위한 것이란 논리를 펴고 있다. 은행 관계자는 "은행 간의 경쟁이 치열해지고 있는 상황에서 생산성을 제고하기 위한 고민 끝에 내놓은 방안"이라고 말했다. 하지만 노동조합은 "경영진의 실적이 시중은행 최저치를 달려왔는데 경영실패 책임은 지지 않고 연봉제 도입을 통해 임금을 줄이려는 의도로 의심된다"며 반발했다. 노조 반발과 무관하게 대다수 직원들도 노동 강도 강화와 급여수준 저하로 이어질까 우려하고 있다. 더욱이 경영진은 희망퇴직제도를 폐지하는 대신 후순위 발령제를 확대하겠다는 방안도 함께 내놓아 직원들 반발정서를 키우고 있다. 김재율 노동조합 위원장은 "실적이 안 좋은 직원들을 후순위로 배치하고 목표 실적을 이행하지 못했을 때는 임금을 45%까지 삭감하려고 한다"면서 "이는 자발적인 해고를 유도하기 위한 악의적인 행태로 밖에 볼 수 없다"고 말했다. 정년을 불과 몇 년 앞둔 한 지점장은 "희망퇴직을 신청하면 퇴직 후 인생을 준비할 수 있는 조금의 목돈이라도 마련할 수 있다"면서 "이 제도가 없어지고 후순위로 배치되면 임금이 절반 가까이 삭감된 채 30년 가까이 일한 은행을 떠나야 하지 않겠느냐"며 씁쓸함을 드러냈다. 노조는 경영진이 제시한 어떠한 안도 받아들일 수 없다며 강경한 입장이다. 중앙노동위원회의 중재에도 임금단체협상이 결렬될 경우 합법적인 절차를 통해 파업 등 쟁의행위에 돌입할 계획이다.

■ **"정교하고 공정한 룰과 운영기반 없이 도입 땐 큰 부작용"**

일부 전문가들 사이에서는 연봉제 도입이 일반화 돼 가는 추세에서 은행도 연봉제를 도입해 생산성을 향상할 필요가 있다는 목소리도 나온다. 그렇지만 객관적으로 성과를 측정할 수 있는 시스템 구축과 직원들의 공감대 형성 등의 준비 과정 없이 밀어붙이면 오히려 부작용만 낳을 수 있다는 우려가 크다. 김상조 한신대 교수(경제개혁연대 소장)는 "은행업은 인적자원이 자산"이라면서 "개개인의 개발과 동기부여를 위해 차등 성과급을 도입하는 것은 바람직하다"고 말했다. 김 교수는 이어 "하지만 최고경영자(CEO)의 리더십 등 전제조건이 갖춰져 있지 않으면 긍정적인 성과보다는 비용이 더 많이 들 것"이라고 지적했다. 실적에 매달리다 보면 소비자의 권익보다는 개인의 실적을 우선할 가능성이 크고, 나아가서는 대형 금융사고의 발발로 이어질 수 있다는 우려다. 김 교수는 "위험요소가 분명히 있기 때문에 조직 내부에서 CEO가 전략적으로 어떻게 잘 집행하느냐 또 감독당국이 이를 제대로 감독할 수 있느냐가 관건"이라고 말했다. 금융연구원 박재하 선임연구위원 역시 점진적인 준비과정을 거치는 등 시간을 두고 진행하지 않으면 부작용이 클 수 있다고 지적했다. 박 연구위원은 "은행은 영업만 하는 것이 아니라 총무부, 인사부 등 정확하게 실적을 명확하게 측정할 수 없는 부서도 많다"면서 "얼마나 공정하게 성과를 측정할 수 있는 평가시스템을 갖추느냐가 중요하다"고 말했다. 그는 "이는 노사협의 사안으로 노사 간의 충분한 공감대 형성이 없이 섣불리 추진하면 오히려 노사갈등, 직원들의 사기저하 등 부작용만 낳게 될 것"이라고 경고했다.

출처 : 뉴스핌(2011. 2. 18)

2. 시사점

이 사례는 문제를 해결할 때 이해당사자의 동의와 협조를 구하는 일이 얼마나 중요한지를 보여 주고 있다. 경영혁신활동은 기업구성원들에게 직·간접적으로 영향을 주고 있다. 이 과정에서 기업구성원들의 동의가 없으면 경영혁신 활동은 추진할 수도 없고 설사 추진한다 할지라도 효과가 낮을 것이다. 그러므로 기업구성원들의 동의와 공감대를 어떻게 하면 얻을 것인가를 끊임없이 고민하고 노력해야 한다.

2. 아이디어 선택기법의 이해

문제해결과 의사결정의 6단계인 아이디어 선택 단계에서 활용할 수 있는 기법들을 설명하고 있다.

번호	기법	개요와 핵심용어
48	가중치 평가기법	• 평가기준들에 가중치를 부여해서 아이디어를 평가하고 선택하는 방법 • 평가기준, 가중치, 아이디어 선택
49	2차원 그리드기법	• 2차원 그리드를 만들어서 아이디어를 시각적으로 비교 평가하는 기법 • 2차원 그리드, 시각화, 평가기준
50	What-if 분석	• 상황 변화에 따라서 목표가 어떻게 변화하는지를 분석하는 방법 • What-if, 의사결정변수, 환경변수
51	Goal-Seeking 분석	• 목표를 달성하기 위해서 상황이 어떻게 변화하는지를 분석하는 방법 • 목표탐색, 의사결정변수, 환경변수
52	아이디어 평가 매트릭스	• 아이디어의 매력도와 적합성의 측면에서 평가하고 선택하는 기법 • 매트릭스, 시각화, 평가기준
53	바틀렛기법	• 아이디어를 버리기, 등급 나누기, 점수 부여하기의 과정을 거쳐 선택하는 기법 • Culling, Rating, Scoring
54	불확실한 상황의 선택기준	• 아이디어의 결과가 일어날 수 있는 확률을 전혀 모르는 상황에서 아이디어를 선택하는 방법 • 라프라스, 맥스민, 맥스맥스, 후르비츠, 미니맥스
55	아이디어 킬러 대응하기	• 최종 선택된 아이디어에 대한 부정적인 반응과 대응방안들을 찾는 방법 • 이해당사자, 관점, 아이디어 킬러

기법 48. 가중치 평가기법

가. 개념

가중치 평가기법은 아이디어를 평가하기 위한 평가기준을 찾아내고, 평가기준들에게 서로 다른 가중치를 부여해서 아이디어를 평가하고 선택하는 방법이다. 이 방법은 중요한 평가기준과 상대적으로 덜 중요한 평가기준이 무엇인지를 결정하기 때문에 평가기준의 가중치에 따라 아이디어의 선택이 좌우되는 특징을 가지고 있다.

예) • 제품의 디자인 선택

• 정보시스템의 비교 분석

• CEO 후보의 비교 평가

나. 적용단계

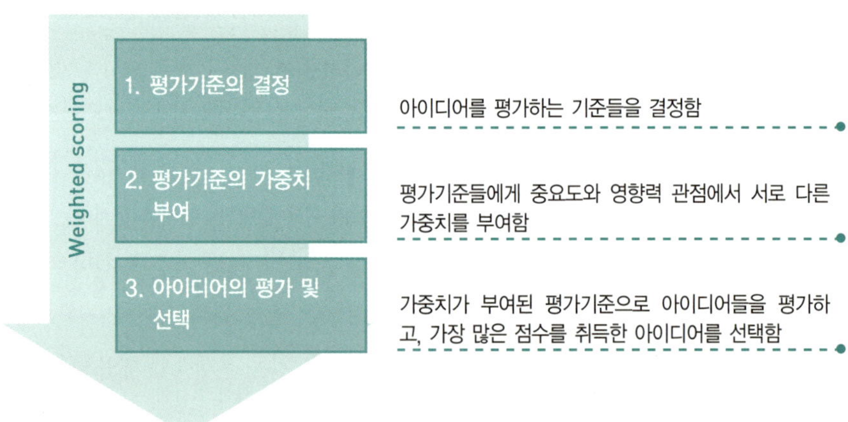

다. 활용사례

한 화학회사는 점점 늘어나는 수요에 대비하기 위해 신규공장 설립을 결정하고 공장 설립지역을 선택하기 위해 고심하고 있다. 이제혁 이사는 가중치 평가기법을 활용해서 공장설립 후보 지역에 대한 평가를 해보기로 하였다.

1. 먼저 공장 설립 지역을 선정할 때 필요한 평가기준들을 결정하였다. 그 결과 생

산비용, 시장규모, 성장성, 정부지원, 인력조달의 용이성이 평가기준들로 결정되었다.

2. 그리고 이들 평가기준의 중요도에 따라서 서로 다른 가중치를 부여했다. 예를 들어서 가장 중요한 평가기준인 생산비용에는 35%, 그리고 상대적으로 덜 중요한 인력조달의 용이성에는 10%를 부여하였다.
3. 마지막으로 가중치가 부여된 평가기준을 가지고 4개의 아이디어를 평가해 보았다. 그 결과 중국에 공장을 설립하는 것이 가장 적합한 것으로 판단되어 중국 공장 설립 아이디어가 선택되었다.

평가기준	가중치	아이디어			
		1. 국내 공장 설립	2. 중국 공장 설립	3. 미국 공장 설립	4. 유럽 공장 설립
생산비용	35	29	35	27	32
시장규모	20	12	20	18	15
성장성	20	15	19	15	19
정부지원	15	10	13	10	15
인력조달의 용이성	10	9	8	10	7
총점	100	75	95	80	88

기법 49. 2차원 그리드기법

가. 개념

2차원 그리드기법(two dimensional grids)은 아이디어들을 비교 평가하는 다양한 기준들을 찾아내고, 이 기준들을 2개씩 짝을 지어 2차원 그리드를 만들어서 아이디어를 시각적으로 비교 평가하는 기법이다. 이 기법은 아이디어를 그림과 도표로 표현해서 시각화하기 때문에 여러 구성원들의 의견과 생각을 공유하고 수렴해서 아이디어를 평가하고 선택하는 데 유용하다.

예) • 경쟁전략의 선택

- 정보시스템의 비교 분석
- CEO 후보의 비교 평가

나. 적용단계

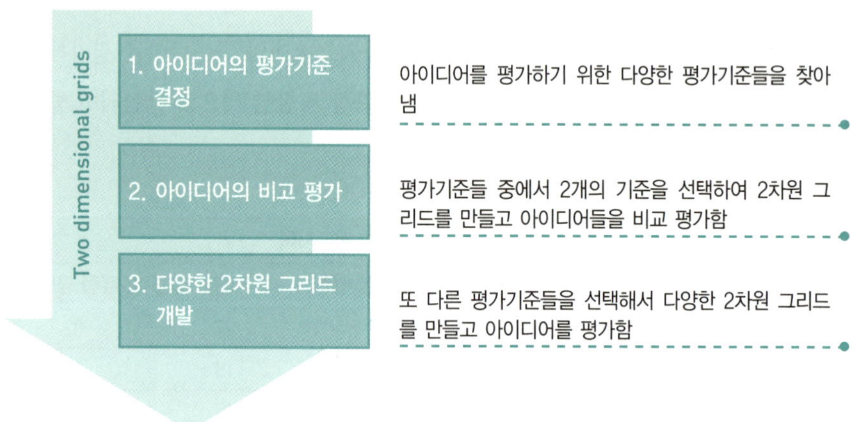

다. 활용사례

국내의 한 전자회사는 사업을 확장하려고 하는데, 해외시장 진출, 국내시장 강화, 고객서비스 강화, 품질향상의 네 종류의 전략적 아이디어를 검토 중이다. 네 종류의 아이디어를 비교 평가하기 위해서 2차원 그리드 기법을 사용하기로 하였다.

1. 먼저 네 개의 전략적 아이디어를 평가하기 위한 평가기준으로 투입비용, 수익률, 위험도, 타 사업부와 시너지 등이 선정되었다.
2. 네 개의 평가기준을 조합해서 2차원의 그리드를 만들었다. 예를 들어서 투입비용과 수익률, 수익률과 위험도, 수익률과 시너지 등의 방식으로 다양한 그리드를 만들었다.
3. 앞 단계에서 만들어진 그리드를 이용해서 네 가지 전략을 분석하였다. 다음 그림은 수익률과 위험도의 2개의 평가기준을 가지고 네 개의 전략을 평가한 2차원 그리드 분석 결과이다.

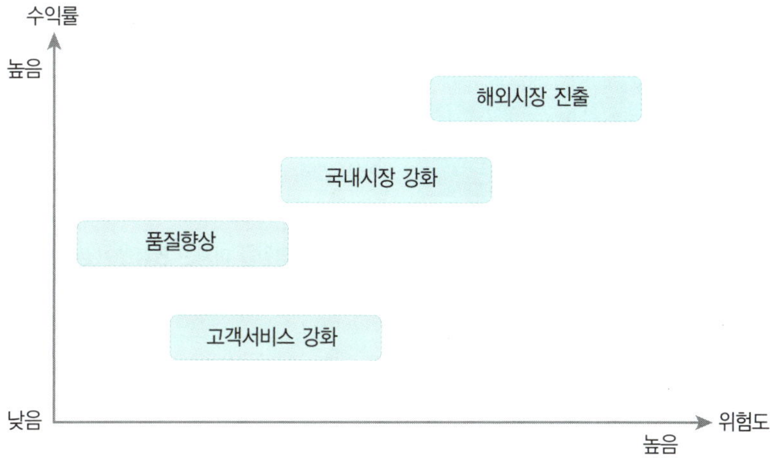

기법 50. What-if분석

가. 개념

What-if분석은 아이디어에 영향을 미치는 의사결정변수와 환경변수들을 찾아내고, 이들의 변화에 따라 아이디어의 결과가 어떻게 변화(what-if)하는지를 심층 분석하는 기법이다. 이 기법은 복잡한 아이디어를 다양한 각도에서 심층적으로 분석하는 데 유용하다.

예) • 생산시설의 확대
• 신규 프로젝트의 타당성
• 신제품 개발

나. 적용단계

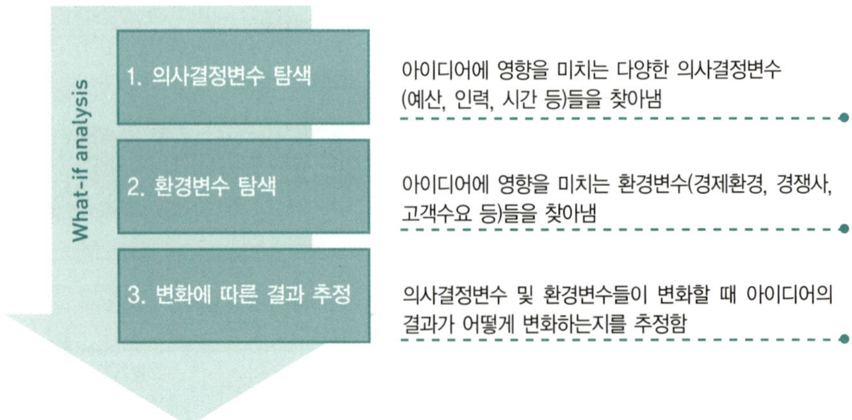

다. 활용사례

전자제품을 생산하는 회사에서 최근에 판매량이 증가하자 생산시설을 확대할 수 있는 아이디어로 현 생산설비의 증설을 검토하고 있다. 이와 관련하여 의사결정변수와 환경변수들을 찾아내고, 이들의 변화에 따라 아이디어의 결과가 어떻게 변화하는지를 알아보기 위해 what-if분석을 실시하였다.

1. 먼저 생산설비 증설에 영향을 미치는 의사결정변수들을 찾아보았다. 예를 들어서 기존 공장에 생산라인 2개를 추가 증설하면 어떻게 될 것인가? 새로운 공장을 신설하면 어떻게 될 것인가? 생산시설 투자를 20% 감축할 경우 어떻게 될 것인가? 등의 질문을 던져 보았다.
2. 그 다음에 아이디어에 영향을 미치는 환경변수들을 찾아보았다. 예를 들어서, 신규인력의 확보가 어려울 경우 어떻게 될 것인가?, 경쟁사가 설비투자를 확대하면 어떻게 될 것인가?, 경제환경이 침체될 경우 어떻게 될 것인가? 와 같은 질문을 던져 보았다.
3. 의사결정변수와 환경변수의 다양한 질문들을 분석해 보면서 아이디어의 결과가 어떻게 변화할 것인지를 분석할 수 있게 되었다.

아이디어	생산설비 증설을 통한 공급물량 확대	
What-if요인	변화 종류	아이디어의 결과 변화
의사결정변수	기존공장에 생산라인 2개 추가 증설	생산량 20% 확대 및 20억 소요
	새로운 공장의 건설	생산량 200% 확대 및 180억 소요
	생산시설 투자예산 20% 감축	생산라인 1개만 증설, 효과가 약함
환경변수	신규인력의 확보 어려움	생산량 감소로 수익성 악화
	경쟁사의 설비투자 확대	산업 내 공급과잉 우려로 수익성 악화
	경제환경의 침체	공급과잉으로 수익성 악화

기법 51. Goal-Seeking분석

가. 개념

Goal-seeking분석은 문제해결의 목표를 달성하기 위해서 의사결정 변수나 환경변수들이 어떻게 변화해야 하는지를 분석해서 아이디어를 심층 분석하는 기법이다. What-if 분석은 상황 변화에 따라서 목표가 어떻게 변화하는지를 분석하는 방법인 반면에, Goal-seeking분석은 목표를 달성하기 위해서 상황이 어떻게 변화해야 하는지를 분석하는 방법으로서 분석하는 관점이 다르다. 이 기법은 문제의 아이디어를 목표를 달성하는 관점에서 심층적으로 분석하고자 할 때 유용하다.

예) • 생산시설의 확대

• 신규 프로젝트의 타당성

• 신제품 개발

나. 적용단계

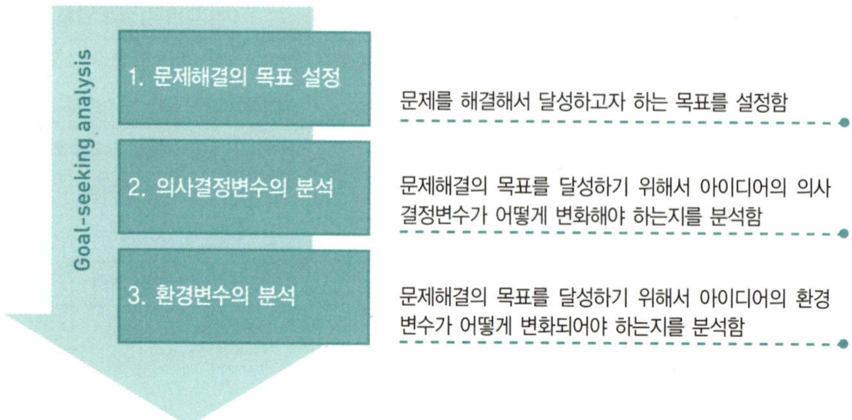

다. 활용사례

자동차를 생산하는 회사에서는 신차 개발을 통한 매출액 3조 원 달성을 내년 사업의 목표로 잡고 있다. 이 같은 목표를 달성할 수 있는지, 또한 달성하기 위해서는 어떠한 환경이 되어야 하는지를 분석하기 위해 Goal-seeking분석을 실시하였다.

1. 먼저 "신차 개발을 통한 매출액 3조 원 달성"을 목표로 설정하였다.
2. 그 다음에 이 목표를 달성하기 위한 의사결정변수가 무엇이 있는지, 그리고 이들 의사결정변수가 어떻게 변화해야 하는지를 분석해 보았다. 목표 달성에 영향을 주는 의사결정변수에는 제품, 가격, 광고, A/S 등이 있었다.
3. 마지막으로 목표를 달성하는 데 영향을 주는 환경변수가 무엇이 있으며, 어떻게 변화해야 하는지를 분석해 보았다. 목표 달성에 영향을 주는 변수로는 유가, 세제혜택, 금리 등이 있었다.
4. 이러한 의사결정변수와 환경변수를 중심으로 목표 달성을 위해서 어떠한 변화가 있어야 하는지를 심층적으로 분석할 수 있었다.

Goal-Seeking 요인		변화의 방향	목표
의사 결정변수	제품	소형, 중형, 대형차별 고른 신차를 출시	신차개발을 통한 매출액 3조 원 달성
	가격	수입차 대비 10% 이하 가격을 유지	
	광고	광고예산을 전 분기 대비 15% 증가	
	A/S	경쟁사 대비 품질보증기간 2년 연장	
환경변수	유가	휘발유가격 리터당 1,800원 이하 유지	
	세제혜택	정부의 자동차 부가세 감면정책 지속	
	금리	시중은행의 대출금리 5% 이하 유지	

기법 52. 아이디어 평가 매트릭스

가. 개념

아이디어 평가 매트릭스는 아이디어의 매력도 측면과 적합성의 측면에서 아이디어들을 평가하고 선택하는 기법이다. 이 방법은 매트릭스를 활용해서 시각화하기 때문에 여러 구성원들의 의견과 생각을 공유하고 수렴해서 아이디어를 평가하고 선택하는 데 유용하다.

예) • 생산시설의 확대

• 신규 프로젝트의 타당성 평가

• 신제품 개발

나. 적용단계

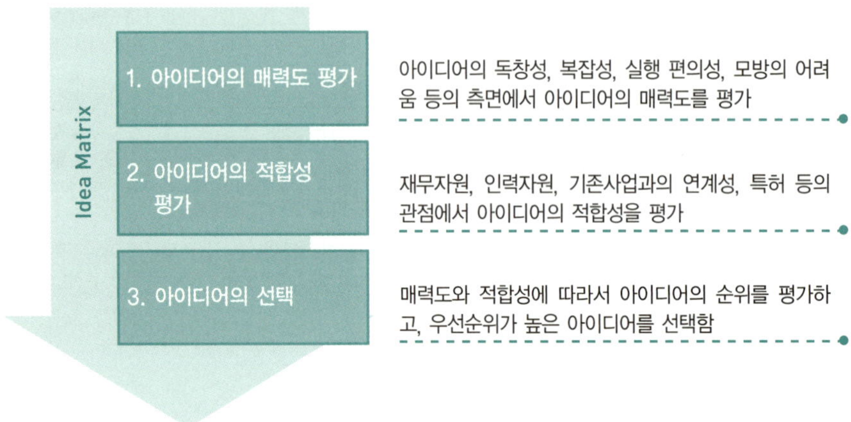

다. 활용사례

새로운 성장전략을 구상하고 있는 창문전자는 세 가지 아이디어를 가지고 어떤 아이디어를 선택해서 투자할 것인지 고민하고 있다. 정대호 이사는 아이디어 평가 매트릭스를 활용해서 매력도와 적합성을 기준으로 아이디어를 평가해 보기로 하였다.

1. 먼저 아이디어의 독창성, 추진 용이성, 성장성, 모방의 어려움 측면에서 아이디어의 매력도를 평가해 보았다.
2. 그 다음에 투자규모, R&D 인력확보, 기존사업과의 연계성, 특허 등의 관점에서 아이디어들의 적합성을 비교 평가해 보았다.
3. 매력도와 적합성을 기준으로 세 가지 성장전략 방안을 검토해 본 결과 TV부문 사업 확대가 가장 높은 점수를 받았다.

문제		창문전자의 성장전략			
평가기준		가중치	아이디어의 유형		
			1. 스마트폰 사업 진출	2. TV사업부문 확대	3. 미디어콘텐츠 시장 진출
매력도	독창성	15	14	11	15
	추진용이성	10	7	10	6
	성장성	15	13	11	11
	모방의 어려움	10	13	12	14
	매력도 총점	50	47	44	46
적합성	추가규모	15	10	14	9
	R&D 인력확보	10	6	10	4
	기존사업과의 연계성	10	8	10	5
	특허	15	13	14	10
	적합성 총점	50	37	48	28
	총점	100	84	92	74

4. 이러한 점수를 기준으로 아이디어 평가 매트릭스에 표현해 본 결과 시각적으로 훨씬 비교하기 쉬웠고 구성원들 간에 의사소통이 원활해졌다.

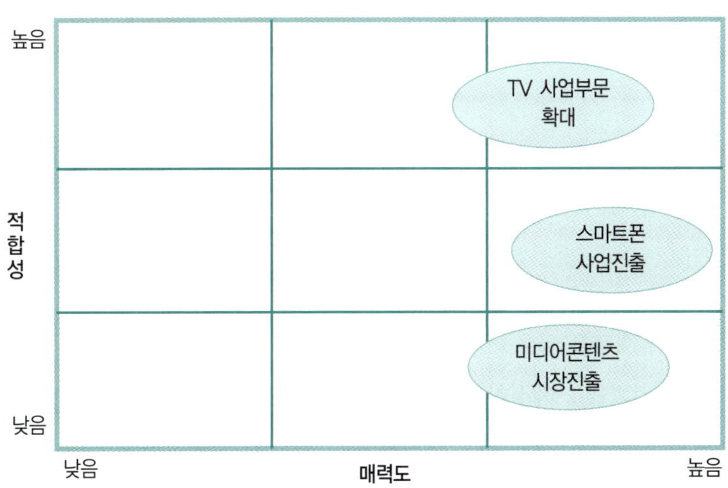

기법 53. 바틀렛기법

가. 개념

바틀렛기법(Battelle Method)은 아이디어들을 아이디어 버리기(Culling), 등급에 따라 나누기(Rating), 점수 부여하기(Scoring)의 3단계에 따라서 단계적으로 평가하여 최적의 아이디어를 선택하는 기법이다.

예) • 신사업 선정
- 고객서비스 강화방안
- CEO의 선발

나. 적용단계

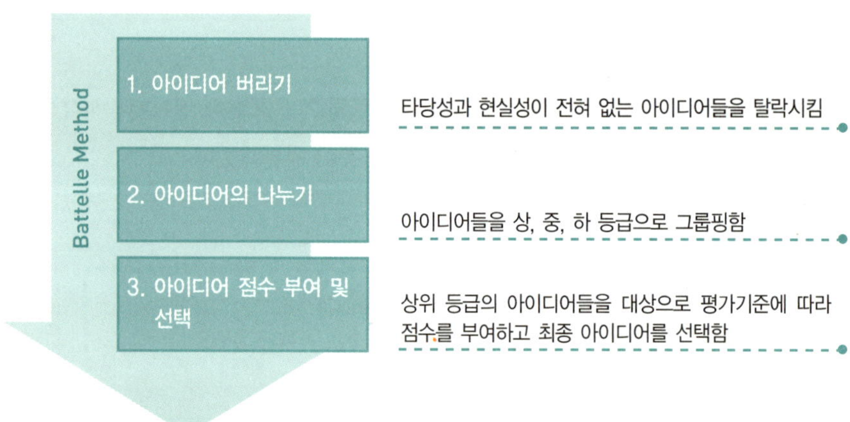

다. 활용사례

어느 은행에서 새로운 금융상품을 개발하려고 한다. 직원들은 새로운 금융상품 개발에 관한 많은 의견들을 제시하였는데 상품기획팀에서는 최적의 아이디어를 선택하기 위해서 바틀렛기법을 적용하기로 하였다.

1. 먼저, 아이디어 버리기 과정을 통해 독창성이 없거나 현실성이 떨어지는 아이디어들을 탈락시켰다.

단계	아이디어	독창성	현실성	채택 여부
1. 아이디어 버리기 (Culling)	급여 투자상품 개발	×	○	×
	퇴직금전용 투자상품 개발	○	○	○
	북한 관광지 투자상품 개발	×	×	×
	우주개발 투자상품 개발	×	×	×
	장기고객 우대상품 개발	×	○	×
	아프리카 자원 투자상품 개발	○	○	○
	중국 투자전용상품 개발	○	○	○
	우량 중소기업 투자상품 개발	○	○	○
	내집 마련 적금상품 개발	○	○	○

2. 그 다음에, 남은 아이디어들을 독창성, 수익성, 선호도의 기준에 따라 점수를 부여하여 아이디어의 등급을 상, 중, 하로 결정하였다.

단계	아이디어	독창성	수익성	선호도	총점	등급
2. 아이디어 등급 결정(Rating)	퇴직금전용 투자상품 개발	9	6	7	22	중
	아프리카 자원 투자상품 개발	10	9	8	27	상
	중국 투자전용 상품 개발	7	8	8	23	중
	우량 중소기업 투자상품 개발	10	8	10	28	상
	내집 마련 적금상품 개발	5	6	8	19	하

3. 마지막으로, 상위 등급의 아이디어를 대상으로 예상비용, 기간, 인력, 안정성 등을 평가해서 총점을 매긴 후 가장 높은 아이디어를 얻은 아이디어를 최종 선택하였다.

단계	아이디어	예상 비용	예상 기간	예상 인력	안정성	총점
3. 아이디어 점수 매기기(Scoring)	아프리카 자원 투자상품 개발	20	21	20	19	80
	우량 중소기업 투자상품 개발	25	23	22	25	95

기법 54. 불확실한 상황의 선택기준

가. 개념

이 방법은 아이디어의 결과가 일어날 수 있는 확률을 전혀 모르는 상황에서 아이디어를 선택하는 방법을 의미한다. 의사결정자는 아이디어 결과의 발생 확률을 측정해야 한다. 그런데 아이디어 결과의 발생 확률을 전혀 알 수 없는 상황 아래에서는 라프라스기준(Laplace criterion), 맥스민기준(maxmin criterion), 맥스맥스기준(maxmax criterion), 후르비츠기준(Hurwicz criterion), 미니맥스기준(minimax criterion)과 같은 기준을 이용해서 아이디어를 선택해야 한다.

예) • 주식 포트폴리오 선택
• 신제품의 개발
• 부동산 투자

나. 적용단계

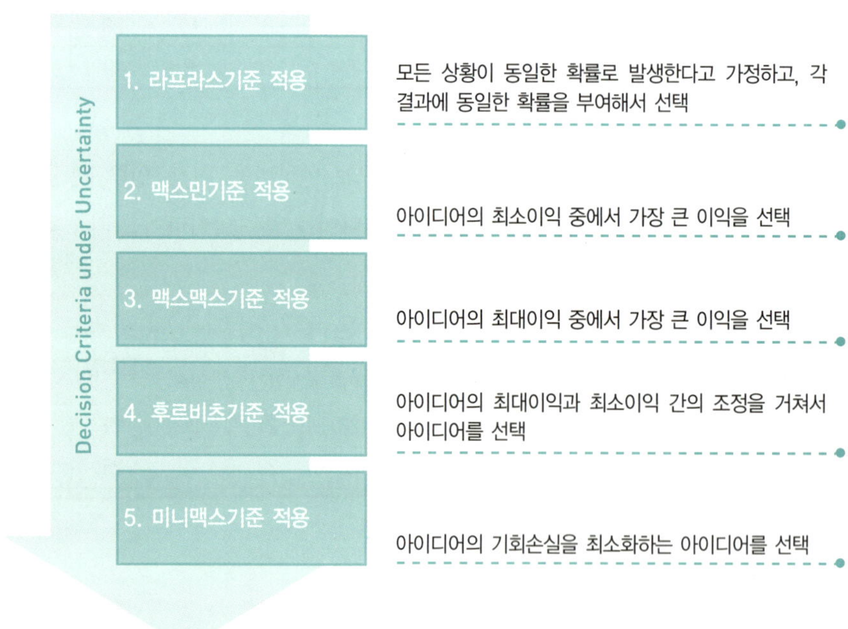

다. 활용사례

한 투자자문회사에서는 주식을 비교 평가해서 투자하려고 한다. 이 회사에서 투자하고자 하는 주식은 세 종류(A, B, C)이고, 주식시장이 호황, 정체, 침체가 되었을 때 얻을 수 있는 기대수익은 다음과 같다. 이 같은 상황에서 대안을 선택하는 방법을 찾아보자.

아이디어	주식시장		
	호황	정체	침체
회사 A	6억 원	1억 원	−2억 원
회사 B	3억 원	2억 원	5천만 원
회사 C	2억 원	1억 5천만 원	1억 원

1. 라프라스기준 적용

라프라스기준은 시장이 호황, 정체, 침체가 될 가능성을 전혀 모르기 때문에 각각 발생할 확률을 1/3로 보고 그에 따른 기댓값을 계산해서 선택한다. 회사 A는 5억 원/3이고, 회사 B는 5억 5천만 원/3이고, 회사 C는 4억 5천만 원/3이 된다. 이 기준을 적용하면 회사 B를 선택해야 한다.

2. 맥스민기준 적용

각 아이디어의 가장 비관적인 상황(min)에서 최고의 아이디어(max)를 선택하는 방법으로서 각 아이디어의 가장 비관적인 상황은 침체로서 회사 A는 −2억 원, 회사 B는 5천만원, 회사 C는 1억 원이 된다. 이때 가장 큰 값인 회사 C를 선택해야 한다.

3. 맥스맥스기준 적용

각 아이디어의 가장 낙관적인 상황(max)에서 최고의 아이디어(max)를 선택하는 방법으로서 가장 최적의 상황은 호황으로서 회사 A는 6억 원, 회사 B는 3억 원, 회사 C는 2억 원이 된다. 이때 가장 큰 값이 회사 A를 선택해야 한다.

4. 후르비츠기준 적용

이 기준은 맥스민과 맥스맥스의 중간 형태로서 낙관계수(coefficient of optimism)를 선택해서 최고의 상황값에 곱하고, 최악의 상황값에 (1−낙관계수)를 곱해서 예상수익을 계산하면 된다. 예를 들어서 만약에 낙관계수를 0.6으로 가정하면

• 회사 A는 0.6×6억 원+(1−0.6)×(−2억 원)으로서 2억 8천만 원이 된다.
• 회사 B는 0.6×3억 원+(1−0.6)×(5천만 원)으로서 2억 원이 된다.
• 회사 C는 0.6×2억 원+(1−0.6)×(1억 원)으로서 1억 6천만 원이 된다.
• 따라서 낙관계수가 0.6인 경우에는 회사 A를 선택해야 한다.

5. 미니맥스기준 적용

이 기준은 각 아이디어에서 발생할 수 있는 최대의 예상수익을 결정한 다음, 각 아이디어의 예상수익을 뺌으로써 구할 수 있는 기회손실을 최소화하는 방법이다.

각 대안의 기회손실을 다음과 같다.

기회 손실표

아이디어	주식시장			최대 기회 손실
	호황	정체	침체	
회사 A	0	5억 원	8억 원	8억 원
회사 B	0	1억 원	2억 5천만 원	2억 5천만 원
회사 C	0	5천만 원	1억 원	1억 원

이 상황에서 기회손실을 최소화하는 회사 C를 선택해야 한다.

기법 55. 아이디어 킬러 대응하기

가. 개념

아이디어 킬러 대응하기는 최종 선택된 아이디어에 대해 나올 수 있는 부정적인 반응들을 찾아내고, 이에 대한 대응방안들을 제시함으로써 이해당사자들의 동의를 구하는 방법이다. 아이디어에는 많은 이해당사자들이 관련되어 있기 때문에 최종 선택된 아이디어를 이들의 입장에서 사전에 검토해 볼 필요가 있다.

예) • 신사업 진출
• 해외시장 진출

• 조직 개편

나. 적용단계

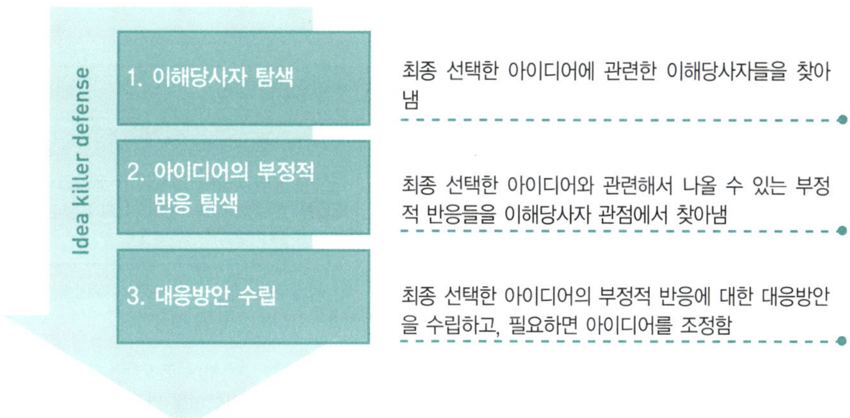

다. 활용사례

창업 초기부터 전자산업을 시작한 창문전자는 새로운 성장동력을 확보하기 위한 방안으로 바이오산업 진출을 결정하였다. 그런데 창문전자의 바이오산업 진출은 이해당사자들의 많은 반대에 부딪칠 것으로 예상되었기 때문에 아이디어 킬러 대응하기 기법을 활용해 이해당사자들의 반대에 대한 대응방안을 찾아보기로 하였다.

1. 제일 먼저, 창문전자의 바이오산업 진출과 관련된 이해당사자들을 찾아보았다. 주요 이해당사자들은 주주, 직원, 기존 바이오기업, 정부 등이었다.
2. 그 다음에 이들 이해당사자들의 관점에서 나올 수 있는 부정적인 반응들을 탐색해 보았다.
   - 주주 : 창문전자의 전통적 사업인 전자산업과 전혀 연관이 없어 성공 여부가 불확실하다.
   - 직원 : 신사업 투자로 인해 다른 사업부에 대한 투자 축소 및 구조조정 가능성이 있다.
   - 기존 바이오기업 : 창문전자와 같은 대기업이 진출하면 중소 제약업체들에게 피해를 입힐 것이다.

- 정부 : 바이오산업 진출 기업이 급격히 늘고 있어 사업 허가에 신중함이 요구되는 상황이다.

3. 마지막으로 각각의 부정적인 반응에 대한 대응방안을 수립하면서 이해당사자들을 설득할 수 있었다.

아이디어	창문전자의 신성장을 위한 바이오산업 진출	
이해당사자	부정적 반응	대응방안
주주	창문전자의 전통적 사업인 전자산업과 전혀 연관이 없어 성공 여부가 불확실하다.	신성장 동력이 필요하며 기존 제약업체와의 제휴를 통해 추진될 예정이어서 리스크가 적다.
직원	신사업 투자로 인해 다른 사업부에 대한 투자축소 및 구조조정 가능성이 있다.	타 사업부에 대한 투자 계획은 축소나 조정 없이 그대로 진행될 예정이다.
기존 바이오기업	창문전자와 같은 대기업이 진출하면 중소제약업체들에게 피해를 입힐 것이다.	협업체제를 구축하여 중소기업과 동반 성장할 수 있는 상생방안을 마련할 계획이다.
정부	바이오산업 진출 기업이 급격히 늘고 있어 사업 허가에 신중함이 요구되는 상황이다.	바이오산업은 차세대 신성장 동력으로써 국가적 차원에서 집중 육성할 필요가 있다.

제 7 장

아이디어 실행단계

1. 아이디어를 실행하는 방법
2. 아이디어 실행기법의 이해

기법 56. How-How기법
기법 57. 실행 체크리스트기법
기법 58. 잠재적 문제분석기법
기법 59. 시나리오 분석기법
기법 60. 비상상황 계획기법
기법 61. 아이디어 결과 평가기법
기법 62. 미래문제 대응기법

사례 41. 가장 중요한 경영자원은 '실행력'
사례 42. '울산석유화학산업 발전 로드맵' 수립
사례 43. '리스크 최대한 줄여라' 기업들의 비상경영
사례 44. '페이스북' 위치정보 사생활 침해 논란

아이디어를 선택한 다음에는, 최종적으로 아이디어를 실행해서 문제를 해결해야 한다. 아이디어를 실행하기 위해서는 제일 먼저, 아이디어를 효율적으로 실행할 수 있는 실행계획을 수립해야 한다. 그 다음에 아이디어가 올바르게 실행되고 있는지를 관리할 수 있는 통제계획을 수립해야 한다. 이러한 실행계획과 통제계획을 기반으로 아이디어를 실행해야 한다. 그런 다음에 아이디어를 실행한 후 발생할 수 있는 예상치 못한 미래문제에 대비해야 한다.

기업에서는 좋은 아이디어를 개발했음에도 불구하고, 아이디어를 체계적으로 실행하지 못해서 실패하는 경우가 많다. 예를 들어서 신제품 개발을 체계적인 계획 없이 추진해서 실패한다든지, 새로운 공장을 건설하는데 주먹구구식으로 추진해서 계획보다 예산이 많이 소요된다든지, 신규기업을 인수하였는데 예상하지 못한 금융위기가 발생해서 유동성위기에 빠지는 사례들이 아이디어들을 체계적으로 실행하지 못해서 실패하는 사례들이다.
제7장에서는 문제해결과 의사결정의 마지막 단계인 아이디어의 실행에 관한 내용을 설명하고 있다.

사례 41 가장 중요한 경영자원은 '실행력'

1. 사례 본문

"가장 중요한 경영자원은 다름 아닌 '실행력'입니다."

허창수 GS그룹 회장이 임직원들의 실행력을 거듭 강조하고 나섰다. 26일 서울 강남구 역삼동 GS 타워 아모리스홀에서 2004년 그룹 출범 이후 처음으로 경영혁신 사례를 공유하기 위해 개최한 '밸류 크리에이션 포럼(Value Creation Forum)' 자리에서다. 이 자리엔 각 계열사 최고경영자(CEO) 등 상무급 이상 임원과 전략 · 기획 · 혁신 · 기술담당 팀장 등 400여 명이 참석했다. 허 회장은 "이 자리는 처음으로 여러 계열사의 임직원들이 한 자리에 모여 가장 소중한 경영자원을 선보이고 공유하는 참으로 뜻 깊은 자리"라며 "가장 중요한 경영자원은 다름 아닌 '실행력'"이라고 밝혔다.

특히 "구슬이 서말이라도 꿰어야 보배라는 평범한 비유가 있으며, 명품은 마무리가 뛰어나다"면서 "경영도 마찬가지"라고 전제한 뒤 "아무리 좋은 전략과 비즈니스 모델이 있더라도 실행단계에서 완성도를 충실하게 확보하지 못하면 절대로 경쟁에서 이길 수 없다"고 강조했다. 허 회장은 "실행력은 어떤 개인이 발휘하는 것이 아니라 팀이나 조직단위에서 발휘되는 만큼 분위기가 중요하다"며 "누군가가 아이디어를 내어서 도전해 보려고 하더라도 주변의 분위기가 무관심하거나 냉소적이면 막상 실천에 옮기기는 쉽지 않다"고 지적했다. 그러면서 "한 번 도전해 보자는 분위기가 충만해야 폭발적인 실행력이 나오므로 실천하는 조직에선 리더의 역할이 중요하다"고 당부했다.

허 회장은 또 최고경영자의 철학과 역할의 중요성을 언급하면서 "실천하고 도전하는 것이 어려운 까닭은 실패에 대한 두려움 때문"이라며 "비록 실패의 우려가 다소 높더라도 전략적 방향성과 일치하는 과제에 대해선 더 공격적이고 도전적인 자세를 취할 수 있도록 경영진에서 회사의 전략적 방향성을 명확히 해 주어야 한다"고 주문했다.

아울러 "밸류 넘버원 GS를 만들어 가는 우리의 기나긴 여정에 이 포럼이 긴요한 역할을 할 수 있도록 다 함께 애써 보자"며, "서로 격려도 많이 해주고 다른 회사나 다른 팀에서 발표하는 내용에서 많은 배움을 얻어 잘 활용하기 바란다"고 말했다.

허 회장은 마지막으로 "초일류 기업으로 발돋움하는 것은 어떤 거창한 계기로 단숨에 이루어지는 것이 아니다"며 "우리 모두 인내심을 가지고 한 걸음 한 걸음 꾸준히 나아가자"고 덧붙였다. 이 날 열린 '밸류 크리에이션 포럼'에선 GS칼텍스와 GS리테일, GS샵, GS건설 등 7개 계열사가 '탄소소재 합작법인의 성공적인 사업화' 등 녹색성장, 고객편의, 가치창조를 중심으로 한 10개의 혁신사례가 소개됐다. GS칼텍스는 '탄소소재 합작법인의 성공적인 사업화'라는 주제 발표에서 "합작법인의 성공적인 사업화를 위해 신일본석유의 기술을 통합한 최적의 양산 프로세스를 디자인하고 최적의 운전조건을 도출해 세계 최고수준의 비용경쟁력을 확보했다"고 밝혔다.

또한 "통상 15개월 이상 걸리는 공장건설 납기를 5개월 단축했으며, 제품의 원료를 단일화하고 폐수처리 시설을 최소화해 비용을 절감하고, 투자비 12%, 재료비 35%를 절감하는 등 상당한 성과를 거뒀다"고 이어갔다. 아울러 "탄소소재를 완전히 국산화할 뿐만 아니라 일본에 역수출도 가능해 연간 400억 원의 무역수지 개선효과가 기대된다"고 발표했다. 실제로 GS칼텍스는 지난 3월 탄소소재 생산법인인 파워카본테크놀로지㈜의 생산시설 준공식을 갖고, 탄소소재 생산규모로는 세계 최대인 연간생산량 300톤 규모의 전기이중층 커패시터(EDLC)용 탄소소재를 상용화했다. 이밖에 GS리테일은 △GS25 정보시스템, GS샵은 △서브 브랜드인 'ditto'를 통한 고객가치중심의 사업방식, GS건설은 △저탄소 그린 콘크리트 양생공법 등의 경영혁신 사례를 소개했다.

출처 : 머니투데이(2010. 5. 26)

2. 시사점

이 사례는 기업경영에서 실행력이 얼마나 중요한지를 보여 주고 있다. 실행하지 않은 아이디어나 전략은 단순한 탁상공론에 불과하다. 문제는 실행이란 과정을 통해서 해결되고 가치가 창출되게 된다. 그런데, 실행이란 과정은 귀찮고, 많은 인내를 요구하고, 실패를 수반하게 되기 때문에 새로운 아이디어를 실행하지 않는 경향들이 많이 있다. 그러나 "구슬이 서 말이라도 꿰어야 보배"라는 말처럼 아무리 좋은 아이디어라도 실행하지 않으면 아무 소용이 없다. 어느 회사의 "Just Do It" 광고카피처럼 과감한 실행을 해서 문제를 해결해야 한다.

››› 1. 아이디어를 실행하는 방법

가. 아이디어의 실행계획을 수립하라

아이디어를 실행하기 위해서는 아이디어를 효율적으로 추진할 수 있는 실행계획을 수립해야 한다. 아이디어를 실행하기 위한 구체적인 실행계획이 없으면 아이디어 실행과정에 많은 혼란이 발생할 수 있다. 예를 들어서 신규 프로젝트를 추진할 때 업무가 명확하게 정의되지 않거나, 일정계획이나 예산계획이 잘못 수립되면 문제해결은 실패할 가능성이 많다. 그러므로 아이디어를 실행하기 위해서는 업무, 일정, 인력, 예산, 성과 등에 대해 체계적인 추진계획을 수립해야 한다.

실행계획을 수립할 때는 다음과 같은 항목들을 고려해야 한다.

- 목표는 무엇이며, 타당한지, 달성가능성은?
- 무슨 일들을, 누가, 어떻게 해야 하는가?
- 누가 관리하고, 무슨 결과를 얻어 내야 하는가?
- 어떤 일정으로 해야 하는가? 일정은 타당한가?
- 어떤 자원을 이용해야 하며, 비용은 타당한가?
- 실패할 가능성이 많은 부분이 어디인가?
- 위기 변화에 대한 대응계획은 가지고 있는가??
- 최선의 실행계획인가?, 장/단점은? 다른 계획은?
- 모든 사람이 이해할 정도로 구체적이고 자세한가?

- 실무자의 입장을 고려하고 있는가?
- …

아이디어의 실행계획을 수립할 때는 마일스톤차트(milestone chart), 간트차트(Gantt chart), PERT/CPM(Program Evaluation Review Technique/Critical Path Method Chart), How-How기법, 실행체크리스트기법 등을 활용할 수 있다.

사례 42 '울산석유화학산업 발전 로드맵' 수립

1. 사례 본문

'울산 석유화학산업 발전 로드맵'이 수립됐다. 이 청사진은 한국화학연구원(KRICT)이 주도했고, 울산석유화학단지, 여천단지, 용연·용잠단지, 온산단지 등 4개 단지 75개사가 참여해 완성했다. 한국화학연구원 측은 "지난 18개월 동안 4개 단지의 CEO(최고경영자)와 공장장, 부장급 전문가 등 150여 명이 참여해 수립한 작품"이라며 "이 같은 대규모 공동연구는 지역에서는 처음 있는 일"이라고 말했다. 로드맵은 현재 처한 국내외의 다양한 어려움들 속에서도 2020년까지 '세계 5위의 석유화학강국과 아시아 4위의 산업도시 위상'을 유지시켜나간다는 비전을 내걸었다. 이를 위해 2011년부터 2020년까지 실행할 원료구매 및 단지 간 이송체계 개선과 기업 간 에너지·유틸리티 공유, 공업용수 공급 개선 등 전 분야에 걸친 석유화학단지 경쟁력 강화와 고도화 계획을 담고 있다. 2008년 기준 생산액 88조 원에서 2020년 132조 원, 수출액 367억 달러에서 550억 달러, 에너지사용량 10% 저감, 생산효율 5% 향상 등이 목표다. 총사업비 1조 7,000억 원을 투입하며, 8대 분야 100대 액션플랜(Action Plan)을 시행한다. 분야별로는 인프라 확충사업(16개)을 위해 단지-단지 간, 기업-기업 간 에너지·원료·유틸리티 등 이송시설인 통합파이프랙 구축사업(52㎞, 2,500억 원)을 비롯, 수소통합배관망 구축, 스팀통합네트워크 구축, 석유화학물류단지 조성사업 등을 추진한다.

산단고도화 사업(24개)은 2개 정유사(SK·S-oil) 부생가스에서 에틸렌 연간 14만t 회수사업(1,700억 원)과 납사원료 대체 LPG공급사업, 목재슬러지 발전 원료화사업, 대규모 폐열회수사업, 그리고 석유정유-석유화학-기타 업종 간 산단 고도화사업 등을 추진한다.

산단 리모델링사업(15개)은 CO_2 활용 친환경 그린폴(Greenpol·고분자수지) 소재 신기술 개발, 정밀화학, 바이오화학 등 첨단화학 육성, 단지 내 공단연돌 녹색화, 태양광, 2차전지, 수소연료전지 보급 확대 등 녹색산단 조성사업이 전개된다.

미래 먹거리 창출 및 녹색성장 도약을 위한 성장동력(신공정·신기술) R&D사업(19개)은 정밀화학 100대 명품소재 개발사업, CO_2 활용 및 회수기술, 미래형 석유화학 공정기술 개발 등을 추진한다. 산업단지 효율진단사업(5개)은 4개 단지 에너지효율 진단사업, 물류경쟁력 진단사업 등을 실시한다. CO_2 회수기술 개발(2012~2015년·300억 원)은 정유공정에서 발생되는 이산화탄소를 인근 석유화학 단지(삼성정밀화학 비료공장 등) 원료로 공급하는 것으로 SK에너지가 주도한다. 안전관리 향상 프로젝트(4개)는 석유화학단지 지하배관방식 관리시스템 구축사업, 석유화학단지 종합소방훈련장 건설사업 등을, 클러스터 구축분야(6개)는 화학산업의 허브역할을 할 석유화학 신르네상스 조합설립, 석유화학 종합지원센터 건립 등을 진행한다. 법 제도 등 개선(11개)에는 안전·검사·환경·의료관련 규제 합리화, 사회

공헌활동 공동추진(장애인 공동사업장), 중소기업 상생협력사업 등이 실시된다. 특히 석유화학단지 내 집단에너지 사업자의 증기 및 발전단가에 유가 상승분이 반영됨으로써 입주업체의 원가부담이 증가함에 따라 고체연료 사용 허가를 검토키로 했다. 신규 연소설비의 경우 고체연료를 사용할 수 없다.

이번 로드맵에 대해 이동구 한국화학연구원 울산센터장은 "중동과 인도, 중국 등이 약진하고 있고 유가 상승은 물론 CO_2 감축 등 환경규제가 지속 강화될 것"이라며 "온산단지, 용연단지, 여천단지, 석화단지 등 울산 석유화학컴비나트의 위기를 극복, 석유화학산업의 신르네상스를 실현할 수 있는 비전을 담았다"고 설명했다.

울산시는 이번 로드맵을 토대로 이달 중으로 최종 실행계획서를 확정할 방침이다. 울산시 이기원 경제통상실장은 "현 상태로는 2020년쯤 국내 석유화학산업은 세계 5위권에서 20위권으로 밀려날 가능성이 높다"면서 "기업의 담장을 넘어 단지-단지 간 대통합과 소통의 프로젝트로서 미국, 독일, 싱가포르, 벨기에 등 선진 석유화학단지와 비교우위에 설 수 있는 초석이 될 것"이라고 말했다.

출처 : 조선일보(2010. 11. 2)

2. 시사점

이 사례는 이해관계가 상충되는 복잡한 문제를 이해당사자들이 지혜롭게 실행해서 해결한 사례이다. 복잡한 문제를 해결하기 위한 방안이 수립되었으면 다음 단계의 일은 효율적으로 추진하는 일이다. 복잡한 문제를 효율적으로 추진하기 위해서는 체계적인 실행계획이 수반되어야 한다. 이때 실행 계획은 탁상공론 형태의 실행계획이 아니라 현장중심의 실행계획이 되어야 한다.

나. 아이디어의 통제계획을 수립하라

아이디어의 실행계획을 수립한 다음에는, 아이디어가 올바르게 실행되고 있는지를 관리할 수 있는 통제계획을 수립해야 한다. 아이디어의 실행 과정에는 항상 예상하지 못한 문제들이 발생할 수 있다. 예를 들어서 신제품을 개발할 때 R&D 예산이 예상보다 부족하게 되거나 개발일정이 생각했던 것보다 지연되고, 개발과정에 연구인력이 이탈하는 등과 같은 문제들이 발생할 수 있다. 그러므로 아이디어가 올바른 방향으로, 효율적으로 추진되고 있는지를 관리할 수 있는 방안뿐만 아니라 아이디어가 계획대로 실행되지 않거나 예상하지 못한 상황이 벌어졌을 경우에 대비한 적절한 통제계획을 수립해야 한다.

아이디어의 통제계획을 수립할 때는 다음과 같은 점을 유의해야 한다.

- 아이디어를 실행할 때 관리해야 하는 중요한 항목(key performance index)들을 찾아내고, 이를 측정가능한 수단으로 변환하고, 우선순위를 결정해야 한다.
- 무슨 일을 누가, 언제까지, 어떻게 관리해야 하는지에 대한 일정계획을 수립해야 한다. 일정계획을 수립할 때는 시작 날짜부터 목표 날짜를 계산하거나, 반대로 목

표 날짜를 중심으로 역으로 시작 날짜를 계산하는 방식으로 동시에 개발하면 프로젝트에 대한 이해를 높일 수 있고, 나아가서 보다 합리적인 일정계획을 수립할 수가 있다.

- 프로젝트 진행 상황을 누가, 언제, 어떤 내용을 어떤 방법으로 누구에게 보고할 것인지에 관한 보고시스템을 구축해야 한다. 보고시스템은 진행 과정의 문제를 조기에 찾아서 해결할 수 있는 일종의 조기경보시스템(early warning systems)과 같은 역할을 수행해야 한다.
- 계획대로 일이 추진되지 않거나 갑자기 예상치 못한 상황이 벌어졌을 때 어떻게 대처할 것인지에 대한 백업 대안(contingency plan)을 개발해야 한다.
- …

아이디어의 통제계획을 수립하기 위해서 활용할 수 있는 방법들은 잠재적 문제분석기법, 시나리오분석기법, 비상상황계획기법 등이다.

사례 43 '리스크 최대한 줄여라' 기업들의 비상경영

1. 사례 본문

북한의 연평도 포격 사태가 발생하자 기업들은 사태를 예의주시하며 경영에 미칠 영향을 분석하느라 초비상이 걸렸다. 기업들은 이번 사태가 당장 남북 간 전면전으로 비화되지는 않을 것으로 보면서도 남북 긴장이 극도로 높아져 또 다른 돌발사태가 생길까 전전긍긍하고 있다. 기업들은 또 충돌이 재발하는 등 상황이 더욱 악화되면 국가 리스크가 급등해 비즈니스 협상이나 투자유치 등에 제동이 걸리고 내수가 위축되는 등 후폭풍이 닥칠 것을 크게 우려하며 비상경영 카드를 만지작거리고 있다. 특히 환율 등 금융시장이 직격탄을 맞게 돼 금융 계열사를 보유한 그룹사들은 주식·채권시장 움직임을 예측하며 리스크 관리방안 마련을 위한 비상대책회의를 긴급 소집했다. 또 제조기업들은 환율급등 등 수출입 여건이 급변할 것에 대비해 외환시장을 정밀하게 모니터링하며 파장을 진단하느라 여념이 없다. 오후 3시 넘어 방송 등을 통해 긴급상황을 알게 된 대기업들은 일순 정적이 느껴질 정도로 충격을 받는 모습이었다. 임직원들은 인터넷과 방송 등으로 추이를 지켜보면서 삼삼오오 모여 얘기를 나누며 불안감을 감추지 못했다. 또 해외영업부서는 거래기업들과 해외 현지법인·지사들의 문의전화에 답하느라 정신을 못 차릴 정도로 분주하게 움직였다.

대부분의 기업 경영진은 긴급회의를 소집해 북한 포격의 파장을 면밀히 따져볼 것을 지시하고 상황별 시나리오를 만들어 보고하도록 했다. 이에 따라 기획실·대관부서 등은 이번 사태가 미칠 단기·중기·장기 예상 시나리오를 만드는 한편 관가의 정보를 입수하는 데 집중했다. 대한항공과 아시아나항공 등 항공업계는 중국으로 나가는 항공기가 이륙 후 내륙방향으로 우회전해 중국항로로 접어들 수 있도록 긴급조치한 뒤 순익과 직결된 환율 움직임에 촉각을 곤두세웠다. 삼성전자와 LG전자 등 전자업계는 환율시장 동향 등을 면밀히 체크하며 사태추이를 지켜볼 계획이다. 이번 사태가 일시적 요인으로 끝날 가능성이 높지만 수출에 직접적인 영향을 미치는 환율이 크게 요동칠 수 있기 때문이다. 전자 관계자는 "환율이 어떻게 될지가 가장 큰 불안요인"이라며 "해외 현지법인 등과 연결을 취하며 글로벌 환율시장 동향을 체크하고 있다"고 말했다. 접경지역인 파주에 LCD 공장을 가동 중인 LG디스플레이는 경영진이 특이사항이 없는지 체크할 것을 공장에 주문하는 등 사태추이에 귀를 쫑긋 세웠다. 현대차그룹은 사태의 전망을 분석하면서 경제에 미치는 영향 등을 꼼꼼히 따져보고 있다. 그룹 관계자는 "적어도 단기적으로는 한국경제 전체에 좋지 않은 영향을 미칠 가능성이 적지 않을 것으로 예상한다"고 우려했다.

그러나 기업들은 정부와 국제사회가 그동안 대북 리스크를 무난하게 관리해왔다고 보고 이번 사태 역시 장기화하지 않을 것으로 기대했다. SK그룹의 한 관계자는 "G20 정상회의가 성공적으로 개최되고 아시안게임에서 대한민국 선수들이 좋은 성적을 거두는 등 경제회복과 사회통합이라는 측면에서 청신호가 켜졌는데 이번 도발이 찬물을 끼얹는 것은 아닌지 걱정된다"면서도 "과거에도 북한 리스크를 정부와 기업이 잘 극복해온 것처럼 이번에도 잘 극복할 것"이라고 내다봤다.

출처 : 서울경제(2010. 11. 23)

2. 시사점

지난 몇 십 년 동안 호전적인 북한의 위험에 노출되어 왔으나 2010년의 천안함 침몰과 연평도 포격사건처럼 북한 위험이 구체적으로 한꺼번에 나타나기는 처음이었다. 그런데 이 같은 예상할 수 있는 사건들이 발생하였으나 정부는 이들 사건들에 대해서 체계적으로 대응하지 못하였다. 다시 말해서 정부는 북한 리스크를 통제할 수 있는 통제 계획을 수립하지 못하였고, 이에 따라서 대응하지도 못하였다. 그 결과, 국민들의 불만은 가중되고, 국가적으로 많은 상처를 입었다.

이 사례는 문제해결 과정에서 통제계획의 중요성을 보여 주고 있다. 모든 문제에는 위험이 존재하기 때문에 이들 위험에 대한 체계적인 통제계획을 수립한 다음에, 이들 위험들이 실제로 발생하고 가시화되었을 때 통제계획을 기반으로 체계적으로, 효과적으로 대응을 해야 한다.

다. 아이디어를 실행하라

아이디어 실행계획과 통제계획을 수립한 다음에는 아이디어를 실행해야 한다. 아이디어를 실행하기 위해서는 아이디어를 실행할 수 있는 추진 팀을 구성해야 한다. 아이디어의 실행 추진팀을 구성할 때는 다음과 같은 점을 고려해야 한다.

- 아이디어를 추진하는 데 필요한 업무를 정확하게 분석한다.
- 업무수행에 적합한 팀원으로 팀을 구성한다.
- 의사결정에 관련한 권한을 팀원에게 배분한다.
- 책임자가 없을 때 하위책임자가 대신해서 업무를 추진할 수 있는 권한을 주어야 한다.

- 업무 추진에 필요한 자원을 팀원에게 배정한다.
- 팀원 모두가 일을 함께할 수 있는 방안을 수립한다.
- …

아이디어를 실행해서 문제해결의 목표가 달성되면 문제해결이 종료된다. 그러나 아이디어를 실행해서 문제해결의 목표가 달성되지 못하면 목표를 달성하기 위한 문제해결이 시작되어야 한다. 이 같은 과정을 거쳐서 최종적으로 문제해결과 의사결정이 종료된다.

라. 아이디어의 미래문제에 대비하라

아이디어를 실행한 다음에는 미래문제에 대비해야 한다. 아이디어를 실행해서 문제를 해결하고 나면 예상하지 못한 또 다른 문제가 발생할 수 있다. 예를 들어서, 대형마트에서 고객만족도 향상을 위해 과감한 할인정책과 포인트정책을 실시했는데 이 정책들이 영세상인들의 생계를 위협한다는 비난여론이 조성되어 예상치 못한 어려움을 겪는 것은 문제해결과정에서 발생하는 미래문제의 사례이다. 또한 첨단기능들이 많이 추가된 새로운 카메라를 개발했는데 소비자들이 새로운 기능들이 가진 복잡함 때문에 오히려 기존제품을 선호하는 경우도 예상치 못한 문제가 발생한 사례이다. 이처럼 아이디어를 실행해서 문제를 해결하고 난 이후에는 예상치 못한 또 다른 새로운 문제가 발생할 수 있기 때문에 미래의 문제를 예측하고 이에 대한 적절한 대응방안을 미리 수립해야 한다.

미래문제를 찾아서 대비하기 위해서는 제일 먼저, 현재문제의 특성, 목표, 아이디어, 불확실성 요소, 결과 등을 분석해서 현재문제와 관련된 다양한 미래문제들을 도출해야 한다. 그런 다음에, 현재문제와 미래문제 간의 관계를 분석하고, 미래문제 입장에서 현재문제를 분석해야 한다. 마지막으로, 미래문제가 실제로 발생했을 때 어떻게 대응할 것인가에 대한 대응방안을 수립해야 한다.

미래문제를 찾고 분석하는 방법으로서 미래문제 대응기법, What-if 분석기법, 델파이기법, 시나리오계획기법 등이 있다.

사례 44 '페이스북' 위치정보 사생활 침해 논란

1. 사례 본문

페이스북이 새로운 위치정보서비스 '플레이스'를 내놓자마자 회원들의 사생활 보호를 위한 조치가 충분하게 취해지고 있는지를 놓고 논란이 일고 있다고 월스트리트저널과 샌프란시스코크로니클 등 미국 언론이 보도했다. 22일 관련 보도에 따르면 페이스북은 18일 밤 아이폰과 아이패드 애플리케이션을 통해 새로운 위치정보서비스 '플레이스' 서비스를 전격적으로 시작했다. 이 서비스는 회원들 간에 현재 위치를 서로 공유하고 주변지역에 있는 친구들도 확인할 수 있도록 해주고 있다. '플레이스'는 기존의 포스퀘어나 고왈라와 유사한 서비스를 하지만 포스퀘어의 회원 수가 300만 명인 데 비해 페이스북에서 활동하는 회원수는 무려 5억 명에 달하는 만큼 다른 서비스업체들을 압도할 것으로 전망됐다. 이런 가운데 현재 고객들의 위치와 그들의 주된 방문지 등의 정보는 페이스북과 페이스북의 광고주에게 중요한 정보가 될 수 있을 것으로 분석가들은 지적했다. 포레스트연구소의 오지 레이 연구원은 "페이스북은 이 서비스로 좋아하는 것과 싫어하는 것 등 개인들의 취향을 훨씬 더 잘 알게 될 것"이라며 "단순히 이들이 (인터넷상에서) 어떤 버튼을 누르느냐가 아니라 실제 생활에서 나타나는 이들의 취향을 알 수 있게 되는 것"이라고 말했다. 그는 "일정시간대에 고객들이 주로 가는 장소를 파악할 수 있으면 페이스북은 이용자들이 현재 있는 장소에 근거해 보다 효율적으로 광고할 수 있게 될 것"이라고 설명했다. 이에 대해 미국시민자유연맹(ACLU) 샌프란시스코 지부는 즉각적으로 '플레이스'로 인한 개인사생활 침해 문제를 제기했다.

ACLU의 니콜 오조는 블로그에 올린 글에서 "페이스북이 민감한 장소에 기반한 정보를 보호하기 위해 친구들에게만 정보가 제공되도록 하는 등 일반적인 프라이버시 규정을 일부 바꿨지만 다른 부분에서는 여전히 사생활침해를 막는데 실패했다"고 주장했다. 실제로 고객들은 페이스북에 있는 개인정보 관련 사항을 변경해 놓지 않으면 이용자의 '친구'들은 이용자의 위치를 알 수 있고, 이후에도 이용자가 방문했던 장소를 파악할 수 있게 돼 있다. 이에 대해 페이스북의 배리 슈니티 대변인은 "'플레이스'는 위치정보에 대한 새로운 프라이버시 보호조치를 취했다"며 "ACLU가 이런 부분을 무시하고 이 서비스가 어떻게 작동하는지를 제대로 이해하지 못한 데 대해 실망했다"고 반박했다. '플레이스' 개발에 자원해서 자문위원으로 참여했던 패리 애프탭 와이어드세이프티닷컴 이사는 이 서비스에는 개인 사생활을 보호하기 위한 충분한 조치가 포함돼 있다고 말했다. 애프탭 이사는 그러나 이 서비스를 이용하는 고객들은 이들 조치에 대해 배울 필요가 있으며 그래야만 자신들을 보호할 수 있을 것이라고 강조했다. 페이스북은 이에 앞서 광고 등을 통한 이익극대화를 위해 이용자들의 개인정보 대부분을 노출되도록 하고 사용자들의 정보를 제3의 웹사이트와 자동 공유하도록 하는 방안을 내놓는 등의 조치로 사생활침해 논란을 일으킨 바 있다.

출처 : 충청일보(2010. 8. 23)

2. 시사점

이 사례는 하나의 문제를 해결하면 또 다른 문제가 일어날 수 있음을 보여주고 있다. 예를 들어서 빈곤층 아이들의 학업을 도와주기 위해서 컴퓨터를 무상으로 지급했는데, 실제로는 학생들이 게임에 중독되면서 학업성적이 떨어진 예상치 못한 문제가 발생하였다. 이처럼 하나의 문제를 해결하기 위해서 추진한 방안이나 대안들은 전혀 예상치 못한 새로운 문제들을 만들어 낼 수 있다. 그러므로 문제를 해결한 다음에는 발생할 수 있는 또 다른 문제들에 대해서 대비해야 한다. 문제해결의 끝은 또 다른 문제해결의 시작이라는 점을 명심해야 한다.

2. 아이디어 실행기법의 이해

문제해결과 의사결정의 7단계인 아이디어 실행 단계에서 활용할 수 있는 기법들을 설명하고 있다.

번호	기법	개요와 핵심용어
56	How-How 다이어그램	• "어떻게(How) 추진할 것인가?"의 연속적인 질문을 통해 아이디어의 추진계획을 수립하는 기법 • How-How, 실행단계, 추진계획
57	실행 체크리스트기법	• 아이디어 실행과정상의 활동들을 체크리스트로 만들어서 실행계획을 수립하는 기법 • 체크리스트, 실행계획, 성공/실패요소
58	잠재적 문제분석기법	• 아이디어를 실행하는 과정에서 발생할 수 있는 문제점을 사전에 찾아서 제거하는 기법 • 잠재문제, 사전제거, 발생가능성
59	시나리오 분석기법	• 불확실한 상황을 시나리오로 만들어 아이디어의 결과에 대한 영향을 분석하고 대응방안을 수립하는 기법 • 시나리오 플래닝, 불확실성, 대응방안
60	비상상황계획기법	• 새로운 상황과 변화를 찾고 이에 대해서 어떻게 대응할 것을 분석하는 기법 • 비상상황, 모니터링지표, 대응방안
61	아이디어 결과 평가기법	• 아이디어의 결과가 문제해결의 목표를 달성하였는지 여부를 평가하는 기법 • 목표달성, 결과평가, 평가지표
62	미래문제 대응기법	• 현재문제의 실행결과를 분석해서 미래문제를 찾아내고 미래문제에 관한 대응방안을 수립하는 기법 • 미래문제, 예측, 대응방안

기법 56. How-How 다이어그램

가. 개념

How-How 다이어그램(How-How Diagram)은 아이디어를 "어떻게(How) 추진할 것인가"의 질문을 통해 1단계 실행계획을 찾아내고 1단계 실행계획을 "어떻게(How) 추진할 것인가"의 연속적인 질문을 통해 아이디어의 추진계획을 구체적으로 수립하는 기법이다. 이 기법은 아이디어를 실행하는 데 필요한 단계를 찾아내는 데 유용한 기법으로서, 전략을 추진하는 실행계획을 쉽게 찾아낼 수 있고, 적용하기가 쉽다는 장점을 가지고 있다.

예) • 신기술 개발방안
• 혁신프로그램 추진전략
• 창조경영 추진전략

나. 적용단계

How-How Diagram

1. 아이디어 정의	실행하고자 하는 아이디어를 정의
2. 1단계 실행계획 수립	아이디어를 "어떻게 추진할 것인가?"에 대한 질문을 하고 그에 대한 1단계 실행계획을 수립
3. 2단계 실행계획 수립	1단계 "실행계획들을 어떻게 추진할 것인가?"의 질문을 하고 2단계 실행계획을 수립
4. 실행계획의 확대	구체적인 실행계획이 나올 때까지 "어떻게?"라는 질문을 통해 확대함

다. 활용사례

한 자동차회사에서는 고객만족도 향상 방안으로 자동차의 품질을 높이는 방안을 추진하기로 하였다. 자동차 품질향상 방안에 대한 실행계획을 수립하기 위해 How-How 다이어그램을 이용하기로 하였다.

1. 먼저 품질향상 추진팀을 구성하고 "자동차 품질향상 방안"을 아이디어로 정의하였다.
2. 그 다음에 "자동차 품질을 어떻게 향상할 것인가?"에 대한 질문을 통해 1단계 실행 계획을 수립하였다. 그 결과 자동차 설계능력 강화, 자동차부품 및 원자재의 품질향상, 자동차 조립라인의 품질관리 강화가 1단계 실행계획으로 수립되었다.
3. 이러한 "1단계 실행계획을 어떻게 추진할 것인가?"의 질문을 통해서 2단계 실행계획을 수립하였다. 1단계에서 도출된 실행계획별로 구체적인 2단계의 실행계획들이 수립되었다.
4. 그리고 이러한 실행계획을 다음과 같은 그림으로 표현하여 추진 팀원들이 한눈에 이해할 수 있도록 하였다.

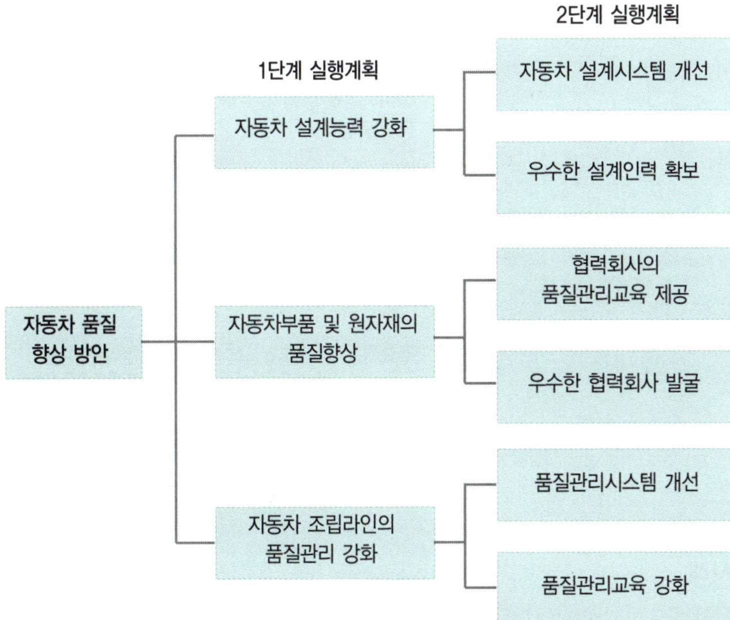

기법 57. 실행 체크리스트기법

가. 개념

실행 체크리스트기법(implementation checklists)은 아이디어를 실행하는 과정에서 수행해야 할 활동들을 체크리스트로 만들어서 실행계획을 수립하는 기법이다. 이 기법의 성공 여부는 타당성 있는 체크리스트를 어떻게 만들어내느냐에 달려 있기 때문에 그룹으로 함께 수행해야 할 활동들을 찾아내는 것이 바람직하다. 이 기법은 주요 성공요소(key success index)와 주요 실패요소(key failure index)를 찾아내고, 이를 집중 관리해서 추진하는 경영혁신기법과 유사하다.

예) • 경영혁신 추진방안
• 공장건설
• 신제품의 개발

나. 적용단계

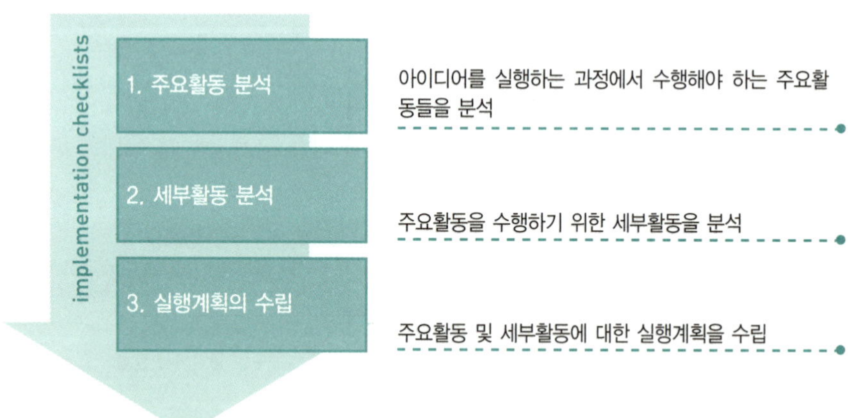

다. 활용사례

국내 한 화장품회사에서 신상품 개발전략의 하나로 남성용 화장품을 개발하기로 하였다. 이 아이디어를 추진하기 위해 필요한 세부활동을 찾아내고 실행계획을 수립하기 위해서 실행 체크리스트기법을 적용해 보았다.

1. 제일 먼저 화장품 개발을 위해 수행해야 하는 주요활동들을 분석해 보았다. 그 결과 신제품 기획, 신제품 설계, 신제품 개발, 신제품 생산, 신제품 마케팅 등 총 5가지의 주요활동이 정의되었다.
2. 그 다음에 각각의 주요 활동을 수행하기 위한 세부활동들을 분석하여 보았다. 그 결과 총 12가지의 세부활동들이 정의되었다.
3. 마지막으로 세부활동별 실행계획을 구체적으로 정의한 후 체크리스트를 만들어 공유하였다.

주요활동	세부활동	실행계획
1. 신제품 기획	고객니즈 분석	시장조사팀을 구성해서 고객니즈를 분석
	제품개발 컨셉 결정	상품기획팀에서 고객, 가격, 제품개발 방향을 결정
2. 신제품 설계	화장품내용물 결정	화장품연구소에서 화장품의 내용물 방향을 결정
	용기디자인 결정	디자인팀에서 용기디자인을 결정
3. 신제품 개발	화장품내용물 개발	생산부서에서 화장품내용물 파일롯트 개발
	용기개발	용기개발팀에서 화장품용기를 개발
	제품테스트	생산부서에서 제품의 품질테스트
4. 신제품 생산	원료구입	구매부서에서 화장품 원료를 구매
	용기생산	화장품용기를 발주
	제품생산	생산부서에서 완제품을 생산
5. 신제품 마케팅	홍보전략 수립	홍보팀에서 홍보전략을 수립
	유통전략 수립	영업팀에서 유통전략을 수립

기법 58. 잠재적 문제분석기법

가. 개념

잠재적 문제분석기법(potential problem analysis)은 아이디어를 실행하는 과정에서 발생할 수 있는 문제점을 사전에 찾아서 제거함으로써 아이디어를 효율적으로 추진할 수 있게 해주는 기법이다. 이 기법은 who, what, where, when, why와 같은 질문을 통해서 아이디어를 추진하는 과정에 발생할 수 있는 문제점을 찾아낼 뿐만 아니라 아이디어의 실현가능성을 확인할 수 있게 해주는 기법이다.

예) • 인수합병
• 신제품 개발
• 해외시장 진출

나. 적용단계

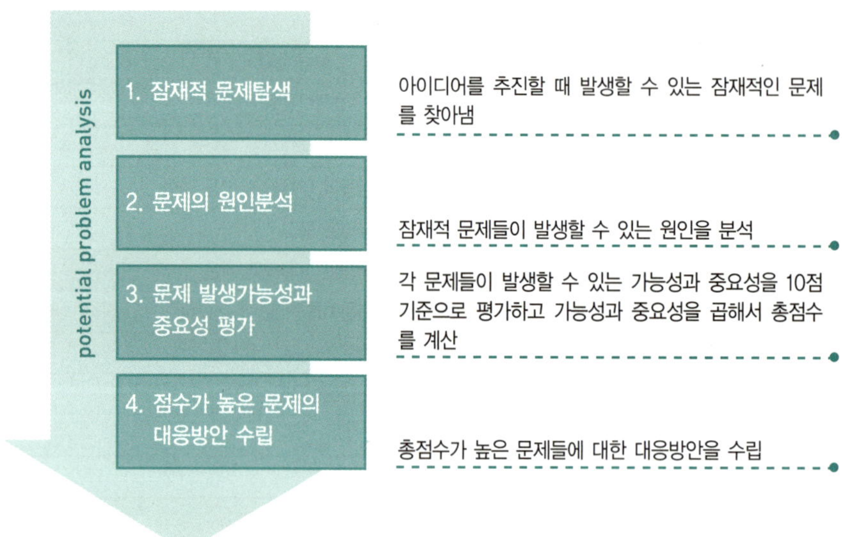

다. 활용사례

가전제품을 생산하는 창문전자는 국내 생산비용의 증가 문제를 해결하고 해외시장 수요에 대응하기 위해 해외공장 건설을 추진하기로 하였다. 공장 건설을 추진하기 전에 어떠한 문제점들이 발생할 수 있는지를 찾아서 대응하기 위해 잠재적 문제분석기법을 활용하기로 하였다.

1. 먼저 해외공장 건설을 추진하는 데 발생할 수 있는 중요한 문제점을 찾아보기로 하였다. 그 결과 해외공장 건설자금 부족, 공장건설의 공기지연, 해외 공장에서 생산한 제품의 품질저하 등 크게 세 가지로 나타났다.

2. 각 문제점들이 발생할 수 있는 원인을 찾아보았다. 해외공장건설 자금부족은 계획보다 많은 자금소요, 공장건설의 공기지연은 공장건설 인력부족과 자연재해 발생, 해외생산제품의 품질저하는 생산시스템과 생산인력의 숙련도, 원자재조달의 문제 때문으로 예상되었다.
3. 각 문제점들의 발생가능성과 중요성을 10점 기준으로 평가하고, 가능성과 중요성을 곱해서 각 문제점의 총점수를 계산하였다.
4. 그 결과 다음과 같은 표가 작성되었고 총점수가 높은 문제점을 중심으로 대응 방안을 수립할 수 있었다.

문제점	문제의 원인	발생 가능성	중요성	총 점수	대응방안
해외공장건설 자금부족	• 계획보다 많은 자금소요	7	10	70	• 공장건설을 위한 여유자금 확보 • 공정단축으로 원가절감
공장건설 공기지연	• 공장건설 인력부족 • 자연재해 발생	5	7	35	• 충분한 인력확보 • 자연재해예방 능력강화
해외공장에서 생산한 제품의 품질저하	• 생산시스템의 문제 • 생산인력의 숙련도 부족 • 원자재조달의 문제	8	10	80	• 생산시스템 개선 • 우수한 생산인력 확보 • 원자재 공급처 다양화

기법 59. 시나리오 분석기법

가. 개념

시나리오 분석기법(scenario planning)은 아이디어를 실행하는 과정에서 발생할 수 있는 불확실한 상황을 시나리오로 만든 다음에, 시나리오가 현실화되었을 때 아이디어의 결과에 어떤 영향을 주는지를 분석하고 대응방안을 수립하는 기법이다. 이 기법은 특정한 문제에 대해서 특정한 상황을 가정해서 분석해야 하며, 불확실성이 높은 전략적 의사결정을 분석할 때 유용하다.

예) • 인수합병

- 신제품의 개발
- 해외시장 진출

나. 적용단계

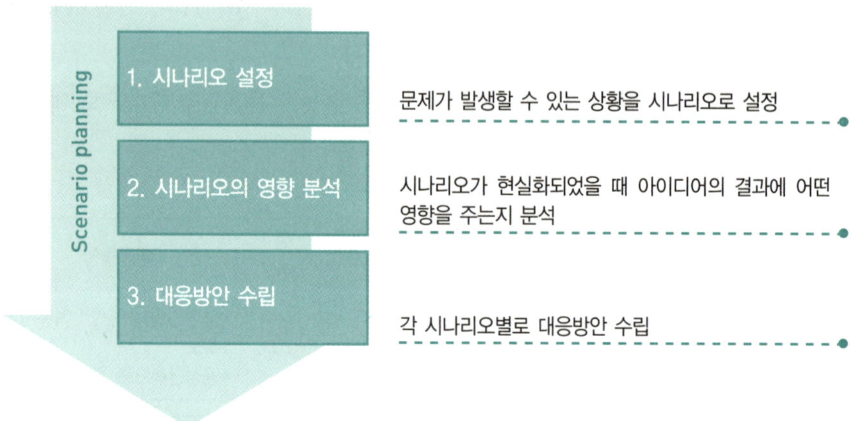

다. 활용사례

벤처 소프트웨어 개발업체인 창문닷컴은 중소기업용 신규 소프트웨어를 개발하고자 한다. 개발하고자 하는 소프트웨어는 과거와는 다른 새로운 제품이기 때문에 많은 기술개발 자금이 투입되고, 불확실성이 매우 높을 것으로 예상된다. 따라서 이 전략의 타당성을 분석하기 위해 시나리오기법을 사용하기로 하였다.

1. 먼저 신규 소프트웨어를 개발할 때 발생할 수 있는 상황들을 찾아 시나리오로 설정하였다. 그 결과 R&D 예산부족, R&D 일정지연, R&D 인력이탈, 경쟁사의 경쟁제품 출시라는 네 가지 상황에 따라 시나리오가 설정되었다.
2. 그 다음에 각 시나리오에 따라서 아이디어의 결과에 주는 영향을 분석해 보았다.
   - R&D 예산부족 : 신제품 개발실패, 신제품 출시지연
   - R&D 일정지연 : R&D 비용증가, 신제품 출시지연
   - R&D 인력이탈 : 신제품 개발실패, 신제품 출시지연
   - 경쟁사의 경쟁제품 출시 : 판매경쟁 치열, 시장잠식
3. 창문닷컴은 이러한 분석을 통해서 대응방안을 치밀하게 수립할 수 있었다.

	상황	결과에 주는 영향	대응 방안
시나리오 1	R&D 예산부족	• 신제품 개발실패 • 신제품 출시지연	• 충분한 R&D 자금확보 • R&D 자금절감
시나리오 2	R&D 일정지연	• R&D 비용증가 • 신제품 출시지연	• 충분한 R&D 인력확보 • R&D 생산성향상 방안 수립
시나리오 3	R&D 인력이탈	• 신제품 개발실패 • 신제품 출시지연	• R&D 인력의 보상강화 • R&D 인력의 확보계획 수립
시나리오 4	경쟁사의 경쟁제품 출시	• 판매경쟁치열 • 시장잠식	• R&D 일정단축 • 강력한 마케팅전략 수립

기법 60. 비상상황계획기법

가. 개념

비상상황계획기법(contingency planning)은 아이디어를 추진하는 데 발생할 수 있는 새로운 상황과 변화를 찾아내고 이에 대해서 어떻게 대응할 것인가를 분석하는 기법이다. 아이디어를 추진하고 있는 과정에 전혀 예상치 못한 상황이 발생하면 의사결정자는 심한 스트레스를 받게 되기 때문에 스트레스를 주는 상황을 피하려고 한다든지, 무슨 행동을 해야 할지 주저한다든지, 패닉 상태에 빠져서 비이성적인 행동을 하는 경우가 많다. 이 기법은 이 같은 상황을 피하기 위해서 아이디어 추진 과정에서 발생할 수 있는 여러 사건들을 예측해서 그에 대한 대응방안을 수립함으로써 아이디어의 성공가능성을 높이는 기법이다.

예) • 경영혁신 추진
• 공장건설
• 신제품의 개발

나. 적용단계

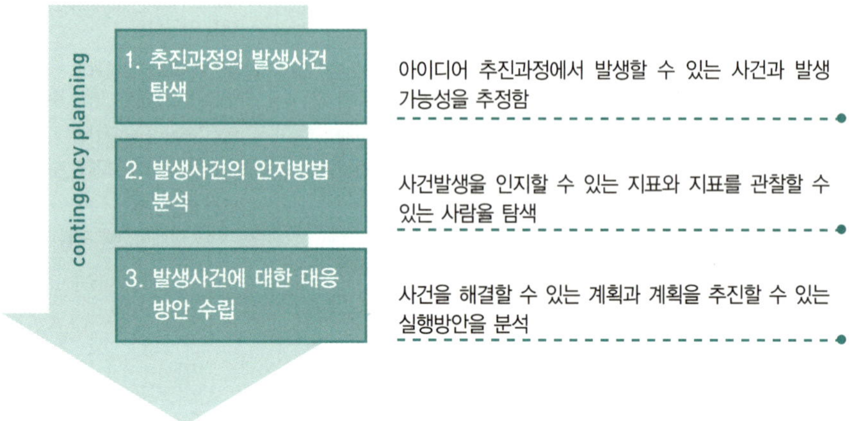

다. 활용사례

국내 한 은행에서 경쟁력을 높이기 위한 방안으로 새로운 경영혁신을 추진하기로 하였다. 이 경영혁신을 추진하는 과정에서 일어날 수 있는 돌발상황을 찾아내고 이에 대한 대비를 하기 위해서 비상상황계획을 적용하기로 하였다.

1. 먼저 경영혁신을 추진하는 과정에서 일어날 수 있는 사건들을 찾아내고, 이 사건들이 일어날 수 있는 가능성을 추정하였다.
2. 발생할 수 있는 사건들을 알 수 있는 지표는 무엇이고, 이들 지표를 관찰하고 모니터링해야 하는 사람은 누구인가를 결정하였다.
3. 그 다음에 사건들이 발생했을 때 은행에서 무엇을 할 수 있는지, 그것을 추진할 수 있는 계획과 실행방안이 무엇인지를 찾았다.
4. 이 같은 방법을 통해서 계획을 추진할 때 발생할 수 있는 나쁜 상황을 모두 찾아내고, 이에 대한 대비책을 수립할 수 있었다.

기법 61. 아이디어 결과평가기법

가. 개념

아이디어 결과평가기법은 아이디어를 실행한 다음에, 아이디어의 결과가 문제해결의 목표를 달성하였는지 여부를 평가하는 기법이다. 아이디어를 실행한 후 문제해결 목표의 달성 여부를 평가하지 않으면 문제해결의 성공과 실패를 이야기할 수 없다. 이 기법은 아이디어를 실행하고 평가하는 과정에서 사용될 수 있다.

예) • 경영혁신
• 평가시스템의 도입
• 생산성향상 방안

나. 적용단계

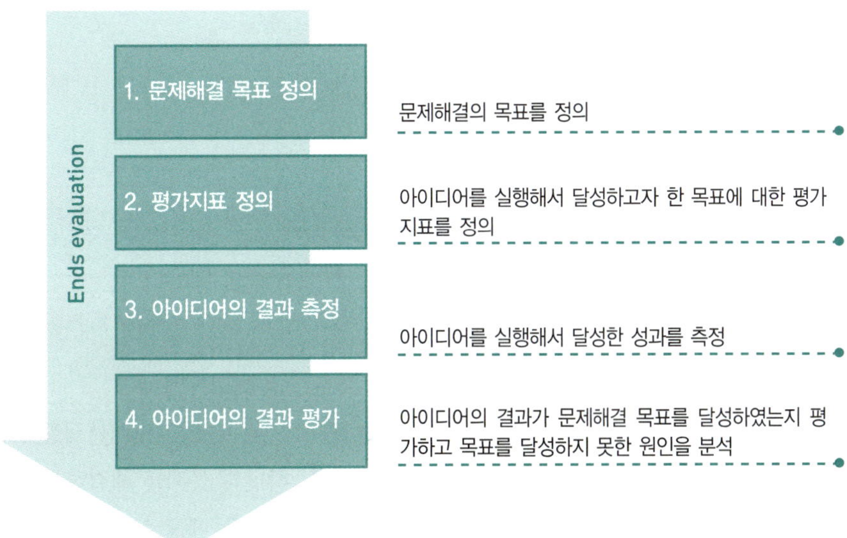

다. 활용사례

국내의 한 전자회사는 지난 1년여에 걸쳐서 새로운 TV 개발을 목표로 연구개발 프로젝트를 진행해 왔다. 이두하 이사는 이 프로젝트의 성공 여부를 검토하기 위해 아이디어 결과평가기법을 사용해 보기로 하였다.

1. 먼저 "새로운 TV 개발"이라는 아이디어에 대한 문제해결의 목표를 정의하였다. 문제해결의 목표는 화질, 음질, 디자인, 품질향상이었다.
2. 그 다음에 각 문제해결 목표를 평가할 수 있는 평가지표를 정의하였다. 예를 들어서 화질향상의 경우는 색상수, 음질향상의 경우는 음질, 디자인향상은 고객 선호도, 품질향상은 고객반품의 수가 평가지표가 되었다.
3. 이러한 평가지표를 중심으로 아이디어 실행의 결과를 평가해 보았고 그에 따라 문제해결 목표의 달성 여부를 확인할 수 있었다.

아이디어 : 새로운 TV 개발			
1. 문제해결 목표	2. 평가지표	3. 아이디어의 실행 결과	4. 목표의 달성 여부
화질향상	색상수	10억 컬러에서 4천억 컬러로 색상 증가	○
음질향상	음질	기존 TV와 동일한 성능유지	×
디자인향상	고객선호도	TV두께를 줄인 슬림한 디자인으로 고객 만족도 향상	○
품질향상	고객반품수	고객반품의 비율을 0.01로 초과 달성	○

기법 62. 미래문제 대응기법

가. 개념

미래문제 대응기법은 현재문제의 실행결과를 분석해서 이와 관련한 미래문제를 찾아내고 미래문제에 관한 대응방안을 수립하는 기법이다. 하나의 문제를 해결하고 나면 예상치 못한 새로운 문제가 발생할 가능성이 많다. 이 기법은 예상하지 못하는 미래문제를 찾아 대비하는 데 유용하다.

예) • 평가시스템 변경
• 구조조정
• 신제품 개발

나. 적용단계

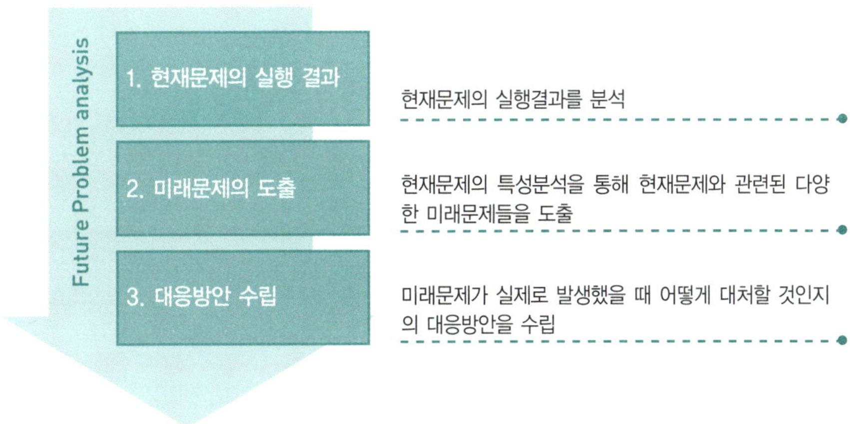

다. 활용사례

국내의 한 가전업체는 세제가 필요 없는 특별한 세탁기를 개발 중에 있다. 이 세탁기는 최초로 개발되기 때문에 출시되었을 경우 예상치 못한 많은 문제가 발생할 것으로 보고 미래문제 대응기법을 활용해서 미래의 문제를 분석해 보기로 하였다.

1. 먼저 현재문제인 새로운 세탁기 개발을 완료하였을 경우의 결과를 분석해 보았다. 그 결과 새로운 세탁기가 개발되고 나면 세제가 필요 없는 대신에 물의 사용량이 증가할 것으로 예상되었다.
2. 그 다음에 현재문제와 관련되어 예상되는 미래문제를 예측해 보았다. 세제가 필요 없을 경우 세제회사들이 세제의 사용량이 줄 것을 예상하여 세탁력에 문제를 제기할 것으로 예측했다. 또한 물의 사용량이 증가할 경우 수도나 전기요금이 증가하는 문제가 발생할 것으로 예측되었다.
3. 이렇게 예측된 미래문제를 기반으로 각각의 대응방안을 수립할 수 있었다.

1. 현재문제의 실행 결과	2. 예상되는 미래문제	3. 대응방안 수립
세제가 필요 없음	• 세제 회사들의 세탁력 문제 제기	• 세탁력 논쟁에 대한 대응방안 수립
물의 사용량이 증가	• 수도요금 증가 • 전기요금 증가	• 물의 사용량이 적은 제품개발 필요 • 전력 소모가 적은 제품개발 필요

| 저자약력 |

김상수

[약력]
- 고려대학교 산업공학과
- 조지아 주립대학교 경영학석사
- 조지아 주립대학교 경영학박사

[주요 경력]
- 태평양화학(1980~1983)
- 한양대학교 경영학부 교수(1995~현)
- 경기테크노파크 ECRC센터장(2000~2003)
- (주)B2L Soft 대표이사(현)
- 한국 창의적 문제해결센터 소장(현)

[주요 연구분야]
- 전략적 의사결정과 창의적 문제해결
- 창조경영과 창조적 혁신
- 경영 시뮬레이션게임
- 가치평가, 지식경영

[주요 저서]
- 창조경영의 원리와 추진전략
- 창의적 의사결정과 문제해결
- 위기를 기회로 바꾸는 문제해결
- 경영 시뮬레이션게임 Biz-Master 매뉴얼
- 경영자료분석과 활용
- 경영학원론

[주요 실적 및 프로젝트]
- ㈜ B2L Soft 설립(www.b2lsoft.co.kr)
- 경영 시뮬레이션게임 Biz-Master 개발 및 국내 최초 특허
- 창의적 문제해결과 창조경영 포털사이트 Biz-Solver 개발(www.bizsolver.co.kr)
- 창의적 문제해결 평가 시스템 개발(ascpa.b2lsoft.co.kr)
- 콜럼버스의 창의적 문제해결 모험 G-learning 개발
- 하나은행 하나 시티 콘텐츠 개발 PM
- 현대해상 포털 사이트 구축 전략 PM
- 철강산업의 수요 예측, 포항제철의 철강수요 예측

김영천

[약력]
- 한양대학교 경영학부 졸업
- 한양대학교 일반대학원 경영컨설팅학과 졸업 예정
- 한국 창의적 문제해결센터 책임연구원

[주요 연구분야]
- 창의적 문제해결과 의사결정
- 창조경영과 경영혁신전략
- 경영 시뮬레이션게임

[주요 프로젝트]
- 창의적 문제해결과 아이디어 개발 사이트 Biz-Solver 콘텐츠 기획 및 개발 – www.bizsolver.co.kr
- 창조경영 컨설팅 방법론 개발 · 중소기업청 지원 프로젝트
- 창의적 문제해결 기능성 게임 "콜럼버스의 창의적 문제해결 모험" 개발
- 경영 시뮬레이션게임 Biz-Master 2.0 기획
- 지능형 창의적 문제해결지원 시스템 개발 – 중소기업청 신기술사업화 평가사업 프로젝트

창의적 문제해결과 의사결정

2011년 4월 15일 1판 1쇄 발행
2019년 8월 20일 1판 5쇄 발행

저 자 | 김상수 · 김영천
발 행 인 | 이수영
발 행 처 | 도서출판 청람
서울시 마포구 독막로 288(대흥동, 세양상가 109호)
전 화 | 02)3272-2601~2
팩 스 | 02)3272-2603
이 메 일 | crbooks@daum.net
홈페이지 | www.crbooks.co.kr
등 록 | 2000년 8월 26일 제6-0509호

ISBN 978-89-5972-204-4 93320 [정가 22,000원]